安曉良 著

很正經的心理學史

放下偽心理學，拒喝心靈雞湯，
無病呻吟怎麼可能比心理學史八卦精彩！

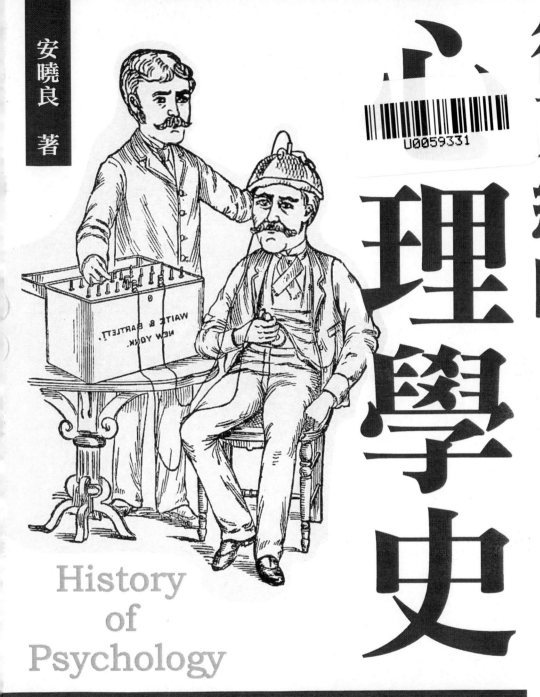

History
of
Psychology

最大膽的想法｜最瘋狂的實驗｜最奇葩的心理學家

十八世紀的歐洲，到處都在開顱相學派對！
日本的血型性格論鼻祖，對臺灣人的O型血意見很多！
自古才子多風流，華生與小三的「性愛心理學」
提出「戀父情結」的佛洛伊德，靈感居然是來自女兒！
人性說扭曲就扭曲！心理學最臭名昭彰的「史丹佛監獄實驗」！

文泉
清華

目錄

目錄

後記

序

在眾多學科之中，要說被大眾誤解得最多的，恐怕就要算心理學了。現代物理的一些高深概念——諸如量子、重力波、希格斯玻色子之類——自然也很難被大眾真正理解，但普通人最多只是感到「不明覺厲」而已，很少見到純粹的「偽物理學」名詞在公眾中廣泛流行。而心理學則不同，在今天，大眾最「耳熟能詳」、「喜聞樂見」的那些心理學概念，幾乎都是純粹的「偽心理學」。換句話說，都是主流心理學界從未接受或者認同過的東西。諸如「九型人格」、「情商」、「色彩心理學」、「血型性格」等，多半都是某個「民間心理學家」發明，且最近才流行起來的「學說」。當然，也有源流更為古老的占星、看相之類，但總而言之，大眾所理解的「心理學」基本上都是主流心理學界視為歪門邪道的事物，這似乎是一個不爭的事實。

從大眾傳播的角度來說，這顯然是一個值得研究的現象。其實不難發現，偽心理學概念之所以大行其道，很大程度上是因為普通人對「真正的心理學」毫無了解。對許多人來說，除了佛洛伊德比較有名之外，那些「正經八百」的心理學家，如史金納、皮亞傑、榮格等，基本上是完全陌生的存在，他們的學說和事蹟更是無人知曉。如果把大眾傳播比作一個市場，以迷因（meme）而論，正統的心理學在市場競爭中幾乎完敗於「偽心理學」，這確實有些尷尬。

如何改變這一現狀？在我看來，恐怕首先要改變的就是該領域的科普方式；準確地說，心理學需要更專業的「行銷」，而科普作品應該成為它的「廣告」，而不是「技術說明書」。

序

　　為什麼這麼說？因為很多人，包括一些科普作家，對「科普」都有一種誤解。在他們的眼裡，科普就相當於一種「技術說明書」，只要「通俗易懂」地把一門學科描述一遍，保證資料齊備，內容正確無誤，就算是成功的科普了，它造成的是一種「教育參考」的功能。比如很多人都會推薦《心理學與生活》（*Psychology and Life*）（一本大學入門教材）作為心理學的「科普讀物」，大概就是這種心態。

　　這樣的圖書在市場上並不缺乏，但對心理學的推廣並沒有太大的作用。道理顯而易見：從來沒有哪種產品說明書 —— 哪怕是再精美準確的說明書 —— 能夠幫助商品在市場上增加占有率。如果主流心理學想要和星座、血型之類的迷因在傳播領域競爭，我們更需要「廣告」式的科普作品。

　　什麼是廣告？廣告的目的，並不在於向你普及某個產品的具體性能乃至各種技術參數，廣告最主要的目的，是讓你覺得「好看」，從而記住這個產品。因此從根本上來說，廣告的功能並不是教育觀眾，而是娛樂觀眾，激發他們對某種東西的興趣。我始終認為，「科普」和「教材」的不同，本質上就是「廣告」和「說明書」的不同。而一名「真正的」科普作家，他對自己的定位應該類似於廣告企劃，而不是技術工程師。也就是說，他始終應該把作品寫得「好看」放在第一位，而不是其他。

　　遺憾的是，如今市面上大部分的科普作品（不局限於心理學領域）都是用「說明書思維」寫就，「廣告思維」的作品則極其少見。從這個意義上講，安迪斯晨風的這本著作顯然有十分積極的意義，它不僅僅單純地追求「為科普而科普」，字裡行間我們也可以隨時見到作者為了提高作品的可讀性而做出的努力。即使看完之後，你很快就把其中的技術細節全都忘光，也不會覺得是浪費時間，因為至少你還記得：自己讀了一則好故事，一則關於心理學的

好故事。

　　所以，不管怎麼樣，至少讓我們抱著輕鬆的心態來讀一讀這本書。它當然未必完美，但我認為這是一個正確的方向。如果有朝一日，主流心理學在大眾中恢復了一定的影響力，那也一定是因為這樣的作品越來越多。在各種偽心理概念疲勞轟炸的今天，這就算是為「正統」心理學打的一則廣告吧。

曹天元

《上帝擲骰子嗎：量子物理史話》作者

序

前言

最近幾年，心理學似乎紅了。

當我們走進一家書店裡，一般都會看到門口位置上擺著一大堆名為「×× 心理學」的書籍，但是打開一本一看，卻總會發現又在掛著心理學的名號販賣「心靈雞湯」；打開我們的社群軟體，可以看到滿坑滿谷以「每天學點心理學」名義賣弄星座玄學的粉專；再打開瀏覽器，每天也都能看到很多人在談論和憂鬱症有關的話題，但是能夠說清楚憂鬱症到底是什麼、應該如何治療的，卻百中無一。

前段時間，筆者還曾讀到一本在網路上很紅的懸疑小說。書裡一位據說專業能力很「厲害」的女心理學專家侃侃而談地分析道：「我明白你們倆為什麼明明相愛卻鬥來鬥去，因為你們都是天蠍座！」看到這裡，筆者在笑到噴飯之餘，也不禁想問：在大家的心裡，心理學到底是什麼？

我們都知道，科學可以大略分為自然科學和社會科學。關於各種自然科學之間的關係，網路上有一段很精闢、也很有爭議的論述：「生物學的終點是化學，化學的終點是物理學，物理學的終點是數學。」其實何止是生物學和化學，天文學、地質學、電學、光學，乃至全部的其他自然科學，到最後都可以歸結為一個可以用數學來表述的物理學問題，這應當是毫無疑問的。

那麼社會科學中有沒有類似物理學這樣的「終極科學」呢？有，就是哲學，古往今來都把研究這種「終極社會科學」的人稱為「哲學家」。但是在筆者看來，相比之下，還是我們這本書要聊的心理學更適合。或者說，心理學實際上就是把哲學用自然科學的研究方法重新詮釋。

其實很容易理解，因為社會是由一個個的人組成，社會科學研究人與人的關係時，無論如何也無法忽略在人們交往過程中「心靈」造成的作用。社會科學有兩大根基，一日政治學，一日經濟學。就政治學而言，無論是國家的活動和其組成形式，還是各種政治實體和人民之間的博弈關係，都離不開對人們心理的掌控；就經濟學而言，無論是對價值規律如何最佳化分配的探索，還是對人類經濟活動的追蹤研究，在進行之初都必須預設一種特定的心理學框架。

甚至就連遠遠看去只是在故紙堆中尋章摘句的歷史學，本質上也是對過去人類社會的重新發現，以及對他們當時心理過程的探尋。在美國科幻大師以撒·艾西莫夫（Isaac Asimov）的傳世之作《基地》系列（*The Foundation Series*）中，他提出了一門貫穿始終的新學科：「心理史學」。其核心理論就是從人類的心理研究中探尋人類社會發展和演化的規律，並把這些規律整合成數學模型，進而預測整個人類的命運。也就是說，我們對歷史的研究，實際上就是對過去那些人類心理過程的重構。透露一個小祕密：其實筆者對心理學產生興趣，最初就是受到了艾西莫夫那本著作的影響。

美國偉大的科普作家艾西莫夫

　　用同樣的方式我們還可以繼續審視教育學、法學、語言學、管理學、新聞學、廣告學……凡是與人類活動有關係的學科，無一不基於對人類心理的研究和把握。

　　這樣看來，心理學可以說是一門囊括了人類社會方方面面的科學，理應在全社會擁有極高的普及度，心理學家們理應受到全社會的頂禮膜拜，被高高地供起來，但事實卻並非如此。以筆者接觸的人群來說，除了佛洛伊德因為某些學術之外的原因還有一些知名度之外，那些曾經做出開創性貢獻的心理學大師，無論是史金納、皮亞傑還是約翰·華生，在大眾眼裡也只是一個個活在冷門書中極為陌生的名字。至於行為主義、精神分析、結構主義這些佶屈聱牙的名詞，更是活在遠離大眾視野的異次元世界裡。

　　似乎人人都喜歡心理學、人人都能談上幾句心理學，但是很少有人知道什麼是「真正的」心理學。

　　那麼心理學到底是什麼呢？我們可以說它是一門基於社會觀察和實驗驗

前言

證，並經歷了好幾代心理學家理論總結的科學；是一門和我們日常生活息息相關，但又不能僅憑生活常識觀其全貌的科學；是一門既有著科學理論的嚴謹性，又可以用來引導實際心理諮商操作的科學。

與其說心理學是什麼，不如來說說心理學不是什麼。

心理學不是相面術和顱骨學，學了心理學之後，並不能讓你僅僅看一眼就可以判斷出你的上司是什麼性格、容易不容易相處；心理學也不是成功學，它沒辦法讓你學過之後，就永遠保持一個健康上進的心態去面對人生；心理學更不是玄學，無論是血型、生肖還是星座，都無法用來推測一個人的性格；心理學不是催眠術，沒辦法讓你用來撩到喜歡的女孩或者男孩……

和很多讀者想像中不同，學習心理學甚至很可能對你的憂鬱症、強迫症、拖延症沒什麼作用，更無法用來治療精神病和精神官能症患者，因為那是精神科醫生的工作。心理學實際上只是我們人類真正認識自己和他人的一個工具，是打開心靈之門的鑰匙，它既不優雅也不高貴，更缺少讓人沉迷的神祕感。

然而心理學在科學大家族中又是獨一無二的。早在兩千多年前，古希臘哲學家蘇格拉底、柏拉圖和亞里斯多德以及醫學家希波克拉底等人，就已經開始試圖探尋關於心理學的奧祕；中國春秋戰國時代的孟子和荀子，也曾經探討過人性的善與惡；然而心理學真正成為現代意義上的科學，卻是十九世紀末的事。從一八七九年，德國人 W. 馮特（Wilhelm Maximilian Wundt）建立世界上第一座心理學實驗室距今不過一百多年，而如果只從誕生出現代心理學的「人本主義革命」算起，甚至才剛剛到六十年歷史。

就如同德國心理學家赫爾曼·艾賓豪斯（Hermann Ebbinghaus）[1] 所說：

1　艾賓豪斯是心理學早期代表人物之一，他在記憶研究領域有很大的功績，

「心理學有一個長久的過去，卻只有一個短暫的歷史。」

　　為什麼會出現如此大的反差呢？原因很多，講起來能再寫一本書。不過筆者認為，最大的原因在於，心理學研究的對象與生物學、化學、物理學這些自然科學不同。人類的心理活動隱藏在大腦中，直到現在也無法直接觀測到心理活動如何產生和變化。我們知道，現代科學最主要的研究方式就是觀察與實驗，而面對無法直接觀測的對象，研究者們只能想出一些迂迴的辦法來解決。

　　結構心理學家假裝那些複雜的心理學活動不存在，只選取那些最正常、最無辜的被試者來研究，被戲稱為「大學二年級學生的心理學」；行為主義學派在最開始的時候乾脆放棄研究人的心理，而只注意人的行為；精神分析學派根據自己的臨床經驗和個別案例，推斷出了一些人類大腦的作用機理，並直接用於臨床治療；人本主義心理學家試圖用積極的辦法喚醒人頭腦中的「正能量」；而認知心理學則乾脆把人腦當成一部電腦……

發現了著名的「遺忘曲線」。

一九〇九年精神分析學派創立者佛洛伊德訪問美國時和美國心理學界的合影

　　心理學家們如同八仙過海，彷彿每個人都有自己的獨門絕藝，然而直到今天，我們對「如何直接觀測人類的心理活動」這個心理學上最重要的問題依然一籌莫展。於是心理學中的派系爭端直到現在仍然無法調和 —— 儘管其中一些理論早已不再使用或者被證偽了，但我們依然要了解它，萬一它們才是對的呢？心理學和其他自然科學的最重要區別也在這裡：心理學至今仍然沒有一個居於統治地位、被認為完全正確的核心理論成果。現在的心理學學術體系，更像是各個學派拼湊起來的百衲衣。

　　所以我們讀那些心理學的歷史書時，很難獲得眼前豁然開朗的感覺，而是像登山一樣總是遇到岔路口。經常會有兩種針鋒相對的觀點，我們無法判斷這兩種觀點孰是孰非，只能暗暗記在心裡，留待以後分辨。心理學的歷史更像是小孩子們玩的拼圖遊戲，每一種在歷史上留下名字的心理學理論都是

拼圖中的一塊，把它們全部拼在一起才能看到隱藏在迷霧中的真相，才能獲得心理學的全貌。

　　接下來，筆者就要帶著大家去見識一下這個拼圖遊戲，上溯時間，把心理學史上的那些人和那些事娓娓道來，你準備好了嗎？

第一章

洪荒巨擘 ── 心理學的上古時代

第一章 洪荒巨擘 — 心理學的上古時代

第一節 我是誰

題記：人類是一種使思想開花結果的植物，猶如玫瑰樹上綻放玫瑰、蘋果樹上結滿蘋果。

—— 安托· 法勃爾· 多里維

心理學到底起源於什麼時候？這是一個讓人十分難以回答的問題，因為心理學所研究的對象是我們人類自身。不像天文學需要藉助望遠鏡，也不像生物學要用顯微鏡觀察細胞。任何一個人，不需要藉助於任何科學器械，也不需要他人的協助，就可以對躲在精神深處的自己進行一番窺探了，所以我們可以把心理學的歷史拉得無限長。

人類誕生至今已有兩百多萬年之久，儘管其中絕大多數時間都處在黑暗蒙昧的舊石器時代，但在那早已被黃沙掩埋、只留下少許化石的歷史時空中，真的沒有一個「人」在夜深人靜之時，思考一下人生和哲學嗎？

好吧，我們把視角稍微拉近一些，拉到一萬年以前的冰河時代。那時在世界各個角落裡分散成若干個零星小群落的人類，他們剛剛學會用摩擦樹枝的辦法生火，還在使用沉重而粗陋的磨製石塊和削尖的樹枝作為工具捕殺獵物，身上披著樹葉、羽毛或者獸皮製成的簡陋衣物。

智慧的火花在大地上開始蔓延並即將燎原，這些被後世的我們稱作「智人」的祖先們，在邁入文明時代之前的生活卻依然困頓不堪。此時陸地上的大型動物如猛獁象、劍齒虎等尚未絕跡，寒冷導致獵物極為少見且難以捕捉，祖先們依靠著採集到的野生植物果實和塊根、以及偶爾尋獲的動物殘屍勉強果腹。

然而，此時人類的腦容量和現代人已經幾乎完全一致了，甚至為了抵禦

寒冷，當時的人類體型上比現代人還要高大一點，腦容量可能也會成比例成長。當一名一萬年前的史前人類 —— 我們不妨就叫他「智人」好了 —— 在結束了一天的嚴酷生活，終於獲得了繼續存活下去的寶貴機會後，躲在自家幽深晦暗的洞穴中輾轉反側時，在他那相對於自身生活環境已經顯得過分發達的大腦中，除了思考明天要如何繼續存活下去之外，是否也會想一些似乎不是那麼重要的問題呢？

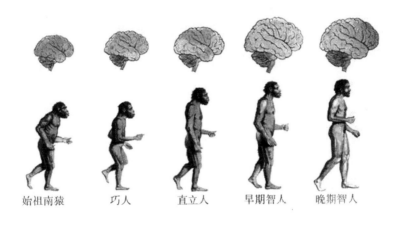

| 始祖南猿 | 巧人 | 直立人 | 早期智人 | 晚期智人 |

遠古人類的大腦演化圖示

比如說：**我是誰？我從哪裡來？我要到哪裡去？**

這三個充滿哲學感的終極問題，在今天被統稱為「保全三問」，因為如果你到一個比較陌生的社區，門口的保全攔住你以後也會問這三個問題：

你是做什麼的？你是哪一間公司的？你找誰？

好吧，不開玩笑了，實際上這三個問題確實屬於哲學範疇，但是在我們心理學家看來，它們同樣是三個關於心理學的問題。

「我是誰」拷問的是自己對自己本身的認同。德國哲學家萊布尼茲有句名言：「世界上不存在兩片相同的樹葉。」同樣，我們每個人也都是獨一無二的。

第一章　洪荒巨擘 — 心理學的上古時代

即使是外貌幾乎完全一致的同卵雙胞胎，在精神世界裡仍然完全不同。那麼我們又是依靠什麼來分辨出別人與自己的呢？

當然要靠自己在長期生活過程中累積和發展出來的獨特思維方式、處事風格以及精神面貌。在心理學上，我們把一個人區別於其他人的特點和表現稱為「人格」。這裡的人格跟我們通常所說的「高尚人格」、「人格魅力」並不一樣，它並不專指那些崇高而偉大的人格，也包括一般的人格、壞的人格，甚至還有有障礙人格。

一個人的外貌可以透過整型和化妝變得完全不同，但除非是遭到了重大的改變和扭曲，他的人格始終穩定不變。

從精神分析學派心理學家的角度看，「我」這個義項涵蓋了「本我」、「自我」與「超我」，那麼到底是心中潛藏的那個暴虐殘忍、隨心所欲的「壞小孩」是自己，還是那個在法律、道德與傳統約束下，事事循規蹈矩的「好小孩」才是自己？

就像從前熱播的武俠情景喜劇《武林外傳》中，呂秀才哄騙一代殺手姬無命時所說的那句話：「你是誰，姬無命嗎？不！這只是個名字，一個代號，你可以叫姬無命，我也可以叫姬無命，他們也都可以，把這個代號拿掉之後呢，你又是誰？」

「我從哪裡來」拷問的是自己的記憶。所謂「記憶」絕不僅僅是人的意識中對所經歷事物留下的印記，記憶是一個儲存的過程，更是一個不斷被使用的過程。在我們生命中的每一個時刻裡，都會有意或者無意間泛起無數的記憶，這些被泛起的舊記憶和這個時刻裡的新記憶互相摻雜，就像傳說中的「斐波納契湯」（Fibonacci soup）[2] 一樣循環往復、永無止境，慢慢變成了

2　斐波納契數列是這樣一個數列：後一個數總是等於前兩個數的和。所以，有人就把自

20

意識中最牢固、最厚實的部分，甚至可以說它才是意識本身。

　　我們對事物的認同和現實生活中的一舉一動、一言一行，我們的思維方式和行事風格，其實都以記憶為基礎，也可以說，沒有了記憶，我們將不再是自己。我曾看到一個作文題目叫〈假如記憶可以移植〉，那我們假設一下：如果你是被移植了別人 100% 記憶的人，你所認同的自己是現在這具軀殼，還是被移植那段記憶的那個人呢？我想一定會是後者吧。

　　英國哲學家伯特蘭·羅素（Bertrand Russell）有一個很著名的思想實驗：有人告訴你，你其實根本沒有像自己記憶中那樣存活二十幾年，而是一個全知全能的上帝在五分鐘之前所創造出來的，甚至連你關於自己本身來歷的那些記憶，也是上帝在五分鐘前錄製好灌注到你頭腦中的，至於你的身分證、畢業證書、結婚證書和孩提時被人在臉上抓的一道傷疤，當然也是上帝在五分鐘之前製作成功的。那麼你如何證明自己就是自己，不是上帝的造物呢？

　　你是不是沒辦法證明？所以現在你還相信自己從哪裡來嗎？

　　至於「我要到哪裡去」，更像是精神分析心理學或者人本主義心理學關心的問題。是什麼驅使著你把自己的時間揮灑在自己並不熱愛的工作上？是什麼驅使著你去和自己的太太結婚？又是什麼驅使著你來讀擺在你面前的這本書？這一切的一切，源頭在哪裡？

　　如果你去問精神分析學派的大師佛洛伊德，他一定會告訴你：一切都是因為你想滿足自己在兩三歲時沒有被滿足的、關於性的慾望；如果你去問他的學生榮格，他雖然不會跟你談性慾，但是一定會告訴你，這一切的來源都是你祖先在小時候就賦予給你的性格，也叫「集體潛意識」；如果你去問人本

己學生餐廳的湯戲稱為「斐波納契湯」，意思是它是把前天剩下的湯和昨天剩下的湯摻在一起，組成今天的湯。

主義心理學大師的馬斯洛，他一定會告訴你這是為了滿足你頭腦中一級又一級的心理需求，比如生理需求、安全需求、社交需求、尊重需求和自我實現需求……至於行為主義的心理學大師華生，他一定會告訴你，談論頭腦中的驅動力毫無意義，還不如問問是不是有人在後面拿著小鞭子逼你……

　　雖然心理學大師們對你的問題回答得全不相同，但他們絕大多數在一點上是一致的：人類的每一個行為，都有其心理動機，而心理學要做的，就是找出這個動機。

　　一萬年前到底有沒有一個智人思考過這三個心理學問題並不重要，因為我們可以想見，一旦人類社會開始邁入文明時代，總會有一兩個大腦過於發達的個體開始思考這三個問題，所以我們現在也可以驕傲地認為心理學伴隨著人類整個文明史。

第二節　靈魂的重量

　　題記：當美的靈魂與美的外表和諧地融為一體，人們就會看到，這是世上最完善的美。

—— 柏拉圖

　　筆者是到了十歲左右才開始思考「我是誰」這個問題的，我在思考這個問題的時候，正在思考的這個「我」似乎是離開身體的，用一種看小說或者電視劇一樣的「上帝視角」來打量著自己，如果想的時間稍微久一點，自己就有可能會陷入一種恍惚的狀態 —— 突然不知道自己是誰。這樣的情況一直持續到了筆者大學時代結束，或許是已經長大成人，也或許是後來俗事纏

身，就再也不會用「上帝視角」來打量自己了。

筆者顯然不會是歷史上第一個讓另一個「自己」飄到空中打量自己的人，因為我們的先輩們早就為這另一個「自己」取好了名字：靈魂。

古代先輩們認為在我們的身體裡寄居著一種奇妙的東西，它沒有顏色和形狀，看不見也摸不到。它的喜怒哀樂就是我們的喜怒哀樂，它的思考就是我們的思考，它的記憶就是我們的記憶，它下的決定就是我們的決定。即使我們死了，它也依然會繼續存在，直至重新找到新的身體，繼續像寄居蟹住在貝殼裡面一樣，在另一個身體裡繼續生存。

這種奇妙的東西就是靈魂，「靈魂」是一個和「肉體」相對應的詞，在古代先輩們看來，肉體只是一具皮囊，靈魂才是真實的自己。

在距今六千多年前，古埃及人就已經發展出了輝煌燦爛的文明，那也是世界上最為古老的文明之一。古埃及人的直覺和我們並無二致，他們認為人的身體只是靈魂居住的容器，每天晚上睡覺以後，靈魂就會離開身體四處閒逛，並經歷一些神奇的事情——就像筆者上大學時，寢室裡那些翻牆出去，通宵在網咖打遊戲的同學們一樣——到第二天早晨再回到身體裡。

基於幾乎完全相同的原因，古埃及人認為當人死去以後，靈魂只是暫時離開身體，終有一天，靈魂還會回到身體裡，就像做了一場十分漫長的夢，而當夢醒來時，自己就會復活。於是對古埃及人來說，死去之後最重要的事情就是保護好自己的屍體，以便讓靈魂不至於無家可歸。因此，古埃及人尤其是那些法老（即國王），十分熱衷於把屍體掏空之後填滿防腐香料、塗滿樹膠，再用裹屍布包裹起來，裝殮入石棺之中，再放進巨大的金字塔裡，以等待未來的復活。法老們復活的夢想當然只是鏡花水月，但是他們驅使民眾建造的金字塔作為古老文明的見證，至今仍在埃及的大地上高高聳立。

第一章　洪荒巨擘 ─ 心理學的上古時代

　　古埃及人還把可以令死者復活的咒語和對神靈的讚美寫在莎草紙上，藏在幽冥之神歐西里斯（Osiris）雕像足底的暗格內，然後再放置於墓穴之中。古埃及人相信，透過這些符號寫就的「死者之書」可以幫助死者順利到達來生世界。正是憑藉考古學家和歷史學家們對這些「死者之書」的研究，我們才得以一窺那個數千年前的神祕世界。

　　和古埃及人相似，生活在四千到五千年前的古代印度人和古代巴比倫人，也都相信人死之後靈魂不滅，人死之後有可能成為神靈四時享祭，有可能隨風飄散在世間，也有可能歷經輪迴再次重返人間。中國的情形也差不多，在出土的甲骨文中，記載了商代先民們對先祖的崇拜和隆重祭祀，他們相信先祖的靈魂化為「鬼」後，仍在關心著大地上的一切，為了取悅先祖，不惜以人作為祭祀的「犧牲」。

古埃及死者之書中的神祕世界

　　這裡說句題外話，中國人至少在春秋戰國時代之前，並不把「鬼」當成是害人的東西，而是與「神」並列，作為「祖神」來崇敬和祭拜。在墨子的作品〈明鬼〉中就明確說「今若使天下之人，偕若信鬼神之能賞賢而罰暴也，則夫天下豈亂哉！」── 認為只要天下所有人都能相信祖先和神靈的威力足

以獎賞賢能的人、懲罰昏暴的人，那麼天下早就不亂了。而比墨子稍早的孔子則說：「敬鬼神而遠之」—— 他老人家並非不相信鬼神之說，而是採用淡化的態度不去談論和接觸它們 —— 即「存而不論」的態度。儘管他們對待鬼神的態度截然不同，但相信鬼神存在的態度是一致的。

至於歐洲，一說起科學文化往往就要溯及古希臘諸位先賢，沒辦法，我們的現代科學從理論到方法，大多數都起源於距今約兩千到三千年的古希臘時代，甚至說現代歐洲文明是重建在古希臘文明打下的基礎上也不為過。心理學也是一樣，人類第一次開始系統化地研究心理學中的種種現象，也起源於古希臘，起源於偉大的哲學家柏拉圖和他的學生亞里斯多德。

古希臘偉大的哲學家柏拉圖（Plato）在其著作《理想國》中，對靈魂有過多方位的闡述。他認為靈魂是「從天而降」的，是一切事物的根源，而且不會破滅。他說：「按照自然的規定，靈魂先於物體。物體是第二位的、後生的；靈魂是統治者，物體是被統治者，這千真萬確是最真實、最完善的真理。」

他還把人的靈魂區分為理性、激情和慾望三部分，認為人的頭腦是理性靈魂的居處，它位居全身頂端，高瞻遠矚，指揮全身；胸部是激情靈魂所在地，置於理性之下並受其指揮；腹部則是慾望靈魂的居所，受理性和激情制約。當理性支配靈魂時，靈魂就能正常統治肉體；反之，當慾望支配靈魂時，肉體就會反常地毀滅著靈魂。另外，他還給靈魂劃分了數個等級，認為不同等級的靈魂會像佛教所說的「六道輪迴」那樣互相轉化。

可以看出來，柏拉圖的靈魂理論實際上是對前人思想的總結和完善，不過他的思想也啟發了自己的弟子，歷史上第一位系統地對靈魂做出論述的人 —— 亞里斯多德（Aristotle）。

第一章　洪荒巨擘 — 心理學的上古時代

亞里斯多德石像

筆者上高中的時候，曾經很是鄙視、瞧不起亞里斯多德，因為他在課本上往往扮演著一個反派，他的理論往往都是錯的，而且常常錯得很離譜。例如在他著名的《動物的生殖》（*Degeneratione Animalium*）一書中就有許多荒唐可笑的言論，比如：老鼠如果在夏天喝水就會死亡、鱔魚是自動產生的、人類只有八根肋骨，女人比男人的牙齒少等。不單單有些言論是錯的，他的信徒們還會打壓那些做出開創性貢獻的科學家，如哥白尼、布魯諾和伽利略等。其中最有名的莫過於伽利略的「兩個鐵球同時落地」實驗，在這個故事裡，亞里斯多德的信徒們像小丑一樣慘遭「打臉」，連帶著亞里斯多德本人都顯得既無能又卑劣。

後來讀書多了，才逐漸認識到其實亞里斯多德是一位偉人，是一位科學史上的偉大開創者。他的理論之所以顯得錯漏百出，只是因為他生活的時代實在是太早了，比我們早了足足兩千多年。想像一下，我們現在的理論到了兩千年後會被嘲笑成什麼樣子吧！更何況，其實亞里斯多德正確的時候比錯誤的時候要多很多。可以說，現代科學的邏輯基礎和分類方式都是亞里斯多

德提出來的，正是他提出了以「觀察─實驗─歸納推理─應用」為核心的科學研究方式，同時他也是許多學科的先行者──比如心理學。

在《論靈魂》（*De Anima*）一書中，亞里斯多德為靈魂提供了一套系統的說明：靈魂的定義、靈魂與身體是否可分離、靈魂的分類以及所有生物的分類。他的這些論述佶屈聱牙，不太容易理解，所以筆者並不打算在這本普及向的作品中大段引用，大家只需要知道他的靈魂理論建立在其形而上學就可以了。有趣的是，亞里斯多德認為靈魂和身體是一體的，他把靈魂的思維部分（即主動的心智）單列，認為它是可以獨立於身體而存在的一種「形式」。因此，即使在睡夢中，靈魂也不會離開身體而去，這一觀點倒是跟現代科學的觀點不謀而合。

在漫長的人類歷史當中，儘管也有諸如中國南北朝時期的范縝[3]這樣主張「人死如燈滅」，靈魂和人體不可分割的少數唯物主義思想家；但絕大多數時候，人們都相信靈魂的存在，並願意為它在世間的往復循環編造出一系列理論──這就是世界上幾乎所有主流宗教的濫觴。從古埃及的冥界指引「死者之書」到中國商周時代的人殉，從古印度婆羅門教的靈魂往生論到猶太教、基督教和伊斯蘭教的天堂地獄二分法；從歐洲中世紀關於鬼魂的恐怖故事，到中國自南北朝蔓延至清代的筆記小說，從日本的都市怪談到美國的好萊塢大片，世界上主要文化當中，幾乎都有「靈魂」的一席之地。

我們不禁要問：世界上真的沒有靈魂嗎？科學家們給出的答案是：是的，確實沒有。事實上自從近代解剖學成熟之後，人們對大腦的解剖就已經宣布了靈魂理論的錯謬；但是在此後的一兩百年裡，無數科學家依然醉心於驗證靈魂的存在，為此他們設計了不知道多少腦洞大開的實驗，可惜所有宣布驗

3　范縝（約西元四○○～五一○年），南北朝著名無神論者，著有《神滅論》。

第一章 洪荒巨擘 — 心理學的上古時代

證成功的案例都被人發現了致命的漏洞，而更多的實驗則以驗證失敗告終。

　　這其中最著名的實驗，是美國麻塞諸塞州的醫師鄧肯‧麥克杜格（Duncan Mac Dougall）在一九〇七年的一次實驗。此君徵集到了六名身患重症的志願者，他採取的測量方法是讓瀕死之人睡在床上，然後用一個精準的桿秤持續測量其死亡前一段時間及死後的體重變化，而「二十一克靈魂」的結論來自第一例測量。據紀錄，志願者在死亡前的三小時四十分鐘內，體重以平均每小時一盎司（約二十八克）的速率在下降，麥克杜格認為這是呼吸和排汗導致的體液損失；但在被測試者死後的數秒內，體重突然下降了四分之三盎司，這個數字無法用體液的蒸發來解釋，在排除了排便等可能後，他便得出了這消失的二十一克是靈魂的結論。後來這位老兄又用十五條狗做了同樣的實驗，然而他並沒測試出狗死後的體重變化，於是他宣布自己發現了人與狗之間的最大區別：人有思想。

　　細心的讀者可能第一眼就發現了這個實驗結果的荒謬之處：在全部六例志願者的測量結果中，只有第一例獲得了讓麥克杜格滿意的結果，其他五例全部不符合他的結論 —— 有的志願者在瀕死時完全沒有所謂「靈魂離體」所造成的體重驟然下降，有的志願者甚至體重還增加了。我們回頭再看麥克杜格的實驗更是錯漏百出：沒有對瀕死者的體液變化做出準確測量，也沒有準確的死亡時間，甚至就連他那桿「精準的桿秤」恐怕也不是特別精準。現在你還敢相信在幾乎所有偽科學書籍中大行其道的「靈魂的重量是二十一克」的說法嗎？

　　那麼我們能不能假設靈魂是沒有重量的？它無色無味、看不見摸不到，由我們現代科學尚未發現的某種神奇粒子 —— 比如「重力子」組成，既沒有質量也沒有動能，不能和已知的任何物質發生物理碰撞和化學反應，也就是

說，我們人類無法用任何方式發現靈魂的存在，但它就是存在？

很遺憾，在現代科學中這種假設是犯規的。這樣假設出來的靈魂就和「車庫裡的噴火巨龍」[4]一樣，是不可證偽的，所以我們可以用「奧卡姆剃刀原理」把它剃掉。

怎麼判斷一種理論是不是科學呢？奧地利現代哲學家卡爾·波普爾（Karl Popper）在其著作《猜想與反駁》（*Conjectures and Refutations*）中有一個經典論述：「所有科學命題都要有可證偽性，不可證偽的理論不能成為科學理論。」所謂可證偽性，就是要有可以駁倒這種理論的可能性，即使是現在的科學手段無法判斷真偽，也要告訴我們到底怎麼才能判斷出來。如果一個理論永遠都找不到辦法來反駁或者挑錯，那它就不能叫科學理論。顯然，上述的「靈魂學說」就是這類「耍流氓」的不可證偽學說。

既然說到了這裡，我們不妨花一點點時間來了解一下什麼叫「奧卡姆剃刀原理」。它的表述其實很簡單：如無必要，勿增實體 —— 也就是說，如果我們可以用較少的假設就能解釋一樣事物，就不要再多增加假設了。這個原理由十四世紀的邏輯學家、聖方濟各會修士奧卡姆的威廉（William of Occam）所提出，但不久就被科學家們運用到了對科學理論的審查和驗證上。

4　「車庫裡的噴火巨龍」是美國科普作家卡爾薩根（Carl Sagan）提出的一個經典比喻，用來說明什麼是可證偽性。

「奧卡姆剃刀原則」示意圖

在現代科學的語境下，我們說到奧卡姆剃刀原則時，一般是這樣的：「當兩個假說具有完全相同的解釋力和預測力時，我們以那個較為簡單的假說作為討論依據。」這樣的剃刀對於那些偽科學理論可以說是「小李飛刀，例無虛發」。無論是「乙太理論」[5] 的終結，還是「車庫裡的噴火巨龍」的壽終正寢，都顯示出這一剃刀的威力無窮。

下面筆者就用奧卡姆剃刀來剃一下這個靈魂理論。我們人類為什麼會思考、會學習？一種解釋是因為我們的大腦可以進行複雜的神經活動，透過這些神經活動我們會獲得「意識」；而另一種解釋就是上面那個無比複雜、又無法觀測到的靈魂理論。根據「如無必要，勿增實體」的原則，我們要選哪個呢？當然是選前一個。

5　乙太（Ether）是古希臘哲學家亞里斯多德所設想的一種物質，十九世紀的物理學家曾經認為它是一種遍布宇宙空間的電磁波傳播媒介。但後來的實驗和理論表明，如果不假定「乙太」的存在，很多物理現象可以有更為簡單的解釋。

　　不過我們也沒必要去苛責人類對於靈魂的想像，美國阿肯色大學的心理學家傑西·貝林（Jesse Bering）用對兒童的心理學實驗表明，把生理和心理分開的身心二元論（mind-body dualism），似乎是人類與生俱來的直覺性本能，是我們大腦默認的認知系統；而意識到人並沒有靈魂和死後就不再具有心理功能，反而是我們長大之後學習的結果。也就是說，人類統管身體和心理的部分，在大腦中分屬於兩個不同的「司令部」，這就使得管理身體的司令部常常覺得管理心理的司令部並不處於身體之中。

　　當然，或許對我們人類來說，「人死之後靈魂繼續存在，並且有可能透過轉世投胎的方式再次復活，甚至有可能上天堂享受快樂的永生」的理論，實際上是對自己心靈深處的一種防禦機制，畢竟古往今來無論聖賢巨惡還是奸雄俗客，最後誰都難逃一死。如果我們得知自己死後，承載著自己思想和記憶的意識仍然可以繼續存在，對自己可能也是一種難得的慰藉吧！

　　儘管作為實體的「靈魂」並不存在，但是這個詞語和它相關聯的「精神」、「英靈」等早就進入了世界各大民族的常用詞列表，並且在生活中隨處可見。我們也不妨用它來代替「意識」、「人格」、「氣質」之類難懂的心理學專用術語，拿來串聯起古代和近現代心理學發展史，可以嗎？

頓悟瞬間：夢的真相

　　題記：大多數危機都有一個很長的潛伏期，只是意識覺察不到而已，而夢能夠洩露這一祕密。

—— 卡爾·榮格

　　總體而言，我們身處一個十分無趣而庸常的時代：一方面是幾千年來祖

第一章　洪荒巨擘 ― 心理學的上古時代

祖輩輩信仰的神靈和恐懼的鬼怪，都在有現代科技加持的無神論裡沒有存身之處；另一方面我們的科技又沒有發達到可以把人類帶進太空遨遊，和外星智慧生命談笑風生。神奇的修真祕笈、可怕的史前巨獸以及陰謀毀滅世界的狂人都並不存在，我們這代人甚至沒經歷過一場規模稍大的戰爭。

但在這無趣而庸常的世界裡，我們要想找點刺激還是不難做到。比如去看一場 3D 電影大片，比如去玩一款 3A 電子遊戲大作，甚至還可以用 VR（虛擬實境設備）去體驗那身臨其境的感受。但是，除了個別分不清現實和虛幻的精神病患者之外，絕大多數人在體驗這些的時候都知道它們是假的，而真正能讓我們在平凡的人生中體會到不可思議奇幻場景的，仍然只有最古老、最原始也最捉摸不透的方式：做夢。

當然了，做夢並非我們現代人的專利，儘管古人夢不到外星艦隊入侵以及巨型機器人大戰，但依然有許多光怪陸離的神奇夢境。戰國時代的道家代表人物莊子，就曾經為一個夢困擾不已：在夢裡他變成了一隻飛來飛去、無憂無慮的蝴蝶。這個夢是如此真實，以至於他夢醒之後開始懷疑，到底是莊子夢見自己變成了蝴蝶，還是蝴蝶夢見自己變成了莊子 ── 這大概是人類歷史上最早關於「我是誰」這一問題進行思考的記述。

甚至做夢也不是人類的專利，曾有研究人員讓老鼠在迷宮中完成特定的任務，並發現這會產生特殊的大腦活動模式，完全相同的大腦模式在老鼠睡著時重新出現，表明了老鼠正在夢中穿越迷宮。用類似的辦法，科學家證實大部分陸生哺乳動物如貓、狗、松鼠、大象等都會做夢，甚至鳥類多數也會做夢，只是時間很短。相對來說，大猩猩、黑猩猩、獼猴等靈長目動物做夢的時間是最長的。

那麼做夢到底是怎麼回事呢？為什麼動物會在睡著的時候夢見那些神奇

不可思議的事物？從古到今的人們一直都在探究夢的真相，但是直到今天還沒能完全搞清楚來龍去脈。

中國人對夢的研究非常早，成書於三千多年前的《周禮》中就把夢分成了「正夢、噩夢、思夢、寤夢、喜夢、懼夢」六種。東漢時代的經學家鄭玄解釋說「正夢者，無所感動，平安自夢也」──那種沒有內外因素刺激的情況下自然出現的夢，叫正夢；而「噩夢者，驚愕而夢也」，由驚嚇而起，而且自己並不知道這種驚嚇由何而來的夢，就叫噩夢。當然，其餘幾種夢也都是由物質或者精神刺激而產生的夢境，就不多解讀了。

古人在很長一段時間裡都認為夢是現實的預兆，神靈或者先祖透過夢把未來提前「劇透」給做夢的人，因此我們可以解讀夢來預測現實生活。《舊約聖經》中記載：埃及一位法老，夢見自己看到七頭肥壯健美的的牛，然後不久，又來了七頭瘦小枯乾的瘦牛，而瘦牛把壯牛全都吃掉了。約瑟為法老解釋說，七頭壯牛代表未來長達七年的大豐收，而七頭瘦牛代表在那之後的七年大饑荒。所以法老一定要在豐收的年頭裡囤積糧食，以抵禦未來的大饑荒。後來發生的事情，果然和約瑟預測的一模一樣。

當然，夢的這種預兆作用並不會清晰無誤地告訴人類，而總是會比較隱晦的──比如埃及法老夢見的牛，隱喻每年的收成。這樣一來就引出了一個問題：誰能夠解讀夢境呢？在中國古代，這種人被稱為「占夢家」，《三國志·魏書·方技傳第二十九》就記載過一位非常靈驗的占夢家周宣的事蹟。其中一個故事中，魏文帝曹丕問周宣：「我夢見宮殿上掉下兩片瓦，化為雙鴛鴦，這是什麼徵兆呢？」周宣說：「後宮恐怕會有人突然死去。」曹丕說：「我如果是欺騙你呢？」周宣說：「做夢這件事，是意念中的事，如果能形之於言，便可以占卜凶吉。」話還未說完，黃門令來報告說，後宮發生內訌，彼此殘殺。

第一章　洪荒巨擘 ─ 心理學的上古時代

周宣後來撰寫過一部專門解夢的書，就叫《占夢書》，可惜今天早已經亡佚了，只留下一點殘片。

　　如果我們相信周宣解夢的那個故事是事實，那麼就可以合理猜測一下，為什麼他能夠精準預判出到底發生了什麼事呢？實際上占夢師和我們的心理諮商師也有異曲同工之妙，他們在詢問對方夢境時，實際上也在察言觀色，透過某種微表情，分析到底他為什麼會做一個那樣的夢。也因此，周宣才能在曹丕否定了自己剛說出來的夢境後，仍然可以做出神奇的預測。所以占夢其實並不能像我們在地攤買到的盜版《周公解夢》一樣，為每個夢境提供精準預測。

　　說到這裡，筆者最好奇的就是，周公他老人家為什麼連現代人夢見玩電腦意味著什麼都知道呢⋯⋯

　　西方世界裡第一位對夢做出闡述的哲學家，又是偉大的亞里斯多德，他一口氣寫了三本關於睡眠和睡夢的書，即《論睡眠》（*De Somno et Vigilia*）、《論夢》（*De Insomniis*）和《論睡眠占卜》（*De Divinatione per Somnum*），並系統闡述了這一主題。

　　按照亞里斯多德的說法，要理解夢就必須檢查睡眠和清醒狀態。他認為夢是睡眠狀態下想像的產物，也是清醒時候感知產生的附帶效果，因為感知活動停止後，之前生成的印象不會消失，夢就是在感知處於靜止狀態的時候出現。清醒是一種積極的狀態，而睡眠則是一種消極的狀態，所以夢實際上是錯覺的產物，真實的感知和思想是不能合成夢的。最後在《論睡眠占卜》中，亞里斯多德否定了夢具有神聖起源、能用超自然機能解釋的說法。他堅持說，夢只是因為日常活動或身體機能紊亂才產生的，透過占卜解析夢的方式僅僅只是巧合，比如說人在晚上蓋的被子如果太厚了，身體又乾又熱，很

可能就會夢見自己被火燒。

　　我們小時候大概都做過一個類似的夢，夢見自己來到一個陌生的地方想找廁所，卻無論如何都找不到，最後終於找到了，於是撒開水管肆意釋放，而醒過來發現自己身下濕了一大片 —— 尿床了。在這個夢裡面，顯然是尿意在驅動著我們的大腦夢見一種可以合法排泄的情境。

　　不過亞里斯多德的這套理論只能解釋比較淺顯的夢境，事實上我們每個人都做過一些情節十分繁複、過程十分曲折，而且跟現實生活沒有任何關係的夢，這些又該如何解釋呢？夢境中是不是還藏著更加深刻的祕密呢？

　　第一位真正深挖夢境含義、將解讀夢作為自己理論核心之一的人，就是我們久仰大名的心理學家佛洛伊德。他認為所有的夢都是人的「潛意識」進入意識的產物，每一種看上去荒誕不經的夢中意象，實際上都有著它所對應的現實事物 —— 有可能是自己記憶中的事物扭曲的反映，也有可能是由自己的慾望變形而成。佛洛伊德所創立的精神分析心理學，在做治療的時候最重要的工作之一，就是分析患者一個又一個夢境，試圖從中找出對方心理問題的來源。

　　佛洛伊德寫過許多關於夢的書籍，其中最著名的就是他的代表作《夢的解析》（*Die Traumdeutung*）。他在這部書指出，夢裡有一些出現的元素，是可以像查字典一樣被翻譯出來的，提出了很多有趣的夢境解讀：房屋代表整個人體；牆壁平滑意指男人；帶有壁架或陽臺意指女人；國王、王后或其他高貴人物代表父母；而夢裡的小動物、害蟲，往往象徵著子女、兄弟和姐妹；落水或從水中爬出，則暗指母子關係……

佛洛伊德認為，夢境中的事物都是有所隱喻的

　　不過佛洛伊德及其弟子們的解夢法，在其出現的二十世紀初就飽受尖銳的批評，原因之一是他們對夢境中意象的解讀，事實上都只是靠自己的經驗總結，並沒有什麼普適性。比如說出現在夢境中的毒蛇，在佛洛伊德的解讀中可能是男子性器的象徵；但在其弟子榮格的解讀中，說不定就代表著祖先的圖騰崇拜。現代科學當然無法接受這種模稜兩可的結論，所以對夢的生物學、神經學解釋也一直沒有停止。

　　研究發現，其實人類的睡眠分為兩種狀態。一種叫慢波睡眠，或者非快速動眼睡眠（簡稱 NREM），腦電圖特徵是呈現同步化的慢波。慢波睡眠時的一般表現為：各種感覺功能減退、骨骼肌反射活動和肌緊張減退、自主神經功能普遍下降等，簡而言之就是「睡死了」；另一種叫快速動眼睡眠（簡稱 REM），此時腦電波頻率變快，振幅變低，同時還表現出心率加快、血壓升高、肌肉鬆弛，最奇怪的是眼球不停地左右擺動，我們所說的夢境就出現在快速動眼睡眠中。

　　一個人每天晚上的快速動眼睡眠時間通常都非常短，大概每隔一到兩個

小時的非快速動眼睡眠後，才會出現五到十分鐘的快速動眼睡眠，之後又會轉入慢波睡眠。所以我們每晚做夢的時間事實上也很短，一個人花在 REM 睡眠上的時間，隨年齡的增加而縮短，到了成年，REM 只占睡眠時間的 20% ～ 25%。成人的 REM 通常持續五到二十分鐘左右，週期約九十分鐘，所以一夜間 REM 要出現三到六次。不過我們的大腦有一種奇異的能力，可以自動把在夢裡出現的那些零散而不成系統的畫面組合，變成一幕幕有情節的「小劇場」，所以我們自己感受到的做夢時間，往往都會比實際的時間長很多。有時候我們感覺自己整晚都在做夢，但那只是自己感覺夢比較長，實際上可能也只做了不到二十分鐘的夢而已。

　　唐朝人沈既濟在傳奇小說《枕中記》裡說，有一個姓盧的書生在邯鄲的旅店中遇到一位「呂翁」，獲贈了一具枕頭。盧生枕在上面沉沉入睡，夢裡面他高中進士，而且娶了天下望族崔氏的女兒為妻，之後升官發財易如反掌，榮華富貴加身，出將入相之餘，還生了五個兒子、十幾個孫子，個個都很有出息，成為天下望族，而自己活到了八十歲才過完了幸福安樂的一生。然後就沒有然後了，他醒過來才發現這是一場大夢，旅館裡做的黃粱飯都還沒熟。這個故事除了可以用來諷刺那些喜歡活在夢裡的失敗者之外，也可以充分說明睡夢裡的時間跨度跟現實中差距很大。

　　那麼我們再繼續追問下去，在快速動眼睡眠中，到底發生了什麼事才產生夢了呢？一九七七年，哈佛大學醫學院神經生理學教授艾倫‧霍布森（J. Allan Hobson）和羅伯特‧麥卡利（Robert Mc Carley），一起提出了一個純粹神經生理學式的釋夢理論——「刺激—合成」假說。他們認為在快速動眼睡眠時間裡，腦幹（從脊髓往上生長的部分，也就是大腦最原始的部分，在人類漫長的演化史中基本沒有變過）會隨機產生各種電訊號，刺激大腦中

第一章　洪荒巨擘 ── 心理學的上古時代

控制情緒、運動、視覺和聽力的區域。為了從這些隨機訊號中理出頭緒，大腦於是根據這些素材「合成」了具有敘事結構的夢。

也就是說，我們通常所見的夢，根本不是大腦「看見」並且記錄下來，而是它對那些複雜而沒有邏輯的訊號進行編選之後，盡自己所能編出來的一個有邏輯的故事。有點類似於我們曾經玩過的某種遊戲，只給你幾個互不聯繫的關鍵詞，讓你把它們連綴成一個故事。這樣看來，夢的怪異和支離破碎，並不是因為被封閉的潛意識隨機外顯的結果，而是因為大腦接收到的訊號本身就是沒有邏輯、混亂不堪的，能夠把夢「做成」現在這樣子，我們的大腦已經用盡洪荒之力了不是嗎？

所以霍布森教授在他的作品《夢的新解》（*Dreaming: An Introduction to the Science of Sleep*）中讚歎道：「你的大腦不是一臺攝影機，或者錄音機，它是一個作家，一個導演，一個世上最富想像力的器官。」只是這樣一來，也就徹底摧毀了佛洛伊德提出的潛意識理論，因為很顯然，夢境中的意象並不是儲存在大腦中。不過後來霍布森也對自己的觀點有所調和：夢境不是潛意識，但夢境是大腦加工的產物，這個加工過程中也確實影響了大腦中重要的記憶資訊，其整合重構的方式也體現了大腦潛在的思維方式。所以夢境即使不是潛意識的表達，它也提供了有關自己的很多心理學資訊。

也就是說，夢境的本質是一種更加生動活潑、更加大膽放肆、更富創造力的思維方式，它體現的是大腦在處理蕪雜資訊時的高超潛在能力。所以才會有許多科學家、文學家和藝術家在夢中獲得靈感，取得了非凡成就，其中最膾炙人口的例子要數德國化學家凱庫勒（Friedrich August Kekulé von Stradonitz），他因為無法探清苯的結構式而非常煩惱。而在一八六五年的一天晚上，他夢見了一幅蛇咬自己尾巴的圖，這個結構立刻激發了他的靈感，

於是發現了苯環的結構，延續到現在被稱為「凱庫勒式」。

　　不過對於熱衷於從夢境中尋找啟發的我們來說，有一個最大的問題：夢是很容易被忘掉的。很多時候，我們在做完一個極其精彩有趣的夢之後，睜開眼的瞬間還記得清清楚楚，但是馬上就會在五秒鐘內忘得一乾二淨，或者只剩下諸如「有個怪獸在追我」這樣的「概念性描述」。腦海裡還殘留著對夢境的回味，但是具體情節、夢裡那些神奇的道具到底是什麼？只有在之後遇到某種夢裡相關事物時，才會極偶然地被想起來 —— 這就是所謂「既視感」。

　　如果把夢境運用到文學藝術作品中，就可以產生意想不到的神奇效果。日本已故的「鬼才」導演今敏，就是運用夢境的大師，在他最著名的兩部作品《未麻的部屋》和《盜夢偵探》中，虛實相映的夢境帶來了十分震撼的視覺效果和對大腦的強悍衝擊。

電影《盜夢偵探》中的錯亂場景，代表夢境的神奇和複雜

　　我的一位作家朋友十分熱衷於記錄自己的夢境，他有一個習慣，在每天清早醒來時，要第一時間用最簡潔的語言把剛做的夢記下來，他甚至還專門去學習了怎樣去控制和微調夢境。當然，他的許多夢境也早已具象成了一部部好看的小說。

第三節　神奇的四種體液

題記：知道是什麼樣的人得病，比知道一個人得的是什麼病更為重要。

—— 希波克拉底

有很多我們以為歷史很長的事物，其實是最近幾十年才有的。比如說我們旅行的時候都會用到的拉桿行李箱，其實出現於一九九一年，距今不過三十年；再比如說我們現代人都知道大腦是人用來思考的器官，但是在古代卻並非如此。

中國古代的醫學典籍《素問》曾明確指出：「心者，君主之官也，神明出焉」、「心藏神」。君主，大家都懂，就是統治者、話事人，而「神明」大致上可以理解為我們上一章所說的「靈魂」。也就是說中國傳統醫學認為，心臟是人類用來思考的器官，所有器官中的 No.1，是靈魂的棲居地。其實我們看看那些和心理學有關係的漢字就能很容易發現這一點：「思想」兩個字都是心字底；「情感」的「感」也是心字底，「情」則是豎心旁；「記憶」的「憶」是豎心旁 —— 當然最好玩的是，就連這門學科本身都叫「心」理學，而不是「腦理學」。

順帶一提，頭部在中國傳統醫學裡，是臟腑經絡交會的地方，但是地位跟「五臟」相比，相差甚遠。網友們今天常說的「腦子是個好東西，希望你也能有一個」，如果回到古代去說，大概會變成「心者佳物也，願汝亦有之」。

中國最早認識到大腦作用的人，很可能是明代晚期的大醫學家李時珍，他在《本草綱目》中說「腦為元神之府」，「元」有首領的意思。李時珍認為大腦是主管高級中樞神經機能活動的器官，所以稱之為「元神之府」。那麼李時珍到底是怎麼知道這一事實的呢？有科學史專家認為，是受到了西方傳教士

利瑪竇等人的影響；也有專家認為是李本人透過解剖發現。不過透過這些爭論我們也可以獲知，西方在李時珍之前就已經發現了大腦的真正作用。

在古希臘，最初的情形和中國差不多，亞里斯多德在詳細論述了靈魂存在的形式和定義之後，又堅定地指出心臟是人類用來思考的器官，也是知識和生命力的源泉，因為心臟每時每刻的跳動都可以散發出激情，而靈魂，毫無疑問就棲息在心臟中，至於大腦，只是心臟的一個降溫散熱器 —— 筆者想，可能亞里斯多德是因為每次心跳加快時，往往會伴隨著大腦的「發熱」才會這樣猜測的吧。

很顯然這次他又猜錯了，亞里斯多德啊，為什麼錯的總是你……

不過比亞里斯多德稍早一些，古希臘就已經有人提出「大腦思考中心」說，這個人就是被尊稱為西方「醫學之父」的希波克拉底（Hippocrates）。如你所知，希波克拉底最大的貢獻是在醫學領域，他提出的《希波克拉底誓詞》是古代西方從醫人員首先要遵循的職業道德，一直到今天也還是醫科學生們上課第一天就要學的重要內容。不過他對心理學做出的貢獻同樣十分重要，被尊為心理學的鼻祖之一。

希波克拉底生活的古希臘時代，還處在蒙昧與文明的分界點上，人們生病時第一個想要求助的對象是宗教，第二是巫術，第三才輪到醫生。同樣是由於宗教與巫術的影響，那個時代的人體解剖還是一種被禁止的行為，那麼醫生靠什麼了解人體的構造呢？靠猜。為了獲得人體的第一手資料，更為了挽救無數人的生命，希波克拉底勇敢地衝破了禁令的束縛，開始祕密進行人體解剖，不但包括五臟肺腑，甚至連頭顱和大腦也包括在內。在希波克拉底的傳世之作《頭顱創傷》中，他詳細描述了人體遭受到頭顱創傷和大腦受損的情形，甚至提出了為病人進行開顱手術的詳細方法。當然，在當時的衛生

條件下，這種開顱手術也只能是紙上談兵罷了……

希波克拉底像

　　研究頭顱創傷的一個意外收穫是，希波克拉底發現當頭顱受傷，特別是大腦受損時，人的精神狀態和意識就會受到影響，甚至出現精神障礙變成精神病患者。於是他大膽斷言，大腦才是人體的最高思想和精神中樞，相比心臟來說，更適合作為靈魂的棲居地 —— 不過作為唯物主義者的希波克拉底並不相信虛無縹緲的靈魂之說，他更願意相信「體液」。

　　希波克拉底寫道：「人應該知道，我們的快樂、喜悅、歡笑和玩笑以及我們的悲傷、痛苦、哀傷和眼淚都來自大腦，而且只來自大腦 —— 我們經歷這些東西皆因罹病的大腦，因為這時候，它處於不正常的高熱狀態、寒冷狀態、潮濕或者乾燥狀態 —— 瘋狂即來自它的潮濕狀態。當大腦處於不正常的潮濕狀態時，它會因為需求而移動，當它移動的時候，視力和聽覺都不能夠安定下來，我們聽到的和看到的一下是這個，一下又變成那個，舌頭講話的時候，與任何時候看到的或者聽到的東西相一致。可是，當大腦處於安靜狀態的時候，一個人就會變得聰明。

大腦的毀壞不僅僅是因為黏液，也是膽汁作用的結果。你不妨按這個辦法來區分兩者：那些因黏液而瘋的人多半是安靜的，既不喊叫也不鬧；那些因膽汁而罹病的人多半會吵吵鬧鬧，做些壞事，而且躁動不安；在大腦已經冷卻下來，並與常規不同地收縮下來的時候，病人還遭受不明原因的壓抑感和苦悶。這些病情是由黏液所引起的，而且正是這些病情使記憶丟失。」

體液學說是希波克拉底的獨門絕藝，他這套理論最初是為了用來抵制當時流行的「神賜疾病說」—— 即認為疾病來源於眾神的旨意，無須醫治也無法治癒。希波克拉底批駁了這種謬論，他認為每個人體內都流淌著四種不同種類的體液，即血液（blood）、黏液（phlegm）、黃膽汁（yellow bile）和黑膽汁（black bile），由於四種體液在人體內所占的比例不同，人類呈現出各種不同的身體狀態和氣質類型，疾病正是由四種液體的不平衡引起的。那麼四種液體為什麼會不平衡呢？因為人體受到了外界的刺激！

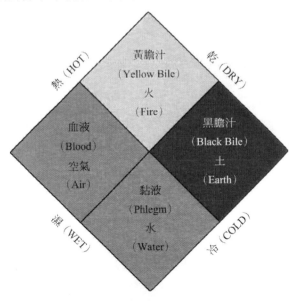

四種體液和四大元素的對應關係菱形圖

第一章　洪荒巨擘 — 心理學的上古時代

　　從哲學上講，希波克拉底的四體液學說，承自另一位古希臘大哲學家恩培多克勒（Empedocles）的「地火水風」四元素理論 —— 四種體液和構成世界的四種元素一一相對應：血液對應空氣，黏液對應水，黑膽汁對應土，黃膽汁對應火。以我們今天的觀點看，無論四元素學說還是四體液學說都是荒誕不經的謬論；但在兩千多年以前，他們能認識到世界和人體由物質組成，並且還構建出一整套可以自圓其說的理論，已經很不容易啦！

　　希波克拉底的四體液學說不只是一種醫學理論，也是一種心理學理論。在《論人的本性》一書中，他老人家認為不但身體狀況，就連人的「氣質」和「性格」也是由體液來決定，正是由於四種體液在人體內的比例不同，人有了四種不盡相同的氣質類型：

　　血液占人體比例最高的人，性格比較熱情活潑，但是比較反覆無常，做事粗心且浮躁，稱作多血質；黑膽汁占人體比例最高的人，性格比較敏感憂鬱，容易傷春悲秋，但是往往會有比較高的文藝才華，稱作憂鬱質；黏液占人體比例最高的人，性格比較冷靜，不容易出現情緒起伏，稱作黏液質；黃膽汁占人體比例最高的人比較直爽暴躁，精力旺盛且不易疲勞，稱作膽汁質。

　　以我們今天的觀點看，希波克拉底的這套理論當然是荒誕不經的，他所認為的四種體液對人性格的影響更無從談起，但是它至少有一點是正確的：人體的生物學基礎會影響性格和精神健康。希波克拉底之前，從來沒有人用「人體內物質的變化」來解釋人的精神世界。在希波克拉底之後的西方世界，體液學說也一直經久不息，直到十八世紀才被更為精確的解剖學事實所證偽。他所歸納出的四種人格特徵一直流傳到了今天，殘存在人們的口頭語中，直到現在還被不斷提及。原因何在？當然是因為這四種人格實在是太典

型，太常見了，以至於我們到現在為止還沒能建立一個能比它更為直白易懂的人格分類體系。

比如說《西遊記》中的師徒四人組，就完美契合了希波克拉底歸納的四種人格特質：直爽暴躁的孫悟空是膽汁質；粗心熱情的豬八戒是多血質；敏感憂鬱的唐僧是憂鬱質；至於沉默冷靜的沙和尚，當然就是黏液質啦。

再比如說當年的經典電視劇《還珠格格》中的四大主角：吵吵鬧鬧的小燕子無疑是多血質；愛哭的紫薇顯然是憂鬱質；冷靜可靠的大哥哥福爾康多半是黏液質；而直率又能幹的五阿哥，當然就是膽汁質了……

你看，那些人物性格刻畫比較鮮明的故事中，不管是古今中外，我們通常都會看到這四種典型的人格。如果說瓊瑤奶奶有可能受希波克拉底學說影響的話，那麼生活在明代的吳承恩就不太可能接觸到了。時至今日，我們早已經忘記了這四種人格名字最初代表的含義，而把它們本身作為四種最典型的人格特徵。

到了近代，俄國偉大的生理學家、現代心理學的奠基人之一巴夫洛夫在自己「虐狗實驗」的基礎上，發展出了人和動物的高級神經活動類型理論，他認為人有「興奮」和「抑制」兩種基本神經過程，這兩種神經過程又具有強度、平衡性和靈活性三種屬性。它們的不同結合可以構成多種神經類型，但最常見的有四種：①弱型；②強而不平衡型；③強而平衡靈活型；④強而平衡惰性型。令人難以置信的是：這四種神經類型，竟然可以完美對應於希波克拉底體液學說中的四種氣質：憂鬱質、膽汁質、多血質、黏液質！

巴夫洛夫在數千年後，證明了希波克拉底到底有多麼偉大。

頓悟瞬間：血型能夠決定性格？

題記：每個人都有三重性格：他所顯露出來的；他所具有卻未顯露出來的；他認為自己所具有的。

—— 艾方索·卡爾

隨著醫學的進步，希波克拉底的氣質體液學說本來早已退出了歷史舞臺，畢竟直到今天我們用盡先進的生物和化學檢測手段，也無法從人類的體液中檢測到「黃膽汁」、「黑膽汁」這些神奇物質，體液學說的存在基礎就被打破了。但是令人驚異的是，從二十世紀初開始，體液學說卻又死灰復燃了，借屍還魂的體液學說以「血型性格學說」的名義走紅了八十多年，至今依然風靡全世界。

我們隨便翻開某些明星的檔案，也常常會看到「血型」作為一項赫然與身高、體重、籍貫等並列的指標。我們知道，血型不是外顯的，除非做檢測，否則你永遠不知道別人的血型。那為什麼明星們要把血型掛出來呢？難道這些明星們害怕自己輸血時粉絲們輸錯血型嗎？顯然不是，在這裡血型實際上和他的「星座」一起，體現了這位明星外在包裝出的性格。

如果說血型性格學說對華人只限於娛樂領域的話，在日本則幾乎已經滲透到了人們生活的各個層面。根據日本最大經銷公司東販集團統計：二〇〇八年末日本十大暢銷書排行榜中，就有四本談的是血型如何決定個性！許多日本人根據血型選擇朋友和戀愛對象，許多日本公司，包括一些國際知名的跨國公司如三菱電機等，都根據血型招錄員工，甚至在應徵廣告中明確規定只有哪種血型的人才能應徵。就連政治人物都會在自己的個人網站上公布自己的血型，並且煞有介事地分析為何這種血型有助於自己執政。

那麼為什麼人們會認為血液可以決定一個人的性格呢？我們要想弄清楚血型性格學說的來龍去脈，不妨先從血型本身說起。一九〇二年，奧地利維也納大學的病理學家卡爾‧蘭德施泰納（Karl Landsteiner）發現輸血失敗的原因，是由於某些人的血清導致另一些人的紅血球凝集，但在某些組合卻又不會發生這種情況。由此深究下去，他和學生們發現了人類的四種血型，即我們早已經熟知的 A 型、B 型、O 型和 AB 型，不同血型的血液有著不同的特性。蘭德施泰納也憑藉這一重大發現斬獲了一九三〇年的諾貝爾生理學或醫學獎，並被譽為「血型之父」。

蘭德施泰納是一位純粹的醫學家和科學家，他對血型的研究完全是出於醫學目的，事實上血型理論創立後便立刻被運用到了實際臨床輸血檢測中，一直到今天都發揮著重要的作用，挽救了千千萬萬病人的生命。然而蘭德施泰納想像不到的是，他的研究成果也為後來的種族主義者和死不悔改的分類癖們提供了論據。既然人類可以按照血型自然劃分為不同的族群，那麼這些不同的族群是否有高低優劣之分呢？不同的血型是不是代表著不同的性格呢？

關於血型學說在種族主義方面的濫用，我們這裡不多說，畢竟本書不是一部關於人類學的書，你只需要知道現代人早已拋棄了血型種族主義就可以了。拋棄的原因也很簡單，人們發現很多情況下，不同地區的同一民族表現出的血型差異，竟然會遠大於不同民族間的血型差異。比如說北京人和廣州人的血型差異，竟然會高於日本人和波蘭人的血型差異，在這種確鑿無疑的統計結果面前，再談種族主義顯然就非常尷尬了。

二十世紀初，血型種族主義在納粹德國曾風靡一時的同時，血型性格學說也在東方的法西斯國家日本出現了。一九二七年，東京女子高等師範學校

第一章 洪荒巨擘 — 心理學的上古時代

（現御茶之水女子大學）一個名叫古川竹二的哲學講師，在《心理學研究》雜誌上發表了題為《血型與性格學的研究》（血液型による氣質の研究）的系列論文。論文中，古川竹二根據自己日常觀察和對一千兩百四十五名對象的研究調查，提出了「人因血型不同，而具有各自不同的氣質；同一血型，具有共同的氣質」的假說。

在古川的論文中，把人按照血型劃分成了四種不同的性格：A 型血的人內向保守、多疑焦慮、富感情、缺乏果斷性、容易灰心喪氣等；B 型血的人外向積極、善交際、感覺靈敏、輕諾言、好管閒事等；O 型血的人膽大、好勝、喜歡指揮別人、自信、意志堅強、積極進取等；AB 型的人則兼有 A 型和 B 型的特徵。

如果你還記得前面希波克拉底的四種體液氣質，就不難看出來古川竹二有多麼偷懶了！A 型血人的性格特徵，不就是希波克拉底所說的憂鬱質性格嗎？B 型血人的性格特徵不就是多血質嗎？O 型血人不就是膽汁質嗎？AB 型血人雖然跟黏液質有一些不同，但是本質還是差不多啊！現在你知道我為什麼要說「血型性格學說」本質就是體液氣質學說借屍還魂了吧？因為兩者在最基本的設定上，幾乎沒有差別！

心理學外行古川竹二的這篇論文，在心理學學術界並沒有造就太大波瀾，一些傳統的心理學家還批駁和嘲諷這一觀點；然而，對身為軍國主義者的古川竹二來說，最重要的還是要讓自己的血型學說能夠運用到日本的國家策略中。舉個例子，日本從一八九五年甲午戰爭後就占領了臺灣，此後三十多年間臺灣群眾反抗不斷。在古川看來，根本原因是臺灣居民 O 型血人數過多，日本政府應該多讓本國居民與臺灣人通婚，以減少臺灣人 O 型血人的數量。

古川竹二的野心在時代大潮中就像一朵小小的浪花，隨著第二次世界大戰日本的戰敗，血液性格學說漸漸便被大多數人淡忘了，只有很少的心理學家繼續進行這方面的研究。但是「血型和性格有關」這個論斷，就像種子一樣埋進了日本社會的深處，等到了合適的機會就會開始發芽、長大。

一九四一年，也就是太平洋戰爭開始的那一年，一名日本男高中生從自己姐姐那裡得到了一份圖表，上面展示的正是古川竹二的血型與性格對應關係。他對這份圖表深信不疑，開始用血型來區分自己周圍的人們，選擇不同的處世準則與他們交往並且在暗中細細觀察。就這樣一直過了三十年，男孩成了一位小有名氣的記者和作家，他決定把自己的研究成功公之於眾了。

這個小男生就是日本「血液型人間學」的創始人能見正比古，他在一九七一年出版了一本名為《以血型了解緣分》（血液型でわかる相性）的書。在書中，能見正比古以自己和各種不同血型的人物交往的過程和體會為論據，重新構築了血型與性格的關聯，特別是不同血型的人物會怎樣彼此交往，他構築了一個血型之間的「行動牽引—守望扶助」學說，即A—O、O—B、B—AB、AB—A四對組合，前者是在精神上扶助、支持後者，並主導二者的交往；後者是在行動上自發、牽引前者，並對交往提出創意。

跟古川竹二的血型決定論相比，能見正比古的學說一眼看上去就透著濃濃的人情味。原本孤立的四種血型族群被他巧妙地聯結成了一對對組合，兩個人的交往過程被簡化成了兩種血型的連接對撞，不但簡單明晰，更具備十足的可操作性。而且書中的那些人物有很多本身就是大家熟知的公眾人物，作為血型代言人的他們用自己的行動把作者的理論詮釋得淋漓盡致。再加上能見正比古優美細膩的文筆和如話家常的寫法，此書一出版就引發了日本全社會的轟動，血型性格學說也就此走進了千家萬戶的視野。

第一章　洪荒巨擘 ─ 心理學的上古時代

　　寫到這裡筆者必須指出，能見正比古老爺子並不是心理學家，他關於血型與性格相關的研究並不具備心理學學術價值。然而，當「血液型人間學」成為一門顯學之後，大量心理學的研究者也投身到了這個領域，這就更刺激了這門學問發展成為一座金碧輝煌的理論大廈。今天，血型性格學說已經成為日本通俗文化的一部分，滲透進了日本人生活的方方面面，任何想要質疑這門學說正確性的人，都必須面對民眾的怒火。

　　那麼我們打開天窗說亮話，血型性格學說到底有沒有科學依據呢？至少到目前為止，還沒有發現血型和性格直接相關的研究報導。在二〇〇二、二〇〇三和二〇〇五年，有心理學家在著名的心理學期刊《人格與個性差異》（*Personality and Individual Differences*）上發表了三篇論文，採用目前心理學界普遍承認的人格理論大五人格測試（NEO-PI），均未發現血型與性格相關。

　　我知道我這樣說肯定會有很多人不服，一般的反駁是這樣的：「我是 A型／B型血，我覺得自己的性格跟血型性格學說說的完全一樣啊。」那麼為什麼那些關於血型和性格的論述總是會讓人覺得很準呢？有以下三個原因：

　　很多流行的血型性格說都是為了逗你開心而設計製作，當你見到描述自己個性的詞語都是中聽的話時，你會很自然認為這種描述是真實的。比如說A型血的人乖巧可愛，有誰會覺得自己不可愛呢？

　　在血型性格的描述中，即使有好的性格和不好的性格，人們還是可能認為說的蠻準。這是因為這種關於弱點的描述，往往是關於人性格中的普遍弱點，使一種描述用在誰身上都可行，而每個人的性格又都不只有一個剖面。有趣的是，那些表現出和血型所說的性格相反的人，反倒覺得血型把自己最深的一面揭示出來了！舉個例子：一個性格柔弱的 B型血人，看到 B型血的

特徵是「膽大妄為，固執己見」，他並不會覺得理論錯了，反而會回想起自己生活中少數的幾次「固執己見」，反而更加認同這種學說！

更有意思的是，很多人知道自己是什麼血型，和這個血型的性格特點之後，就會在有意無意間受到這個描述的影響 —— 如在遇到困難時給自己鼓勵「我是 O 型血，我要勇敢堅強」，讓自己表現地更符合這個血型的性格特徵，因為人是可以偽裝和改造性格的，所以看上去就會覺得血型性格學說實在很準！

這種情形很像是傳統的「生肖命運學說」（我取的名字），時至今日仍然有相當大比例的人，相信生肖可以決定一個人的命運，甚至左右兩個人的婚姻幸福，比如說「羊年生的女孩命不好」，比如說「雞鼠不到頭」。相信這一套的人總會舉出一些符合這些「論斷」的依據，而把那些不符合的情況忽略。

一九四八年，美國心理學家伯特倫· 福勒（Bertram R. Forer）用實驗證實，人們很容易相信某種一般性的模糊人格描述特別適合自己。哪怕自己並不是這種人，也會深信不疑。福勒稱此為「巴納姆效應」（Barnum effect），也叫「福勒效應」，他認為這反映了人們的一種從眾心理。

其實在年輕人中，日本傳入的血型性格學說市場並不太大，相信的人也只是泛泛而信；但是西方傳入的占星術和「星座性格學說」就不一樣了！在筆者的年輕朋友中，相信星座的人幾乎占到一半以上，甚至八歲的女兒也會經常說自己是雙魚座，性格如何如何。每年總有那麼幾天，會有人在自己做事情做不成時抱怨「水逆」（即水星逆行）。那麼星座學說的科學性是不是比血型性格學說要高一些呢？為了驗證，筆者親自做了一個實驗，從網路上找到了雙魚座的性格：

性情溫柔，易於相處，雙魚的身上有一種令人難以抵禦的奇異魅力。這

是一個浪漫而富於幻想的人，對生活充滿熱望，但缺乏應變的能力。這一星座的人有點烏托邦的思想傾向，生活上也經常得過且過。在困難或矛盾面前雙魚不喜歡讓步，總渴望有奇蹟般的解決辦法，而當需要雙魚做出抉擇時，雙魚又常常束手無策。

天哪！實在是太準確了！簡直要把筆者的內心完全看透了一樣，甚至把那些難以啟齒的缺點也說得一模一樣！

唯一可惜的就是，筆者是牡羊座。

第四節　從古羅馬到文藝復興，心理學的大停滯

題記：光榮屬於希臘，偉大屬於羅馬。

—— 愛·倫坡〈致海倫〉

和它出現的歷史時期相比，古希臘文明的輝煌與燦爛簡直就像是奇蹟一樣，就像是上帝把一個個本該出現在兩千年後的城邦和偉人們，以不可思議的形式出現在了地中海沿岸的這片神奇的土地上。因為其城邦聯盟的獨特形式，古希臘又可以說是一個包羅萬象的文明，在包括哲學、文學、數學、物理學、邏輯學、醫學、建築學、雕塑等各個方面，都創造出了讓後人難以企及的偉大成就。

雖然後世往往把古羅馬和古希臘並稱為西方歷史上古典時代的兩座豐碑，但是單純從文明的角度來講，古羅馬和古希臘並不是同一等級。英國哲學家伯特蘭羅素（Bertrand Arthur William Russell）在他的《西方哲學史》（*A History of Western Philosophy*）中說：「羅馬人沒有發明任何藝術形式，沒有建

立有創見的哲學系統，也沒有作出任何科學發現。他們會修路、會訂立系統的法典，還會有效地指揮軍隊，至於其他的東西，他們只好看著希臘人。」

羅馬人精於建立帝國，他們征服了歐洲和近東地區，打下了一片大大的疆域，古羅馬人是很好的管理者，卻不是很好的思想家。他們採納了希臘的文學、建築、雕塑、宗教和哲學風格。就連羅馬諸神其實也都是希臘諸神換了個名字，比如眾神之王宙斯改叫朱庇特，愛與美之神阿佛洛狄德改叫維納斯等，甚至太陽神阿波羅等連名字都沒換直接就用了。西元前二世紀和西元二世紀之間，古羅馬人占領了地球上最美好的一個地區，擁有當時可能是人類中最文明的一部分人，但他們仍然只能算得上是希臘文明的文化寄生蟲而已。

在心理學方面也是一樣，古羅馬的哲學家盧克萊修（Titus Lucretius Carus）修士等人所作的貢獻，大概也就是再次修繕和重述了一遍希臘哲學家們的觀點，比如認為靈魂和肉體一樣都是有形體，肉體死亡之後靈魂也無法長存世間。不過他說：「由於我們在胸脯的中間一帶感到害怕和喜悅，因此那就是思想或者理解力之所在的地方。」這一點甚至還不如希波克拉底，至少他還知道人的思想是大腦產生的。

古羅馬對心理學的唯一真正影響，是一位來自希臘的醫生蓋倫（Galen），但可惜的是這種影響很可能是負面的。蓋倫發展了希波克拉底的體液氣質理論，他認為人的性格與健康，與人中的血液、黏液、黃膽汁、黑膽汁四種液體的比例有關係，比如當體內含有的黑膽汁過多時，人就容易陷入焦慮、憂鬱等心理問題中。因此他治療的方法也是想方設法減少人體內的黑膽汁，或者將其轉化為血液和黏液。在許多世紀的時間裡，它誤導了醫生和其他人，以為它是性格模式和心理疾病的成因。直到近代，隨著解剖學的進

第一章 洪荒巨擘 — 心理學的上古時代

步，人們才發現了蓋倫的理論有多麼荒謬。

在蓋倫的時代，還有另一種東西侵入了哲學和心理學研究當中，把心理學變成了一塊不允許他人觸碰的禁臠，這就是天主教神學。天主教誕生於西元一世紀的中東地區，之後迅速傳入到了羅馬，成為一個讓羅馬統治者極為頭痛的民間力量。儘管遭受羅馬統治者的迫害和屠殺多達十幾次，但天主教還是頑強地在這個國度裡發展，並最終同化掉了包括上層貴族在內的所有羅馬人。西元三九二年，羅馬皇帝正式把天主教定為國教，從那以後直到今天，整個西方世界的思想基礎，大部分依然建立在天主教神學之上。

神學和哲學最大的不同之處在於，後者是研究人與世界關係的學問，而前者研究的是人與神之間的關係。當神學開始統治人們的思想，特別是當西元四七六年西羅馬帝國被日耳曼蠻族毀滅，分裂成無數小國家，歐洲因而進入了漫長而黑暗的中世紀之後，天主教廷成為整個歐洲實際上的最高統治者。於是曾經一度輝煌的心理學研究，僅僅只剩下依附在神學肢體上的殘羹冷炙。

宗教神學的一大特徵就是排他性，當一些人的觀點和宗教教義不符時怎麼辦？強迫那些人改變觀點；當一些人觀察到的事實和宗教教義不符時，修改那些事實。於是古希臘和羅馬積攢了上千年的學術成果，在一次次西方版的「焚書坑儒」之後蕩然無存；而一部分倖免於難的古代科學、哲學著作，被當時還算得上開明的阿拉伯人收藏，才得以流傳後世，不過對心理學來說，環境稍好一點。儘管教會的神父們更願意進行諸如「針尖上能站幾個天使」之類煩悶又無聊的神學研究，但是在探究人類信仰上帝是否夠虔誠的問題上，還是不可避免地要引入關於「靈魂」本質的探討，比如，靈魂究竟是生而就有，還是被上帝塑造過？在人死後到達天堂或者地獄之後，靈魂還會

思考什麼？於是神學也就十分勉強地能和心理學搭上點關係了。

　　特土良（Tertullianus）是一位早期的羅馬天主教神父，也是一位很有見地的心理學家，不過他的心理學幾乎全部衍生於對宗教經典著作的推理。比如他極力否認柏拉圖的靈魂和肉體的二分法學說 —— 如果靈魂可以早於肉體存在，那麼在上帝創造亞當（世界上第一個人類）之前，亞當的靈魂是否已經存在了呢？天啊，只要想一下並非上帝創造的靈魂存在，就讓特土良嚇得渾身顫抖，於是顯而易見的，亞當的靈魂一定是上帝在創造他的肉體同時創造。另一方面他又否認靈魂就是人類的大腦思維本身 —— 畢竟這實在是太唯物主義了，只有古希臘的德謨克利特那種人才會相信。在特土良看來，思維當然是靈魂的一部分，但是靈魂並不等於思維。那麼他唯一可以接受的理論，就只剩下一個：上帝在創造亞當的同時創造了他的靈魂，並將之封存在亞當的身體裡。

　　另一位致力於研究心理學的神學家是聖奧古斯丁（Aurelius Augustinus），他的學說一度統治著整個羅馬教會的神學觀點，被稱為「天主教會的亞里斯多德」。在聖奧古斯丁的名著《懺悔錄》（Confessiones）中，他把自己少年和青年時期的思想一層層剝開，從信仰的角度去挖掘自己隱藏在腦海中的壞事。這種反思自己的方法，和春秋時期大思想家孔子所說的「吾日三省吾身」頗有相似之處，所以我們把這種反思方法叫做「內省法」。後世的心理學派，除了行為主義心理學這個大奇葩之外，無一例外都會用到這種方法來做研究，而用得最多的，就是佛洛伊德創立的精神分析心理學。

第一章 洪荒巨擘 ── 心理學的上古時代

如果說聖奧古斯丁代表了天主教前期的神學高峰，那麼湯瑪斯·阿奎那（St. Thomas Aquinas）的學說，則代表了歐洲中世紀神學的最高成就。甚至我們將這種神學稱為一種哲學 ── 經院哲學（scholasticism）。阿奎那的心理學研究，基本上是以亞里斯多德為基礎，然後試圖把古希臘的心理學思想融入到天主教教義當中，然後還摻雜了蓋倫、聖奧古斯丁等人的思想，看上去就像是一個超級大雜燴。不過這種調和也非常危險，比如說亞里斯多德認為，人死後靈魂也就隨著消失，那這樣一來天主教中的天堂和地獄又該怎樣解釋呢？

聖奧古斯丁像

阿奎那還研究了人類的情緒和慾望，他把情緒分成兩部分，即快樂的情緒和痛苦的情緒，前者來自於身體本身的慾望，後者則來自於慾望不能達成時的痛苦。不過阿奎那研究心理學，仍然是為了把全身心奉獻給神，所以他的學說有正面的成分，也有負面的。他把人的思維拆分為感覺和理智兩部分，這也大大啟發了後世的心理學家們。

中世紀神學家們的研究對於心理學家們來說，也只不過相當於暗夜中偶然飄過的幾星螢火 ── 可以帶來一絲安慰，但完全無法照亮世界。不過不管黑暗有多久遠，黎明最終總會到來。隨著大航海時代的開啟，文藝復興時代的到來，心理學的春風也即將吹來了。

　　這個時期對心理學發展影響最大的人物，要數生活在十六世紀後期和十七世紀早期的英國哲學家法蘭西斯·培根（Francis Bacon）。今天我們談起此人時，想起的往往是他那句名言「知識就是力量」（Knowledge is power）── 也有人會不自覺地跟一句「法國就是培根」[6]。不過培根爵士留給世人最重要的財富，還是他在研究自然科學時使用的一系列方法論。

　　貴族出身的培根，身處一個剛剛從中世紀走出的時代，他身上還殘存著一些神學教育留下的印痕。不過他更多的時候是一位理性主義者，相對信上帝來說，他更相信自己能感受到的事物和客觀規律。培根在《新工具論》（*Novum Organum: Sive Indicia Vera de Interpretatione Naturae*）一書中闡述了自己的唯物主義觀點，並且開始用一套學自古希臘的「歸納法」來研究自然科學問題，這也成為近代科學發展的起點。

　　培根的研究法，歸結起來無非就是四件事：觀察、實驗、記錄、總結。我們今天看來實在是不足為奇，但是在當時卻給那些苦於沒有科學研究工具的科學家們提供了成功的模範。從那時候開始，越來越多的自然科學如天文學、物理學、生物學等都開始從哲學中分離，對心理學進行科學研究的條件到這時也終於成熟了。

6　這是一個著名的笑話，把「Francis」這個詞讀成「Franceis」，並把「Bacon」理解成可以吃的那種肉製品。

第一章　洪荒巨擘 ─ 心理學的上古時代

第二章

新芽初生 —— 早期心理學的大亂鬥

第一節　我思，故我在

題記：當我懷疑一切事物的存在時，我卻不用懷疑我本身的思想，因為此時我唯一可以確定的事就是我自己思想的存在。

── 笛卡爾

經過十四世紀至十六世紀將近三百年的文藝復興運動以及宗教改革，到十七世紀時，籠罩在歐洲大地上的宗教鐵幕終於被打破，思想的堅冰在人文與科學的暖陽映照下緩緩消融，近代科學的曙光終於即將照亮這個世界了。當然，並不是說此時的宗教已經不能再箝制科學進步，實際上整個十七世紀，教會的勢力依然十分強大，不管是保守的天主教會還是新興的路德教和喀爾文教，都依然對科學抱持著敵視的態度。信奉日心說的布魯諾（Giordano Bruno），在一六〇〇年被宗教裁判所燒死在羅馬塔樓上，正預示著十七世紀的科學先驅們還在艱苦卓絕的鬥爭，科學的進步依然舉步維艱。

但是宗教的恐怖，也無法抵消人們對真理的熱切追尋，牛頓、伽利略、萊布尼茲、笛卡爾、帕斯卡、哈雷、波以耳、培根、虎克、托里切利等一大批天才科學家和哲學家們，創造出了一連串光輝璀璨的科學成果，包括牛頓三大運動定律、微積分、解析幾何、萬有引力學說在內的科學理論，以及包括氣壓計、望遠鏡、顯微鏡、溫度計等科學設備，都一一出現在略顯荒蕪的科學世界裡。心理學也終於迎來了古希臘時代之後真正意義上的又一位大師、被美國心理學史學家羅伯特·沃森稱為「現代第一位偉大的心理學家」的勒內·笛卡爾（Rene Descartes）。

笛卡爾是生活在十七世紀前葉的一位法國大科學家和哲學家，哲學上的成就大到被黑格爾稱為「近代哲學之父」。和當時許多大師一樣，他也是一

位百科全書式的人物，其成就之中最為後人熟知的，莫過於發明解析幾何和發現動量守恆定理，但其實他在心理學史上也享有崇高的地位。首先，是他發現了神經反射和反射弧的存在，後世的「虐狗專家」巴夫洛夫在此基礎上發現了條件反射，成為行為主義心理學基礎中的基礎。另外笛卡爾還研究過「本能」的概念，他的理論也成為日後精神分析學派的指南之一。一個人啟發了心理學在二十世紀上半葉最重要的兩個學派，而且還是相互之間誰也看不上誰的兩個學派，說笛卡爾是心理學先驅肯定沒什麼問題。

笛卡爾畫像

　　笛卡爾的哲學思想，核心其實只有一句話：「我思，故我在」。這句話是什麼意思呢？字面理解大概是「因為我可以思考，所以我是真實存在的。」說得更炫酷一點就是：你的眼睛會騙你，你的耳朵會騙你，你的皮膚觸覺同樣會騙你，所以你感覺到的一切不一定都是真實的，只有當你在思考自己的存在，懷疑自己是不是真的存在時，你才是真實存在。

第二章　新芽初生 ― 早期心理學的大亂鬥

　　為什麼笛卡爾說「我思故我在」，而不是「我看故我在」、「我聽故我在」？說到這裡就要引入一個心理學歷史上曾經非常熱門的明星概念：夢。對夢境的研究是心理學上很重要的一項內容，夢到底是什麼，它的作用機理是怎麼回事？直到二十一世紀的今天，心理學家都還沒能夠完全搞清楚，十七世紀初的笛卡爾就更不知道了，不過這並不妨礙笛卡爾用「夢」來打比方。當一個人做夢的時候，他的視覺、聽覺及其他一切感覺全都是假的，全變成了幻覺，那麼這時該靠什麼來確認自己的真實存在呢？只能靠自己的「懷疑」和思考。因此笛卡爾指出，唯一沒辦法作假的，只有「自己的懷疑」本身。

　　在「靈魂」一章中我們講到了，從遠古時代開始，人們就普遍認為人的精神和肉體可以分離，只是區別在於有人相信物質決定意識，也有人相信意識能決定物質。對唯物主義者來說，人的意識產生於肉體當中，沒有了肉體也就沒有了精神；對唯心主義者來說恰恰相反，物質是由精神創造出來的，沒有了意識，物質也就不存在了。就如同比笛卡爾稍早的明代大哲學家王陽明所說：「你未看此花時，此花與汝同歸於寂；你來看此花時，則此花顏色一時明白起來。」―― 此所謂「心外無物」是也。

　　不管是唯心主義還是唯物主義，笛卡爾都不太相信。他是一個「二元論」支持者，認為物質和意識是兩種完全不同的實體，意識的本質在於思想，物質的本質在於「廣袤」；物質不能思想，意識不會「廣袤」；二者彼此完全獨立，不能由一個決定或衍生另一個。和亞里斯多德「身心合一」的心理學觀點不同，笛卡爾認為世界上有一個完美的、和其他動物沒什麼區別的肉體的「我」，還有一個完全存在於精神世界、精神的「我」，生活在這個世界裡，和肉體的「我」可以完完全全分開。

　　但是這樣就又有問題了，畢竟對我們每一個還活著的人來說，身體和精

神是緊密連接在一起，誰的靈魂也不會沒事離家出走。那麼身體和精神之間靠什麼連接起來呢？其實對這個問題，笛卡爾也曾陷入過長時間的思考。好在當時人體解剖學已經比較發達了，笛卡爾從人腦的解剖中發現了一個奇怪的東西。我們知道，大腦有左右兩個半球，分別叫左腦和右腦，而在它的深層還有一個很小的腺體，醫學上稱為松果體。因為這是個單獨的、看上去和誰都不相連的東西，就像靈魂本身一樣，而且因為它在大腦裡面的位置看上去蠻重要。所以笛卡爾就把這個松果體「欽定」成靈魂和身體的現實連接之處。

　　笛卡爾在自己的書裡面說：「松果體最為輕微的運動，也會大大影響活力的流動；反過來說，活力流動的最輕微的變化，也會大大影響腺體的運動。」儘管他自己不知道、也無法解釋有形的松果體和無形的靈魂是如何發生接觸，但他確信它們的確有接觸，而且靈魂是透過這個腺體來影響身體，身體亦是如此影響靈魂。

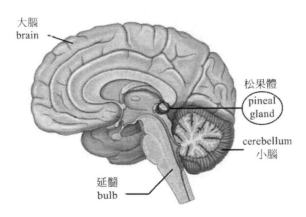

大腦
brain

松果體
pineal
gland

cerebellum
小腦

延髓
bulb

傳說中神乎其神的松果體，其實只是演化中殘留的無用痕跡

　　松果體的神話從笛卡爾發軔，一直到筆者小的時候還有一定的市場，幾

第二章　新芽初生 — 早期心理學的大亂鬥

乎每種關於人體的偽科學書籍裡都能看到它的身影，甚至在某些書中它還跟「氣功」、「特異功能」之類的騙人說辭有關係。不過現代科學早已經證實，其實所謂松果體只不過是大腦演化過程中的殘留的痕跡，對人體神經傳導來說一點作用都沒有。儘管如此，笛卡爾的學說第一次讓人認識到可以把人的身體和靈魂分開來研究，身體是物質的，可以像拆開一臺機器一樣拆除許多零件來研究。而人的靈魂（或者稱為「意識」）是整體、無法觀察的，需要用理性的思辨方式研究。

笛卡爾對心理學最大的貢獻，還在於對「反射」這一自然現象的認識。所謂反射，笛卡爾用來指代當人體受到外界刺激時發生的身體反應。許多人大概都做過青蛙的反射弧實驗，那隻可憐的青蛙被摘除大腦之後還能透過身體上的神經來控制肌肉運動。我們人體也是一樣的，當你的膝蓋被錘子突然打到的時候，腿部就會突然彈起來，這種「膝跳反射」就是一次最典型的反射。

不過笛卡爾的時代還沒有認識到神經組織的存在，在他的想像中，人體在腦部和身體各個器官肌肉中灌滿了一種特殊的液體，類似一個裝滿水的袋子。笛卡爾把這種液體稱為「活力」。當身體受到刺激時，大腦的反應就會透過「活力」傳輸到肌肉中，讓它動起來。不得不說，笛卡爾的想法其實已經和人體真實的神經系統很接近了。

不過和現代的行為主義心理學家們把反射看作心理學最重要的事實不同，在相信「二元論」的笛卡爾看來，反射只是身體的一種自然反應而已，還不屬於心理學的層面。人體那些高級的心理學過程如思維、情感等都是靠「靈魂」來完成的。

作為一個理性主義者，笛卡爾研究心理學的最初目的，其實是想知道怎

麼透過思想控制自己的情感，以便讓白己變成一個可以隨意操控自己感情、想哭就哭想笑就笑的人。然而經過多次嘗試以後，他終於發現完美的理想主義者不存在，他的研究成果也只有幾句雞湯而已，比如說「當你激動的時候，試著轉移視線想想別的」之類的，對絕大多數人來說並沒有什麼用。

笛卡爾去世大約一百年後，義大利生理學家賈法尼（Luigi Galvani）透過青蛙實驗，發現了在動物體內透過神經傳導的生物電，而且這種生物電還可以引起人體肌肉的收縮運動，換句話說，這就是笛卡爾所說的「活力」，只是跟他想像的液體完全不一樣；又過了一百多年後，巴夫洛夫和桑代克相互獨立地分別發現了條件反射，從此笛卡爾的「反射理論」反倒成了心理學的主流之一，恐怕這是他活著的時候無論如何也想不到的吧。

頓悟瞬間：摸摸你的頭，說出你的性格

題記：頭者，精明之府，頭傾視深，精神將奪矣。

── 《素問》

對心理學來說，十八世紀是一個神奇的時代。隨著生理學的進步，大腦和神經的作用逐漸被科學界所認知，於是一系列新的心理學理論，像火山噴發一樣冒了出來。

一七四九年，英國醫生、生理心理學的先驅大衛·哈特萊（David Hartley），把牛頓的力學理論運用到了神經傳導上，他認為神經是實心的傳導體，當外在刺激引起神經衝動是，神經就會振動，此振動沿著神經脈絡向大腦傳導，引起腦神經的振動，從而產生觀念。之後又經過義大利學者、醫生阿斯特魯克和洛圖蘭等人的研究，進一步證實大腦是意識和思維的器官，「研

第二章　新芽初生 ── 早期心理學的大亂鬥

究心理學首先要研究大腦」才逐漸成為學界主流的共識。但在那個時代，人們對大腦的認識還非常初級和粗糙，以至於出現了一些荒誕的理論學說，比如我們下面要講到的顱相學。

顱相學的基本理論很簡單，它認為一個人的智力、性格和思維跟他的頭顱形狀有關，因此我們可以透過觀察一個人的頭來確定這個人的心理狀態。實際上顱相學是一種「雜交」產物，一方面它借用了當時科學界對腦科學和神經醫學的最新成果，另一方面它的靈感又有很大部分來自於在人類歷史上流傳了數千年的古老「相面術」。

在中國古代，相面術曾經是一門顯學，並且發展出了一套嚴密的理論體系。戰國時代成書的《荀子》中就有一句話：「形相雖惡而心術善，無害為君子也。」那時候人們認為人的相貌是有「善惡」之分的，所以荀子才說，有的人看著像是惡人，其實很善良。到了漢代，相面術成為流行文化，《漢書·藝文志》中也有〈相人〉二十四卷，這傳統一直流傳千年，直到今天我們還能看到一些擺地攤幫人算命的「專家」。

在西方世界，相面術也可以追溯到古希臘時代，據說亞里斯多德就曾經有過一套透過看人的相貌來推斷其性格的理論。不過真正把相面術發展成顯學的是十九世紀的瑞士哲學家、大詩人歌德的好友約翰·卡斯帕爾·拉瓦特爾（Johann Kaspar Lavater）。他的相面術理論建立在人的頭部形狀和身體結構之上，甚至還會研究人的手勢和面部表情，從某種意義上講，他也算是一位心理學先驅。拉瓦特爾的學說在十八世紀風靡了整個歐洲，據說達爾文當年參加探險時，就差點因為鼻子的形狀不符合相面術的要求而被船長趕下船 ── 幸好他有一個十分寬闊的額頭。

正是在拉瓦特爾相面術的影響下，一七九六年，德國解剖學家弗朗茲·

約瑟夫‧加爾（Franz Joseph Gall）正式創立了顱相學（不過他那時候並沒有那麼稱呼，而是叫「頭蓋學」）。

加爾從小就喜歡觀察人的外表（尤其是顱骨外表）與心理的關係；成為醫生之後，又有了多年的實踐經驗。他根據個人長期的個案觀察，發現眼睛明亮的人，一般記憶力較好；頭骨隆起的人，可能象徵著貪婪的腦機能，是監獄中扒手的特徵等。

根據當時生理和解剖知識，加爾寫了一套名為《神經系統的解剖學和生理學》的系列著作，除了就神經系統及其機能進行嚴謹、保守的闡述之外，還兼論顱相學。其基本原理如下：

1‧大腦是心理的唯一器官；

2‧頭蓋的外部結構與內部腦的結構相關；

3‧大腦不同的部位代表不同的心理功能，比如「慾望」、「飢餓感」、「野心」等，一共有四十二種心理功能；

4‧任何心理功能發展強大，都跟腦內部分發展的增加有關，所以透過某塊顱骨的高低就可以判斷某種心理功能的強弱。

我們今天可能覺得加爾的這一套理論非常扯淡，但是在當時對腦結構研究還很不完備的情況下，它已經稱得上精準和精妙，而且富有唯物主義魅力—— 按照加爾的邏輯，看一個人是什麼類型的人，只需要摸一下頭顱的形狀，透過觀察某塊骨頭隆起或者凹陷，就能知道這個人的性格特徵和心理特點了。

加爾還把人類的頭顱骨頭凸出來的形狀分成了二十六個，並分別加以編號，不同的骨突顯示一個人不同的秉性才能。比如一號骨突代表天生具有破壞性，二號骨突表示多情性等。這樣看來，《三國演義》中魏延之所以被諸葛

亮認為是「腦後有反骨」的千古之謎，也終於可以揭開了 —— 諸葛亮發現魏延「背叛」這一心理功能異常發達。

　　不過真正讓顱相學在全世界風靡開來的，是加爾的學生、奧地利生理學家史普漢（Johann Gaspar Spurzheim），他在加爾的研究成果上更進一步，把人的大腦分成了三十五個部分，宣稱每個部分都有特殊的功能。也正是他在一八一五年把當時流行的「人相學」和加爾的「頭蓋說」合二為一，稱為顱相學（phrenology，意為「心靈的科學」）。

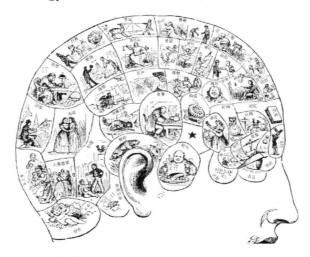

顱相學所說的大腦各區域功能圖示

　　如果說加爾老師還算是一個老實本分的解剖學家，他的理論主要還是基於自己的觀察和經驗總結，那麼史普漢就更像是一個社會活動家或者推銷員。他把顱相學搞成了和現在「心靈雞湯」類似的東西，充分挖掘出了它潛在的社會學價值。

　　在加爾的理論中，人的顱骨基本上是天生的，所以人的性格、特長和智商也就是固定的，這樣的「決定論」當然不適合拿來推廣 —— 畢竟當一個人

知道自己的一生都已經被決定時，他也就很難再願意付出什麼努力了。所以史普漢大刀闊斧地改造了顱骨學的觀點，他認為心理功能就像肌肉一樣，只要透過訓練就可以變得強健。所以人們可以根據自己心理功能的不同特點加以訓練，讓自己變成自己想成為的人 —— 不管是當時風光無限的科學家、金融巨擘還是農場主人。他還認為，有些人犯罪正是大腦中某些司掌暴力傾向的部位更加發達。因此，可以根據不同罪犯的顱相特徵施以相應不同的教育方式，就可以消除其暴力傾向，而不是簡單將監禁和處以死刑作為一種懲罰方式。所以從某種意義上說，史普漢也算是行為主義心理學中「行為矯治」學說的開創者之一。

史普漢後來又「感化」了一個搭檔兼學生，蘇格蘭人喬治·庫姆（George Koum），組成了「拐騙二人組」，在歐洲各地巡迴演出。他們還會合作弄一些讓人看了不得不信的實驗，比如利用磁鐵為道具，當磁鐵經過人腦的「崇拜區域」時，被實驗者馬上對實驗者表現出崇拜的神色，當磁鐵經過「貪婪區域」時，被實驗者則不由自主地伸手去掏實驗者的口袋 —— 當然，如你所知，這些被實驗者都是他們找來的槍手。雖然實驗是假的，他們獲得的聲譽卻是實實在在的。

很快，一場顱骨學的狂歡在歐洲文化藝術圈裡蔚然成風。就連德國大哲學家黑格爾（Georg Wilhelm Friedrich Hegel）都在他的《精神現象學》（*Phänomenologie des Geistes*）一書中專門開了一章，闡述顱相學對精神研究的重要意義。

不過，顱相學影響最深的還是文學界。偵探小說的鼻祖、《福爾摩斯探案集》的作者柯南道爾（Arthur Conan Doyle）就對這一理論信之不疑，他在其作品《巴斯克維爾的獵犬》（*The Hound of the Baskervilles*）中，借大反派莫里

第二章 新芽初生 — 早期心理學的大亂鬥

亞蒂教授之手寫道:「你使我產生很大的興趣,福爾摩斯先生,真想不到能眼見你有如此長的顱骨,眼眶也長得夠標準。我想用手摸一摸你的頂骨溝,你介意嗎,先生?你的顱骨,在未得到實物之前,做成石膏模型,送去給人類學博物館,一定是件稀有標本……」

在《簡愛》(*Jane Eyre*)中,女主角簡發現她自己「與善良相比,更喜歡大腦凸起的(顱骨)代表智慧的部分……」,毫無疑問,這也是作者夏綠蒂·勃朗特(Charlotte Brontë)迷戀顱骨學的證據。

一八三二年,史普漢把顱相學帶到了美國。很可能是因為這種看上去很科學,好像很有用,而且還帶點成功學雞湯性質的學說,撩到了美國人民的癢處,在大洋彼岸他受到了英雄般的歡迎。他被請進各大名校演講,所到之處受到了醫生、教育家、大學教授等相關行業精英的熱情接待,顱相學也一夜之間紅遍了美國。

在顱相學最紅的時候,他們隨隨便便出一本書,都能變成超級大作家!比如當時喬治·庫姆寫了一本題為《人的構造》(*The Constitution of Man*)的書,一八六〇年就銷售了十萬冊,這讓同一時代達爾文的《物種源始》(*On the Origin of Species*)的早期銷售相形見絀,後者到十九世紀末也只賣了五萬冊。

十九世紀下半葉,顱相學在美國真正成了一門可以拿來賺大錢的行業。福勒兄弟和他們的姐夫威爾森一起創立了一家「福勒和威爾森家庭公司」,專門為客戶研究顱骨的形狀,並且幫他們提出改善意見。他們發明了各種各樣的顱骨測量工具和千奇百怪的改造設施,還出了好幾部配有精美插圖的書籍,這些書也全都成了紅極一時的暢銷書。此外,他們還在美國的許多城市建立了連鎖式的顱相學營業廳 —— 想想看,如果大街上的小吃店,全部變成擺滿人頭骨的店面,該多麼不忍直視……

　　高處不勝寒，一度輝煌無比的顱相學，到了十九世紀末和二十世紀初卻突然一蹶不振，到現在已經和它的兄弟「相面術」一起，成了沒多少人相信的「偽科學」。原因何在？筆者認為，追根究柢是因為它的理論基礎建設在並不牢靠的沙地上，當然最後就會一推就倒。

十九世紀遍布美國的顱相學營業廳內景

　　請注意一件事：顱骨學的風靡即使在當時，也基本只限於文化和娛樂圈子裡，在正經的心理學和生理學研究者中，它從一開始就受到了大量懷疑和指責。因為無論是加爾還是史普漢和庫姆，他們對大腦中某個區域的心理功能，根本就不是用反覆實驗和觀察總結的方式所做出來。事實上，很多加爾所說的功能分區，都只是從一兩個個例總結。比如說加爾把多情區定位於小腦，是由於他觀察到一位多情、歇斯底里的寡婦，在脾氣發作時頭部劇烈地向後仰，頸部非常粗且熱。當然，其他功能分區的情形也大致類似。這就造

第二章　新芽初生 — 早期心理學的大亂鬥

成了一個循環論證的問題：為什麼這個女人比較多情呢？因為她的多情區顱骨比較高啊。那你怎麼知道這個高顴骨是她的多情分區呢？當然是因為這個女人比較多情啊，笨蛋！

史普漢的態度，也讓顱骨學變成了一門很難證偽的學說。比如說他在研究了大數學家、哲學家和心理學家笛卡爾的顱骨後發現，顱相學中負責掌控數學能力的那一塊骨頭並不是突出的，反而深深凹陷了下去。於是史普漢解釋說，可能笛卡爾的數學能力並不像我們想像的那樣強。這就把自己拉到了跟擺地攤的那些算命先生一個等級上了：算對了是我算得好，算不對是你心不誠。

第一位揭破顱相學真面目的人，是法國生理學家、外科醫生法蘭西斯·馬戎第（François Magendie），在歷史上他以和查爾斯·貝爾共同發現「貝爾－馬戎第定律」而知名，他們一起揭開了關於運動和刺激的訊號由不同神經系統傳導的祕密。不過這裡要講的不是這個，而是他和史普漢之間發生的一則故事。

馬戎第最崇拜的科學家是他的同胞，著名數學家和物理學家拉普拉斯（Pierre-Simon Laplace），所以他精心收藏了其頭骨 —— 很顯然，馬戎第曾經也是顱相學的忠實信徒，否則也不會做出這麼變態的事。在史普漢最紅的時候，馬戎第也想找他來幫自己鑒定一下偶像的頭顱，以便知道自己該怎麼努力。不過呢，馬戎第這次比較謹慎，首先從醫院借了一個智能障礙人士的頭骨給了史普漢。史普漢老師拿過來反覆摩挲之後兩眼放光，大聲讚賞這個頭骨的主人了不起，一定是歷史上最偉大的人物……馬戎第聽完冷笑一聲送客，從此對顱相學「粉轉黑」。

對顱相學的第一次沉重打擊，來自於法國科學家皮埃爾·弗盧龍（Pierre

Flourens），他是一位偉大的生理神經學家和解剖學家，也是一位殘忍的「小動物殺手」。因為他的研究方式就是一個字：切除。一八一四到一八二二年，弗盧龍對兔腦、鴿腦、狗腦等做了大量實驗，切除這些動物的一部分腦子後觀察動物在行為上的變化，最終弄清了大腦主要區域的功能。最關鍵的是他發現：在摘除鴿子和白兔大腦各種不同部位之後，並沒有什麼差異。因此，他在一八四二年寫出了《評顱相學》一書，認為腦功能並無特殊的定位，所有功能在大腦都占有同樣廣闊的區域。而且顱骨厚度是隨著部位不同而變化，腦輪廓和顱骨輪廓並不完全相關。顱相學的基本設定就這樣被他一舉攻破了。

不過反對弗盧龍的聲音也不少，畢竟眾所皆知，鴿子和人類的大腦差距還是非常大。鴿子的研究成果真的能直接用到人腦中嗎？很多人表示懷疑。另一方面，另一個法國生理學家皮埃爾·保爾·布羅卡（Pierre Paul Broca）的研究和實驗又表明，大腦的功能確實是分區的——一八六一年他透過實驗解剖證實，當大腦左前葉上某一點被損傷時，人就會喪失語言能力。這是科學家第一次明確證明某一特定能力，與大腦某一特定控制點之間有聯繫。

此後又經過了一百多年，大腦功能「分區說」和「等勢說」的爭端終於初步有了結果。一九八〇年代中期，在認知科學和認知神經學中又興起了一種重要理論——模組說。該學說認為，人腦在結構和功能上是由高度專門化並相對獨立的模組所組成，這些模組複雜而巧妙的結合，是實現複雜而精細的認知功能的基礎。也有人把這種理論叫成「新顱相學」。不過，它跟當年加爾的顱相學已經完全不同了——最大的不同之處在於，這一學說建立在嚴格的電神經刺激實驗和顯微鏡觀察基礎上，而且模組所掌控的功能也更為客觀，比如「閱讀」、「語言」和「知覺」等，而不再是「殘忍」、「多情」和「正義」

等主觀概念了。

　　以我們今天的觀點來看，顱相學確實是不折不扣的「偽科學」，它的結論基本上沒有實際價值，更無法用來指導實踐 —— 所以網路上曾經熱門的「基於面部識別，神奇的犯罪機率預測術」也完全不值得相信。不過，加爾的天才想法還是為之後的大腦科學研究指出了一條新的路線，也算得上是心理學前輩之一。至於把顱相學導入歧途的史普漢等人，就讓他們隨風遠去吧。

第二節　馮特，心理學之父

　　題記：師者，所以傳道、受業、解惑也。

—— 韓愈

　　從法蘭西斯·培根和笛卡爾的時代算起，又經過上百年的發展，心理學終於有機會從哲學和生理學的條條框框裡獨立出來，發展成為一門真正的科學。十九世紀後半葉，一大批後來成為心理學大師的先驅者像是在爭奪「心理學之父」這個頭銜一樣，爭搶著提出自己的心理學理論、發展自己的心理學流派以及創建心理學實驗室，不過德國的費希納和美國的威廉·詹姆斯兩位大佬最終都棋差一著，「心理學之父」這頂桂冠，最後落到了同樣來自德國的威廉·馬克西米利安·馮特（Wilhelm Maximilian Wundt）頭上。

　　十九世紀的德國可謂「造化鍾神秀」，誕生了一大批即使放到整個人類歷史上，都讓人肅然起敬的人物，一八三二年出生在曼海姆的馮特也是其中之一。和許多少年時代就表現出天賦的心理學家不同，馮特小時候堪稱頑劣，還曾經一度有「分心」的毛病。老師在上面講課，他在下面做白日夢，流出

一臉口水都不知道。老師不喜歡他，同學也嘲笑他，天知道他到底怎麼才能從國中畢業。不過浪子回頭金不換，隨著父親的去世和家庭的困窘，讓他一下子性格大變，並順利考進了著名的海德堡大學醫學院，他僅僅用了三年就修完全部課程，甚至還在一八五五年的醫學會考中考了全國第一。

順利拿到了醫學碩士文憑之後，馮特有點不知道該做什麼了，因為他對臨床醫學興趣並不大，覺得當一個醫生既累又無聊。於是就留校當了兩年生理學講師，順便又讀了一個博士。恰好在這個時候，一位大人物來到了海德堡大學，他改變了馮特的命運，甚至整個心理學的命運。

這位大人物就是赫爾曼·馮·亥姆霍茲（Hermannvon Helmholtz）。這個名字出現在我們這本講心理學史的書裡一定會讓許多興趣廣泛的讀者大吃一驚，因為很多人都知道亥姆霍茲是一位著名物理學家，是足以進入物理學史那種咖，不管是電磁學中的亥姆霍茲線圈還是亥姆霍茲方程式，都讓人印象十分深刻，甚至還創立了能量守恆學說。他怎麼還會跟心理學扯上關係呢？其實一點也不奇怪，亥姆霍茲是一位百科全書式的大科學家，不僅僅在數學和物理學方面有著精深的研究，而且也是一位造詣頗深的生理學家，他的很多研究領域甚至也涉及了廣義的心理學層面。

比如說，亥姆霍茲對感覺和神經系統的研究。在他之前，關於神經訊號的傳導速度大體上有兩種說法，一種認為神經系統就是一根電線，訊號是以極高速流動，甚至接近光速；但也有人認為訊號的傳導是一種電化學傳導過程，相對慢一些。亥姆霍茲設計了一個青蛙試驗，終於測量清楚了「神經脈衝傳導速度」這個困擾人們多年的重大問題。實驗證明，這個速度相當慢，大概不超過每秒一百公尺。因此亥姆霍茲斷言，神經脈衝並不是電訊號的傳導，而是相當複雜的化學過程。

第二章　新芽初生 — 早期心理學的大亂鬥

美國心理學史專家艾德溫‧波林（Edwin Garrigues Boring）評價亥姆霍茲說：「（這個實驗）是實驗心理學今後所有工作都必須走的，如精神活動及反應時間的測時法……它使靈魂回到了時間裡，它把無法說清的東西測量出來了，實際上捕捉到了自然科學的勞作中最基本的意識代理人。」

馮特能有幸成為這位科學巨人的弟子和助手，固然由於時機巧合，亥姆霍茲在最合適的時間點來到了海德堡大學開設了一個生理學研究所，也得益於他個人的努力 —— 作為海德堡大學成績最好的生理學博士生，很難不引起校方的注意。從一八五八年亥姆霍茲來到，一八七一年離開，長達十多年的時間裡馮特都在擔任一位盡心竭力的輔佐者角色。亥姆霍茲能夠完成自己對聲音和人體聲調的研究並出版巨著《聲調的生理基礎》，馮特也可謂居功至偉。不過相對來說，馮特從亥姆霍茲身上學到的東西更多得多，後者堪稱是他人生的導師。

馮特學到的東西中最有益處的，莫過於科學研究最需要的「實驗思維」。亥姆霍茲把自己在物理學中練就的那一套方法論帶進了生理學的研究當中。其中最關鍵的就是對實驗驗證的高標準、嚴要求，任何一個實驗都必須要求按照科學的實驗設計方法並有實驗紀錄。馮特就像《紅樓夢》裡的劉姥姥穿越到了一個現代化的食品公司一樣，看到的一切都讓他感覺新奇又肅然起敬。

不過馮特的興趣既不在物理學也不在生理學，他只關心新興的心理學研究。這個時代的心理學還未能從哲學中獨立出來，仍然是以「內省法」為主，只有極個別的心理學研究才會使用實驗，而且其研究方式也很不規範。馮特心想：既然生理學可以引入嚴格的實驗方法，那麼心理學可不可以呢？

馮特發現了內省法的不足之處：一則並不是每一個人都願意徹底把自己

馮特照片

的內心世界展示出來，或多或少都會有一絲隱瞞和矯飾，這種隱瞞甚至並不是刻意為之，而是狡猾的大腦把有些不願意被想起來的事情藏了起來，這樣的內省當然是無效或者是有偏差的；二則，人的心理活動，有的是意識到的，有的是未意識到的，未意識到的心理活動顯然不能自我觀察；即使意識到了的心理活動也可能報告不出來，或不願報告出來，從而作出不真實的言語表達。

　　為了糾正內省法的不足，馮特引入了實驗法來研究心理學。不過坦白說，他的實驗法並沒有擺脫內省法的束縛。在馮特的理論中，心理學研究的只能是個人對自己的心理活動的自我觀察。因此，他主張把實驗法和內省法結合起來，以實驗條件控制內省，即在實驗控制的條件下觀察自我的心理過程，以消除主觀內省所帶來的不利影響。換句話說，儘管馮特安排了各種各樣的心理變化情境，但是他在記錄實驗結果時仍然必須依賴於被測試者的內省報告。當然後來他也意識到自己的做法實際上不算真正的實驗，於是他又引入了示波器、速示器和測示儀等工具，這些工具構成了馮特實驗研究的基礎。

　　如果我們有機會去參觀馮特的實驗室，會覺得相當之無聊或者說小兒科。他會讓受試者（大部分都是他的學生）看著倒金字塔形的節拍器[7]，在

7　節拍器是一種能在各種速度中發出一種穩定的節拍的機械裝置，當時最普遍使用的是

第二章　新芽初生 — 早期心理學的大亂鬥

桌子上拍出各種旋律，然後突然停下來，再接著拍啊拍，然後他會讓受試者記錄下他們在聽節拍時和驟然停下時的心理活動、感情變化等，以這些類似的聲音、光線、顏色等要素變化時人的心理變化，來研究一些基礎的心理要素。

是的，馮特的實驗室所進行的都是這種看上去很無聊的實驗，只是一些考驗人肌肉或者神經反應的東西，完全不會涉及一些較高級的心理過程，比如感情、思維和語言技巧等，這是因為馮特認為較高級的心理過程，其特性都是「太過變化不定，因而不適合做客觀觀察的主體」。他說，語言、概念形成和其他一些高級認知功能只有透過觀察和內省才能研究……

一八七四年，經過三年寒窗苦熬，馮特終於寫出了自己的第一部真正意義上的心理學著作《生理心理學原理》（*Principles of Physiological Psychology*），作為心理學的開山之作，這部書也作為世界心理學史上最重要的作品之一，永遠閃耀在心理學殿堂之上。

一年後的一八七五年，馮特離開自己又愛又恨的海德堡大學，來到了萊比錫大學，並且終於拿到了教授頭銜，四年以後他又在這裡建成了世界上第一座真正意義上的心理學實驗室，無數有志於心理學的青年才俊來到這裡拜他為師。結構主義心理學創始人愛德華·鐵欽納（Edward Bradford Titchener）、心理測量學的奠基人詹姆斯·卡特爾（James McKeen Cattell），以及發展心理學早期的代表人物斯坦利·霍爾（G. Stanley Hall）等三十四名學生，後來都成了心理學史上的大師級人物，也讓萊比錫大學成為世界心理學早期的第一個中心。馮特的這一重「桃李滿天下」屬性，也是他被稱為「心理學之父」的重要原因。

一八一六年由奧地利人 J.N. 梅爾策爾發明的節拍器。

　　馮特還發現了許多有意思的心理學現象，比如說著名的「馮特錯覺」（Wundt illusion）。他發現，當兩條平行線被一組菱形切割開以後，看上去就不再平行了，實際上這是我們的眼睛被蒙蔽了。

　　作為歷史上第一位真正的心理學家，馮特當然有著敢打敢拚的創新一面，但是不得不說他也有著極其保守的一面。就像一位總是板著面孔的嚴肅的老父親一樣，雖然很愛孩子們，但他總是不讓孩子做這個不讓孩子做那個的，或許這就是所謂的代溝吧。

　　馮特把實驗內省限制在只能用於簡單的心理現象，而反對把實驗內省用於複雜的心理過程，諸如記憶、思維和情感等，這不但顯示出實驗內省法的極大局限性，也使馮特的同時代心理學者甚至他的學生甚為不滿，最後連最尊重他的一位弟子鐵欽納，都在學術上與他分道揚鑣了。

　　不過馮特最讓人難以理解的，是他還認為心理學是最純粹的科學，只可以用來研究，而反對把心理學用運到一切實際應用中。他尤其反對兒童心理學研究，認為兒童完全不穩定的心理狀態根本沒有研究的價值 —— 所以他的美國學生霍爾是在離開馮特之後，才開始從事童心理學研究。他還反對法國生理學家沙爾科（Jean Martin Charcot）等人倡導的催眠法和暗示法，認為這些方法嚴重違背了心理學的本質。最後，他對美國人威廉·詹姆斯發起的功能主義心理學運動，也一點好感都沒有，酸酸地說：「詹姆斯這本書寫得很好，不過它屬於文學，而不是心理學。」至於在他晚年時，華生等人搞出來的行為主義心理學 —— 天哪，還是別讓他知道比較好……

　　馮特給人留下最深刻印象的還有他的高產量，據說他從二十歲開始直到八十八歲去世，整整六十八年間從未停止寫作，平均每天都要創作或者修改兩千餘字，六十八年從未間斷，直到一九二〇年去世前夕，還在修改自己的

最後一部著作《民族心理學》（*Völkerpsychologie*）。

第三節 鐵欽納的神邏輯

題記：這是一個簡單的事實，正是鐵欽納所教的這種心理學，這種以德國實驗室為中心的事業，使心理學第一次被承認為一門科學。

—— E. 海德布雷德

雖然馮特生前一直把自己的心理學理論稱為「內容心理學」，但是後人卻把他和他的弟子愛德華‧鐵欽納（Edward Bradford Titchene）放到一起，算作「結構主義心理學」的代表人物。既因為他的理論和這位弟子一脈相承，也因為經過鐵欽納改造和完善後，這一流派才得以流傳下去。

實際上如果只看結構主義心理學的理論原則，我們或許很容易會覺得它的創始人鐵欽納和馮特一樣，是一個不苟言笑的老頑固，或者一個整天鐵青著臉色的中年男人 —— 當然後一種印象很大程度上要歸因於他的中文譯名，大概這也是一種「刻板印象」（stereotype）吧。

鐵欽納實在稱得上是心理學史上最有個性的大師級人物之一，或許他的故事不如後面我們要講到的約翰‧華生那麼驚世駭俗，但也絕對稱得上精彩紛呈。現在我們不妨就來八卦一番，聊一聊這位心理學史上承上啟下的關鍵人物。

一八六七年，鐵欽納出生在英國一個貴族家庭，父親早逝，從小跟當律師的爺爺一起長大。用現在的話說，鐵欽納小時候是一位「鄰家小孩」型的學霸。國中在聞名遐邇的馬萊文學院就讀時成績極為出色，有一次學校請來

美國著名詩人詹姆斯·拉塞爾·洛威爾（James Russell Lowell）為獲獎學生頒獎，由於鐵欽納上臺領獎次數太多了，洛威爾開玩笑地說：「鐵欽納先生，我不想再看到你了。」

　　一八八五年到一八八九年，大學時代的鐵欽納在牛津大學攻讀古典文學和哲學，如果你看過英國神劇《部長大人》（*Yes, Minister*）和《首相大人》（*Yes, Prime Minister*），大概會記得劇中主角之一的漢佛萊·阿普比爵士，正是牛津大學古典文學系畢業的高才生，而他的政務祕書同行們也大多是學這個 —— 也就是說，鐵欽納學到的實際上是一門屠龍之術。不過他並沒有去掌控大英帝國的命運，而是成為一位心理學家。原因何在？大概與他在大學裡偶然讀到的 W. 馮特作品《生理心理學原理》有關。

　　前文已述，一八七三到一八七四年，W. 馮特出版了《生理心理學原理》，這本書是馮特早期在海德堡大學從事生理心理學教學和研究工作十多年的總結，也是馮特實驗心理學思想成熟的代表作。此後又多次再版，鐵欽納讀到的是其第三版，並深深為其所傾倒。隨即，鐵欽納把這本書從德文翻譯成英文。

　　一八九○年，鐵欽納從牛津大學畢業，此時他已經開始把心理學當做了自己今後人生的奮鬥目標，於是漂洋過海來到了科學心理學的誕生地德國萊比錫，投身於 W. 馮特門下，開始學習生理學和心理學，成為馮特第一位英國學生。

　　據說馮特和鐵欽納第一次見面的場面非常熱烈而溫馨。馮特說：小鐵啊，聽說你剛剛把我的書翻譯成了英文？哦呵呵呵呵，我剛又出一本第四版……

　　鐵欽納：……

　　一八九二年，憑藉一篇關於視知覺的論文獲得博士學位後，鐵欽納原本

第二章　新芽初生 — 早期心理學的大亂鬥

想回牛津大學任教；然而，當時的牛津並沒有心理學課程，恰好這時馮特的第一批學生之一法蘭克·安吉爾，在康乃爾大學建立了美國第一座心理學實驗室，正缺老師。鐵欽納和師兄一拍即合，便來到大洋彼岸的美國碰碰運氣，沒想到他這一待就是三十多年，把自己的餘生全都獻給了康乃爾大學。但是直到一九二七年因為腦瘤病逝為止，他一直都是一名驕傲的大英帝國公民，這一點從未改變。

儘管鐵欽納只跟著馮特老師學習了兩年，但他算得上是馮特老師的頭號腦殘粉，就連自己的造型都弄成了跟老師差不多 —— 眾所皆知，那個時代的英國人並不流行蓄大鬍子，而德國人比如革命導師馬克思、恩格斯等，也包括馮特老師都以長鬚為美，鐵欽納的滿臉大鬍子很可能是受老師的薰陶所致。

就連他講課的方式也一副德國調調，有人回憶鐵欽納上課時的情形說：「他總是穿著牛津大學的學者袍來到課堂，他講的每一節課都非常富有成效。他的助手在他的監督下仔細地準備好講臺上的一切。那些資歷較淺的教員被要求聽他全部的講課，他們從一扇門魚貫而入，在前排找一個位置，而鐵欽納教授則從另一扇門進入，直接走向講臺。儘管他跟從馮特學習只不過兩年，但是他模仿老師的貴族風格、講課形式，甚至連鬍子的樣式也酷似馮特。」

不過在學術上鐵欽納，卻沒有這麼唯恩師馬首是瞻了。馮特的「內容心理學」是一個以內省為主要研究方式的心理學體系，他認為實驗只能用來研究簡單的心理學過程；但是鐵欽納很重視實驗在心理學中的應用，而且還用實驗來研究高級心理過程，如思維、想像等。有趣的是，鐵欽納本人從不承認自己的理論和馮特有不同，他宣稱自己才是馮特的正統傳人，自己的理論

才是馮特的真實想法。

那麼鐵欽納的結構主義心理學到底是怎麼回事呢？

我們前文中提到過，用「內省法」探究自己的內心世界，最早發源於古羅馬時代的天主教神學家聖奧古斯丁。之後歷經英國哲學家休謨（David Hume）等人的傳承和發揚，到馮特的時代已經有了一套比較完整的系統。馮特把內省法和心理學實驗合二為一，用內省的方法來觀察實驗結果，創造了「實驗內省法」這一最早的心理學研究法。而結構主義心理學就是在「實驗內省法」這一基礎上衍生出來的一整套心理學理論。

有趣的是，最早提出「心理結構」這個詞的，居然是在學術上一直和馮特、鐵欽納師徒唱反調的美國心理學家威廉·詹姆斯（William James），而且這個詞最初也確實是被用來諷刺馮特的心理學。一八八四年，威廉·詹姆斯為《心靈》雜誌撰寫了一篇〈論內省心理學的某些忽略〉，在文章附註中，提到了「心理結構」一詞，原話是：「純粹的紅色或黃色的感覺元素，及其他心理結構的元素沒有存在的根據，因為它們都不是心理的事實」──那麼研究心理元素的是誰呢？不正是馮特和鐵欽納嗎？

鐵欽納決定將計就計，一八九八年，他發表了論文《結構主義心理學的公設》，在其中他第一次指出，自己的心理學是結構主義心理學（Structural Psychology）──你看不起我的「心理結構」，我不但不以為侮，反而真就用「結構心理學」命名，倒要看看最後是誰怕誰。

雖然誕生在美國，但結構主義心理學卻帶有著鮮明的歐洲大陸思想烙印，不僅僅因為馮特和鐵欽納師徒都是歐洲人，更因為其「實證主義」的方法論和對心理學實際運用的蔑視。實際上結構主義心理學誕生的十九世紀末，正是歐洲實證主義哲學和美國實用主義哲學交鋒最為激烈的時代，鐵欽

第二章　新芽初生 — 早期心理學的大亂鬥

納創建結構主義心理學，很大程度上也是為了跟威廉‧詹姆斯他們的功能主義心理學抗爭。

結構主義心理學和馮特的內容心理學之間有著很清晰的傳承關係，比如說他們都認為心理學是一門純粹的自然科學，都認為心理學的研究對象是直接的經驗，都主張採用實驗內省法，都反對心理學走向實際應用……不過細究起來，它們卻也有著鮮明的不同之處。雖然鐵欽納一直以馮特的嫡系傳人自居，但實際上他對老師的理論也做過不少修改。比如說在心理元素的數量上，馮特主張有感覺和感情兩種元素，而鐵欽納則認為有感覺、意象和感情三種元素。在他看來，感覺是知覺的構成要素，意象是觀念的構成要素，感情是情緒的構成要素；在心理元素的屬性方面，鐵欽納在馮特主張的性質和強度兩種屬性外，增加了持久性、清晰性和廣延性；在感情的維度方面，鐵欽納不同意馮特的感情三度說，而是認為感情只有愉快和不愉快兩個類別。

在鐵欽納的心理學體系裡面，每一種心理現象都是由感覺、意象和激情三種元素中的一種或者多種組成的，正是這些簡簡單單的心理學元素，組成了那些看上去十分複雜的心理現象。

比如說知覺，我們心理學上所說的知覺，是指事物在人的大腦中留下的整體認知印象。舉個例子，在桌子上放著一顆蘋果。你怎麼知道它是蘋果的？是透過它紅撲撲的果皮嗎？是透過它的形狀嗎？是拿起來啃了一口之後，發現裡面有甜甜的果肉嗎？好像都不是，你只需要用眼睛掃一眼，都不用想就知道：「啊，這是蘋果。」因為我們之前已經見過、吃過無數顆蘋果，這種水果的形象已經在我們的思維裡形成了固定印象，所以在看到、摸到，甚至嘗到蘋果時，就會立刻浮現出一顆蘋果的形象 —— 這就是知覺的作用。在這個過程中，「感覺」和「意象」這兩個元素一起發揮了作用。

　　和知覺一樣，那些複雜的心理過程，不管是「思維」、「情緒」還是「觀念」，甚至於「人格」，全都是三種基本元素從空間和時間兩個維度上互相結合的產物。結構主義學派的心理學家們要做的，就是把這些元素解析出來，搞清楚這些複雜的心理過程（鐵欽納稱之為「心理複合體」）到底是怎麼組合出來的。

　　鐵欽納的理論當中，結構主義心理學有三大任務：

　　第一個任務，是找出所有複雜過程能夠被還原成的基本感覺元素。鐵欽納把元素界定為能夠在經驗中找到的最簡單的感覺，它們是透過系統分析意識內容的內省而發現的。當一個經驗不能再被分析為各個部分時，它就被宣布為「元素經驗」。為此，鐵欽納曾對不同感官中發現的元素分門別類，其中分解出三萬零五百種視覺元素、四種味覺元素，與三種消化道感覺等。

　　第二個任務，是確定感覺元素如何聯結為複雜的知覺、觀念和表象。這些聯結不完全是聯想，因為在鐵欽納看來，聯想是當聯結的最初條件不能再被獲得時還依然保留的一種元素聯結。鐵欽納拒絕聯想主義標籤，不只因為這一理由，而且還因為聯想主義者談論的是有意義的觀念的聯想，不是簡單的無意義感覺的聯想，後者才是鐵欽納關心的全部內容。

　　第三個任務，是解釋心理活動。在鐵欽納看來，內省只能描述心理，但是科學心理學所需要的不僅僅是描述。鐵欽納認為，應該到生理學中去尋求解釋，生理學能夠說明感覺元素如何產生並形成聯結。鐵欽納還認為，在經驗中發現的一切只是感覺元素，而且求助於知覺這樣一種不可觀察的實體是不合理的，由此而顯露了他的實證主義立場，他用可以觀察的神經生理學來尋求對心理的解釋。

　　鐵欽納名字裡有個「鐵」字，他的性格和行事作風也像鐵塊一樣硬邦邦

的，耍起大牌來不給任何人面子。據
說有一次他拒絕了康乃爾大學主席要
求他參加宴會的邀請，原因就是主席
沒有親自來邀請他。主席先生抗議說
實在是沒空，鐵欽納說你可以派你的
車夫把邀請函送來給我。於是主席先
生就派車夫把邀請函送給鐵欽納，然
後鐵欽納就去赴宴了。

　　鐵欽納無疑成就了康乃爾大學，
甚至成就了二十世紀初美國心理學的
繁榮。正如美國女心理學家 E. 海德
布雷德（Edna Heidbreder）所說：
「這是一個簡單的事實，正是鐵欽納

鐵欽納照片

所教的這種心理學，這種以德國實驗室為中心的事業，使心理學第一次被承
認為一門科學。」

　　鐵欽納在康乃爾大學主要做了三件事：一是把自己師兄安吉爾建立的心
理學實驗室，發展成了全美國、乃至全世界最好的內省心理學實驗室；二是
創建了結構主義心理學學派，和美國人威廉‧詹姆斯創建的功能主義心理學
派、約翰‧華生創建的行為主義心理學，一起把美國變成了現代心理學的中
心；三是從無到有培養了一大批學生，後來他們中有許多人都成了現代心理
學研究的中堅人物，比如埃德溫‧波林（Edwin Boring）、瑪格麗特‧弗洛伊‧
瓦什本（Margaret Floy Washburn）和麥迪遜‧本特利（Madison Bent-

ley）等，就連心理學「第二次浪潮」的發起者、人本主義心理學的創始人之一馬斯洛，都曾是鐵欽納的學生。

如果說還有一點其他貢獻的話，就是參與創建了美國心理學會，但是因為某些理念不合和學會高層鬧翻了，所以從未參與過學會的任何活動，不過後來他又自己創建了另外一個實驗心理學家學會——是的，鐵欽納就是這麼任性。

任性的鐵欽納留給世人的印象除了「心理學大師」之外還有一個：菸鬼！作為一名老派英國紳士，鐵欽納對雪茄情有獨鍾。英國浪漫主義詩人拜倫曾說「給我一支雪茄，除此之外，我別無所求」。這句話在整個十九世紀流傳甚廣，那個時代的人對菸草中尼古丁的危害尚不得而知，但是那種點燃雪茄，輕抽之、含於口，再緩緩吐出的休閒方式，對許多人來說都是一種享受，鐵欽納也算得上是走在時代前沿的潮人一枚了。

鐵欽納有一句名言，可與拜倫那句一起在菸草史上交相輝映：「一個男人若是學不會抽菸，是不會成為心理學家的！」這句話當然屬於沒什麼道理的鐵欽納式胡說八道，但是鐵欽納的威嚴，讓他的學生們覺得他的話就是聖旨綸音，於是很多學生都開始學習抽菸，把他主持的心理學實驗室變得煙霧繚繞。

美國心理學家兼心理學史專家歐內斯特· 希爾加德（Ernest Ropiequet Hilgard）記錄了一件發生在鐵欽納和他最得意的弟子、後來的心理學大師埃德溫· 波林之間的軼事：有一次，鐵欽納邀請波林參加他的生日聚會，這對一個學生來說是莫大的榮譽。宴會後鐵欽納拿出雪茄說：「來一根。」——注意這裡是陳述句不是疑問句——但是波林不會抽雪茄，可又不敢不抽，抽完之後就趕緊離開餐桌出去嘔吐不止。鐵欽納覺得波林這孩子很懂事，於

第二章　新芽初生 — 早期心理學的大亂鬥

是每次生日宴會都會給他來上一根，於是每次宴會都會伴隨著波林止不住的嘔吐。

　　這是一個悲傷的故事，波林的遭遇讓筆者想起，那些大學畢業工作不久，就在酒桌上被上司灌酒的可憐上班族。

　　和鐵欽納的菸癮一樣著名的，是他對待女性的惡劣態度，如果放到今天，一定會被人扣上一個「直男癌」的大帽永世不得翻身。鐵欽納明言自己不喜歡女性學習心理學，他的心理學實驗室不歡迎女性進入。身處第一代女權主義運動風起雲湧的二十世紀初，鐵欽納的做法尤其顯得刺眼。

　　埃德溫· 波林在一篇回憶自己恩師的文章中深情回憶道：有一次鐵欽納和男生們一起在心理實驗室中開會，包括波林的未婚妻在內，那些被拒絕入內的女生想知道他們聊的是什麼，就偷偷把會議室的門開了一個縫，竊聽他們的談話；更有甚者，幾個膽大包天的女生還躲在會議室的桌子下面偷聽。

　　平心而論，鐵欽納很可能對女性並沒有什麼歧視性看法，不讓她們進入自己的實驗室，純粹是為了防止自己和男生的菸味薰到那些熱愛清潔的女士吧。當然也不排除他只是想追求一種男人才可以享受到的自由感受，甚至只是純屬一時嘴賤。不知道該用「刀子嘴，豆腐心」還是「神邏輯」形容鐵欽納，事實上在他培養出的五十多位心理學博士中，女性占到了三分之一，其中還包括歷史上第一位心理學女博士格麗特· 瓦什本。考慮到當時大多數國家女性的受教育情況，這個數據真心不低。要知道，在鐵欽納活躍的時代，中國還是清朝！

　　鐵欽納不止有威嚴的一面，他能博得學生們的衷心愛戴，更多的是因為他的人格魅力和父親一般的慈愛。經常一副冷臉的鐵欽納，對待他人也有古道熱腸的一面，甚至對自己學術上的論敵也是如此。行為主義心理學的締造

者約翰·華生和鐵欽納一向觀念不合，然而在華生因為和學生的戀愛醜聞被學校開除，窮困潦倒之際，整個心理學圈子裡，只有鐵欽納向他伸出了援助之手。華生的人品問題我們擱置不論，鐵欽納的人品絕對值得我們按讚！

大半生在美國度過卻至死保留英國國籍，敬愛自己的老師卻修正了老師的理論，號稱拒絕女性卻培養出第一個女性心理學家 —— 鐵欽納就是這樣一個充滿「神邏輯」、可愛又可敬的人。

第四節　功能主義，一鍋大雜燴

題記：播下一個行動，收穫一種習慣；播下一種習慣，收穫一種性格；播下一種性格，收穫一種命運。

—— 威廉·詹姆斯

如果說結構主義心理學代表著早期心理學的嚴謹和保守主義，那麼處處與它針對的功能主義心理學，就代表了開放、包容、自由，以及美國人身上獨有的實用主義傾向。因此，和結構主義心理學的「一脈單傳」完全不同，功能主義心理學是一個龐雜而混亂的譜系，甚至很多同屬這一學派的心理學家們觀點都有一些針鋒相對。心理學史上第一次「離經叛道」的行為主義革命，就發端於功能主義心理學，後來它也並未像老對手結構主義那樣消亡掉，而是默默地融入了那些新興的那些心理學流派中，深藏功與名。

功能主義心理學之所以會顯得這麼隨心所欲且清純不做作，很可能跟它的創始人之一威廉·詹姆斯（William James）有關。前文提過，在馮特衝擊「心理學之父」寶座時，有兩個最主要的競爭對手，一個是他的德國同胞、心

第二章　新芽初生 — 早期心理學的大亂鬥

理物理學的創始人費希納，另一個就是這位美國人威廉·詹姆斯。據記載，詹姆斯早在馮特的萊比錫大學心理實驗室建立四年前，也就是一八七五年建立了心理學實驗室。那麼是什麼讓詹姆斯在競爭中輸給馮特，就連「世界上第一座心理學實驗室」的名號都沒能拿下來呢？又是什麼讓這位最早的心理學家之一，把心理學說成是「無足輕重的小課題」呢？我們不妨從他的人生經歷中找尋答案。

詹姆斯出生在一個帶有宗教色彩的上層社會家庭裡，他的爺爺是大富豪，父親老亨利·詹姆斯是一位基督教神學家，不過並非那種老古板型的神父，而是更注重宗教教化作用的改革者，因為反對傳統宗教的教條束縛而拒絕參加任何宗教組織。詹姆斯和自己的弟弟亨利·詹姆斯（後來成為著名作家）小時候受到了父親帶來的良好宗教教育，長大之後，他順利考上了著名的哈佛大學勞倫斯理學院，成為不折不扣的名校精英。不過一開始他學的是化學，一次偶然機會聽到了教授講達爾文演化論，他的生命軌跡就此改變了。他開始對生物學和醫學產生興趣，自願轉到了醫學院學習生理科學。

此後幾年一路順風，智商情商雙高的詹姆斯順利拿到了醫學博士頭銜，期間還曾經到德國留洋鍍金，並戲劇性地在馮特指導下學過一段心理學課程。不過詹姆斯博士畢業之後，慢慢又像他當初拋棄化學那樣，拋棄了生理學和醫學，開始把興趣轉向了心理學方面。但我們必須指出的是，達爾文演化論對詹姆斯的影響是如此深遠，以至於他的心理學思想中也帶有濃重的生物學印記。

詹姆斯個性也和嚴肅保守的馮特、鐵欽納師徒迥然相異，他個性隨和，風趣幽默，平時喜歡穿一些「不那麼像教授」的衣服出門。對人也非常友善，總是掛著和藹開朗的笑容。就連上課的時候也常常用歡快可愛的口吻，從來

不會用「咆哮」去訓斥學生，更不會禁止學生做這做那。據說有一次上課，一個學生站起來跟他說：「先生，您上課的時候能不能稍微嚴肅一點？」詹姆斯老臉一紅，點頭答應了，不過之後他上課還是那麼嘻嘻哈哈。顯然，馮特或者鐵欽納的學生是打死也不會、不敢提出這種意見。

他曾經這樣挖苦馮特：「因為這個世界上必須得有教授，馮特也就是最值得稱讚和永不可能被敬仰過分的那種人。他不是一個天才，他是一位教授──一種其職責就是要知曉一切的存在，他必須對世間萬事萬物有所看法，而且還得與自己（的專長）聯繫在一起。」

在詹姆斯之前，美國大學裡從來沒有專業的心理學課程。所以他略顯調侃地說：「我聽過的第一堂心理學課程，是我自己上的。」詹姆斯這種略顯輕浮的性格，作為一個普通人來講當然是很可愛的；不過作為一名一隻腳邁進了科學門檻的心理學家、一個學術研究者，就顯得有一些不合適了。詹姆斯研究心理學實驗明明比馮特更早，但是他卻一直覺得實驗室是一種無關緊要、無聊的事情，每次都只願意花費很少時間在實驗上，就連他自己都說：「一想到心理─物理學實驗和完全的銅製儀器及代數公式，我就對這種心理學恐懼至極。」

所以詹姆斯的心理研究方法仍然主要是內省法，不過他的內省和馮特那種把所有心理過程掰開揉碎成為一個個心理元素的方式完全不同。關於馮特和鐵欽納的心理學，他說過一段很有意思的話：「正如一片雪花落在熱手上，就不再是一片雪花，而只是一滴落物一樣，在我們想抓住某個正在結束的關係的感覺時，會發現我們抓到的是某種實在的、固體的東西，通常是我們發出來的最後一個單字，如果從靜態的角度來看，而且以其功能、趨向，特別是在句子中的意義來看，經常就消失了。在這些情形之下，內省分析的辦

第二章　新芽初生 — 早期心理學的大亂鬥

法，事實上就像是抓住某個旋轉著的東西來感受它的運動，或者試圖飛快地打開煤氣燈，以看看黑暗是個什麼樣子。」很顯然，他是在諷刺。

詹姆斯的功能主義心理學，主張從整體上去把握每一個心理學過程，而不是僅僅從一個簡單的「元素」出發去研究，因為在他看來，想把每一個心理狀態都掰扯開、分清楚是做不到的，也是沒必要的，因為實際上它們都是聯繫在一起的。

比如說我們在描述一個吃自助餐吃撐了的人的心理狀態時，我們怎麼把他那種既「懊悔」又「痛快」，而且肚子裡還「感覺到鼓脹」和「疼痛」，因為「疲憊」而站不起來，「不願意動」但是又「不得不走」這麼多種思維、感覺和知覺區分開來呢？對結構心理學來說無疑是非常難的，但是對功能主義心理學來說就簡單多了：這是一個吃撐了的自助餐愛好者，我們只需要分析他在這個情景中整體的心理狀態就好了。

與馮特、鐵欽納師徒那種帶著「老歐洲式」理性主義風格的心理學相比相比，詹姆斯的心理學思維靈活和實用得多，這也恰好切合了當時在美國正流行的「實用主義」哲學風潮 —— 所謂實用主義很容易理解，無非就是要求人們立足於現實生活，把人的行動、信念和價值作為哲學研究的中心，把獲得「效果」作為最終目標。這種哲學思潮引導下的功能主義心理學，對心理現象的解釋，也偏向於其對人類和動物適應生活環境的指引作用。

在詹姆斯看來，意識不是一個東西，而是一個過程或者功能。就像呼吸是肺的功能一樣，傳遞有意識的心理生活就是大腦做的事情。意識就像河水一樣，不是一成不變而是不斷流動的、沒有空白的、不斷變化的整體，所以詹姆斯把意識稱作「意識流」。後來這個概念被文學家們借用，創造出了「意識流文學」這一獨特的現代主義文學重要流派。

詹姆斯一生中最重要的作品，無疑是他在一八八九年出版的大部頭著作《心理學原理》（*The Principles of Psychology*），這本書兼容並蓄，你可以從中看到全世界人們在整個十九世紀的心理學研究成果。不過這套書有個缺點：太厚了，以至於沒辦法當課本。於是詹姆斯花了三年時間重新縮編了一下改名為《心理學簡編》（*Psychology: Briefer Course*），這才終於擺在了美國心理系大學生的桌上。

有趣的是，作為心理學的開創者之一，詹姆斯在晚年放棄了心理學研究，轉投到了哲學的懷抱，成為美國實用主義哲學的創始人之一。一次在大學演講的時候，他甚至不讓人介紹自己說是心理學家 —— 儘管他當時仍然擔任美國心理學協會的主席。

和詹姆斯同一時期還有幾位功能主義心理學的開創者，比如芝加哥學派的創始人約翰·杜威（John Dewey），他不但是美國實用主義哲學最重要的開創者之一（另一個開創者就是威廉·詹姆斯），在心理學方面也頗有建樹。正是他創造了「反射弧」的概念，而且他反對把反射弧拆分研究，主張它是一個整體。

比如哥倫比亞學派的代表人物 J. M. 卡特爾（James McKeen Cattell），也是後來的大心理學家桑代克的老師。他關於控制聯想的反應時間和自由聯想的反應時間的實驗研究，在美國心理學實驗文獻中是經典研究，也是「心理測驗」（mentaltest）最早的提倡者和創始者。

比如「動力心理學」（Dynamic Psychology）的創始人伍德沃斯（R.S.Woodworth），他也主張把人的心理和行為看做一個整體來研究，並且特別關注心理現象的內驅動力，或者說行為的動機。正是他的這種思想，催生了後來以班杜拉（Albert Bandura）為代表的新行為主義思潮。

　　在筆者看來，功能主義心理學很難說得上是一種統一的「學派」，倒更像是一個反對結構主義心理學的統一戰線，更像是一鍋什麼都有的「大雜燴」。威廉·詹姆斯為它加上幾塊馬鈴薯，杜威為它加上一磅牛肉，卡特爾再幫它加上一斤粉條……甚至，它的內部也充滿了矛盾，很多人的觀點針鋒相對。

　　不過，「兼容並蓄」也算是功能主義心理學的一種特色，而且它還孕育出了心理學最重要的三大學派中的兩個（行為主義心理學和人本主義心理學），所以它也值得在這裡記上一筆。

　　十九世紀末二十世紀初的心理學界看似風平浪靜，但是在結構主義和功能主義兩大巨頭的陰影中，一場狂風驟雨正在醞釀開來。很快，滔天的巨浪就會把舊世界打個粉碎，行為主義心理學、精神分析心理學、格式塔心理學等一大批創造出心理學盛世的後來者呼之欲出。

劍走偏鋒 —— 行為主義心理學的狗血往事

第一節 「虐狗狂魔」巴夫洛夫

題記：自己動手，自己動腳，用自己的眼睛觀察，這是我們實驗工作的最高原則。

—— 巴夫洛夫

二十世紀初，心理學理論一度取得了長足的進步，結構主義心理學、功能主義心理學、格式塔心理學等諸多理論，像雨後春筍一般接連冒了出來。也是在此時，那個困擾心理學發展的神祕惡魔，第一次顯現出了自己可怕的身影。

這個惡魔其實說穿了一文不值：人類無法真正讀取大腦的思維活動。我們知道，人類之所以能夠思考，是因為大腦皮質中成千上萬個神經元的活動，是這些神經細胞之間在傳輸生物電；然而即使是今天，我們對這些神經元到底是如何透過活動產生思維能力仍然一無所知，一切關於思維活動產生過程的研究都停留在猜想階段。這樣一來，一切心理學方面的研究進行到「思維」這一步時，就不可避免地碰了釘子，再也無法前進。那些早期的心理學家們不管是馮特、鐵欽納還是詹姆斯，儘管他們有著一整套心理學理論，但卻無法透過實驗來驗證，從而感受到一種深深的無力感 —— 就像在沒有路燈的夜裡走在大街上，只能透過劃著火柴來照明前方的路，但當火柴燃盡時，四周仍是漆黑一片。

在這樣的大背景下，一種聲稱可以繞過「觀察大腦思維」這塊巨大的石頭，直接達到彼岸的心理學學派產生了，這就是我們接下來要聊的行為主義心理學。在誕生之初，它曾被認為是「歪門邪道」，甚至連「行為主義」這個詞本身也來自於當時主流心理學家對這種新興研究思路的嘲諷。但是行為主

義心理學很快便成長成為心理學的主流思想之一，我們今天的心理學從業者也都或多或少受到過它的影響。那麼行為主義心理學到底有著怎樣獨特的魅力呢？我們不妨從它的誕生說起。

追溯行為主義心理學的歷史，可以說是一連串充滿狗血的故事。它的奠基人之一巴夫洛夫，至死都對心理學十分鄙視，從不承認自己是心理學家；它的另一位奠基人桑代克做動物神經實驗的最初目的，只為了混個學分好早點畢業去追妹子；它的集大成者約翰·華生，因為桃色事件被整個心理學圈子驅逐，後半生四十年只能去從事廣告業；它的另一位集大成者史金納，最後甚至在某種程度上背離了行為主義的基本原則……

說起巴夫洛夫，我們或許更熟悉他們家的狗，畢竟「巴夫洛夫的狗」和量子物理學家薛丁格那隻「既死又活的貓」[8]一樣，是科學史上被折磨得最狠的兩隻可憐動物。但其實「薛丁格的貓」只是一個思想實驗，巴夫洛夫的狗卻是真實存在，所以「虐狗狂魔」的稱呼他還真是當之無愧。除了做過我們國中生物課本上學的「條件反射」實驗之外，巴夫洛夫也確實是一位值得我們銘記的科學偉人。

巴夫洛夫全名叫伊凡·彼德羅維奇·巴夫洛夫（Ivan Petrovich Pavlov），出身於沙俄的一個宗教家庭，父親和母親都是東正教的牧師，他從小到大都是在宗教學校裡度過的，如果沒有意外，他也會按部就班地成為一名傳教士。但是，巴夫洛夫成長的年代，正是沙俄近代化的關口，早在上國中時，年輕的巴夫洛夫閱讀到了大量自然科學書刊，比如達爾文的《物種源始》和俄國著名生理學家謝切諾夫（Ivan Mikhailovich Sechenov）一八六三年

8　「薛丁格的貓」是一個把微觀世界裡的量子現象擴展到宏觀世界的推演，按照哥本哈根學派的觀點，在這個試驗中，如果不觀察貓，牠將處在「既死又活」的疊加態。

第三章　劍走偏鋒 — 行為主義心理學的狗血往事

出版的《腦的反射》（Refleksy golovnogo mozga）。潛移默化間，他把上帝拋到了九霄雲外，對自然科學，特別是生理學和實驗產生了濃厚的興趣。

　　二十一歲那年，巴夫洛夫考入聖彼得堡大學，在這裡他接受了系統的生理學學習，不久就在導師指導下憑藉一篇研究胰腺神經作用的論文獲得了金質獎章。從這時起，巴夫洛夫開始把生理學和神經學作為自己畢生的事業，至死不渝。和我們想像中不同，巴夫洛夫的整個前半生所研究的，都是高等動物的消化系統及其神經作用機理，他甚至還創立了一門名為「神經營養學」的新學科，而我們所熟知的「條件反射」實驗，竟然也只是他在研究狗的消化系統時一次靈感勃發的產物……

　　一九〇〇年前後，巴夫洛夫在研究狗的胃液分泌時，發現了一個奇怪的問題：在狗被餵食的時候，胃液當然會分泌出來；但是在沒有被餵食的時候，偶爾也會有胃液分泌，而且這種胃液的分泌現象完全找不到規律。巴夫洛夫想，一定有某樣東西讓狗知道進食的時間快要到了，正是這種「進餐意識」刺激了狗的胃液分泌。但是，到底是什麼呢？還是來設計一個實驗吧……

　　巴夫洛夫虐狗的實驗過程非常著名，相信各位讀者也都學過，我就不贅述了。大致做法也很簡單：在狗獲得食物時，用節拍器放十五秒鐘的節拍（或者搖鈴），這樣狗在每次聽到節拍時都會分泌唾液和胃液。這樣堅持一段時間後，即使只播放節拍不給狗食物，狗也會跟隨著節拍分泌唾液和胃液了。從這個實驗裡面，巴夫洛夫推知，狗經過了幾次「節拍器響就會有食物」的經驗後，將「節拍器響」作為「有食物」的訊號，從而引發了唾液和胃液的分泌，巴夫洛夫把這種現象稱作「條件反射」。

巴夫洛夫虐狗實驗示意圖

　　當然巴夫洛夫的實驗做法沒有這麼簡單，肯定要有對照組，有定量分析，不過我們這裡都簡化掉了。後來巴夫洛夫在自己的弟弟身上重複做了一次類似的實驗，每當要吃飯時就在弟弟耳邊敲打節拍器，最後發現結果與狗狗幾乎別無二致，他弟弟也染上了聽到節拍就會食指大動的毛病。不過和無法反抗的狗狗不一樣，發現是巴夫洛夫在搞鬼的弟弟火冒三丈，一巴掌把他打倒在地，不愧是戰鬥民族的子孫。

　　巴夫洛夫把意識和行為看作「反射」，也就是人類機體透過中樞神經系統，對自身感受到的刺激的規律性反應。反射也分為兩類：有機體生來具有的、對保存生命具有根本意義的反射，比如說我們鼻子癢了就會打噴嚏，皮膚被刀子劃破了就會感覺到疼痛，這些自然而然的身體反應，稱作無條件反射；在無條件反射基礎上，後天習得的反射則稱作條件反射，比如說上文中巴夫洛夫弟弟在聽到節拍時，會感覺到餓並分泌唾液。巴夫洛夫認為，人的心理和精神，一切智力行為和隨意運動，都是對訊號的反應，都是在無條件反射的基礎上所形成的條件反射。

第三章　劍走偏鋒 — 行為主義心理學的狗血往事

　　巴夫洛夫這個結論聽上去似乎平平淡淡，而且似乎非常生活化、非常容易理解，對不對？但如果我們和之前講到的心理學史聯繫起來，就會發現這個實驗的結果到底有多麼震撼！

　　從遠古時代到二十世紀初，幾乎所有的心理學家和哲學家們都有一個隱形的預設前提，即我們的身體中存在一個會學習、會思考，可以對自己發號施令的「靈魂」，或者說「意識」。不管是唯心主義者還是唯物主義者，至少在一點上是一致的：控制自己身體的是一個整體的「自我」，它也是我們自己的「人格」；但是現在巴夫洛夫打破了這種幻想：其實「自我意識」根本就是一種錯覺，什麼精神啊、靈魂啊、思維啊通通都不存在！人的所謂「思維」，其實就是神經系統對外界刺激做出的應激反應而已，人不是自己身體的主人，並不能控制自己的身體，只不過是神經活動的奴隸而已！

　　儘管以上的結論並非巴夫洛夫首創，自從達爾文證明人類是由猿猴演化而來，人類只是動物的一種後，就有人開始思考「人的意識是否存在」這一問題；但直到巴夫洛夫的實驗，我們才終於再次確認，人類並非萬物之靈，只是僅憑本能在生存的一種動物罷了！這一實驗引發的哲學和神學思考很快席捲世界，當然對本書來說這些並不是重點，它對我們心理學界來說才是真實地引發了一場革命。

　　巴夫洛夫在發現了條件反射學說之後，又更進一步試圖把所有的心理學活動都用這種身體─刺激─反應的學說統合起來，為此他又提出了一個「分析器學說」，也就是把控制人體高級神經活動的中樞大腦皮質稱作「分析器」，這樣一來就和用來感受外界刺激的「感受器」（包括皮膚、眼睛、鼻子、耳朵、舌頭等知覺器官）、用來做出身體反應的「反應器（包括手、腿、腳、眼睛、嘴巴等用來行動的器官）」一起，構成了一個類似於軍隊指揮系統的完

美的閉環：感受器（偵察兵）獲得外界刺激的訊號，傳輸給分析器（司令部），分析器發出命令，再由反應器（一線戰士）去執行。

這麼看來，巴夫洛夫的學說和後來的行為主義學說還是不太一樣，儘管他認為人體做出的反應來源於外界的刺激，但還是願意設想有一個作為「司令部」的分析器存在，而對於原教旨行為主義心理學來說，分析器這個設定是沒有意義的。

巴夫洛夫還發現，不同的人在形成條件反射時是有差別的，比如說有的人會很快建立起節拍和「餓了」的聯繫，有的人卻需要花費很長時間；有的人會逆來順受被人做實驗，也有人像巴夫洛夫弟弟一樣會「暴走」傷人。這些差異追根究柢是由神經過程的特性，或者說是由大腦皮質的興奮，和抑制過程的強度、平衡性和靈活性不同所造成的。他進一步提出了神經類型學說，作為人類氣質和性格的生理基礎。

在巴夫洛夫的這個系統裡，人的大腦皮質有兩個狀態，即興奮和抑制。興奮，就是大腦皮質細胞處於活動、或者較強的狀態；抑制，就是大腦皮質細胞處於不太活躍或者較弱的狀態。興奮和抑制是同一事物的陰陽兩極，可以隨時互相轉換，就像我們的情緒一樣，既可以因為一件小事低落一整天，也可以因為一件開心事高興很久。

興奮和抑制作為人類高級神經活動的基礎過程，有三個基本特性，即它們的強度、平衡性和靈活性。強度，就是興奮和抑制過程中，神經細胞能接受的刺激的強弱程度，以及神經細胞持久工作的能力；神經過程的平衡性，是指興奮和抑制兩種過程的力量是否平衡，所以神經過程的平衡性有平衡和不平衡之分，且不平衡又有興奮占優勢和抑制占優勢兩種情況；神經過程的靈活性是指興奮和抑制兩種過程相互轉化的難易程度，有靈活和不靈活

第三章　劍走偏鋒 —— 行為主義心理學的狗血往事

之分。

　　用這三個維度來觀察人類的高級神經活動，又有四種最基本的類型。為了更形象地解釋這四種類型，巴夫洛夫又重新拾起了古希臘生理學家希波克拉底的四體液學說：（一）強、平衡而靈活的類型（多血質），最健康、最活潑、最不容易出現神經性疾病的類型；（二）強、平衡而不靈活的類型（黏液質），興奮過程和抑制過程都強，而且平衡，很容易建立陽性與陰性的條件反射，並且一旦建立就比較穩定、不易改造；（三）強而不平衡的類型（膽汁質），這種類型的個體興奮過程強於抑制過程，是一種容易興奮、不受約束的類型，所以也稱為不可遏制型；（四）弱型（憂鬱質），個體神經細胞很弱，所以正常強度的刺激也會引起他們的保護性抑制，在刺激作用下，會產生錯亂，甚至衰竭 —— 這種類型的個體常見於神經官能症。

　　巴夫洛夫的這一系列理論，被後人統稱為研究高級神經活動的「巴夫洛夫學說」。有意思的是，儘管巴夫洛夫事實上做的就是心理學領域的研究工作，但是他本人卻拒絕被稱為心理學家，他甚至威脅說，如果有誰膽敢在他的實驗室裡使用心理學術語，他將毫不留情地開槍將他擊斃。他認為世界上壓根就不存在「心理學」這樣一門科學，所謂「意識」、「精神」等概念全都是看不見、摸不到的。他堅持自己是一名生理學家，或者說他認為心理學只是生理學的一部分，是專門研究神經活動和腦科學的生理學 —— 站在唯物主義的立場上，筆者倒覺得巴夫洛夫沒什麼錯。

　　直到彌留之際，巴夫洛夫都念念不忘聲稱自己不是心理學家。儘管如此，鑒於他對心理學領域的重大貢獻，人們還是違背了他的「遺願」，將他歸入了心理學家的行列，並由於他對行為主義學派的重大影響，而視其為行為主義學派的先驅。

在美國心理學教授哈克（Roger R. Hock）所撰寫的《改變心理學的四十項研究：探索心理學研究的歷史》（*Forty Studies that Changed Psychology: Explorations into the History of Psychological Research*）一書中寫道：「心理學在學習和條件反射方面，已擁有了一系列為數眾多的優秀研究，這些研究關注的是動物和人的學習過程。心理學史上的一些最著名的人物，甚至有些不屬於行為科學領域的知名人物，都把他們的一生奉獻給了這個領域 —— 如巴夫洛夫、華生、史金納和班杜拉等。」這裡所講的「不屬於行為科學領域的知名人物」，很可能指的就只有巴夫洛夫一個人。

第二節　桑代克的悲喜人生

題記：心理就是人類的聯結系統。學習就是聯結，就其本質而言，學習的目的像其他東西一樣，是機械的。

—— 桑代克

儘管我們把巴夫洛夫視為條件反射的發現者和行為主義心理學的先驅，但實際上在心理學界也有一位前輩，和巴夫洛夫幾乎同時發現了動物的條件反射行為，甚至可能還稍早兩年。只是當時他還只是一個碩士研究生，所以影響力並不算大，人們還是把這一偉大發現歸功於巴夫洛夫。這位前輩就是美國心理學家愛德華·李·桑代克（Edward Lee Thorndike）。後來巴夫洛夫本人也承認，桑代克早在他之前就獨立發現了條件反射現象。

桑代克走上心理學的道路充滿了陰差陽錯，他本來在大學學的是英國文學，直到大三之前他都沒聽說過心理學這東西。有一天他需要選一門必修

第三章 劍走偏鋒 — 行為主義心理學的狗血往事

課，可能是覺得那位威廉·詹姆斯的《心理學原理》課程比較容易過，他就試著報了；沒想到一聽之下，他竟然迷戀上了這種探索人心深處隱祕的學問，順理成章的，他畢業之後就成為了詹姆斯的碩士研究生。

桑代克去研究動物的行為和心理學之間的關係，又是一個陰差陽錯。詹姆斯是美國功能主義心理學運動的創始人之一，選的都是一看就很高級的研究課題；但他的學生桑代克卻找來一群雞，觀察牠們怎麼吃玉米芯，怎麼看都有點無厘頭的味道。那麼桑代克為什麼會選擇「雞的直覺及智力行為」這樣一個一看就很傻很天真的課題呢？難道是他一開始就想著要開創動物心理學嗎？並不是。據桑代克自己說，自己純粹就是為了選一個看上去比較容易的課題，從而更容易拿到學分以便早點畢業，然後就可以跟女朋友早點結婚……

那時的桑代克萬萬想不到，這個研究竟然讓他開創了心理學的重要分支：動物心理學。

由此我們可以猜想，桑代克大概是一個比較內向而靦腆的人，他覺得與動物打交道比與人類打交道更加容易。不過筆者還是很羨慕他的，隨便選一個課題都能因此成為行為主義心理學的奠基者，不知道該說桑代克是眼光太好還是過於幸運呢？

其實在桑代克之前，早就已經有心理學家試著用不同顏色和不同味道的玉米芯來餵小雞，看牠們能不能很快分辨出哪種是甜的哪種是苦的，答案是最多不超過二十秒就可以。桑代克的實驗更複雜，他用厚厚的書本搭成了一個迷宮，其中有三條路是死路，只有一條路可以走出迷宮並得到食物。桑代克發現每一隻小雞被放進迷宮裡面後，一開始都會誤打誤撞，直到走到死路出不來；但是經過幾次「試錯」之後，很快就能發現真正的出口在哪裡，從

而完成這個「學習」的過程。

　　由此桑代克得出了一個結論：動物會透過不斷的試錯來達成自己的目的，並且一旦牠們學會了正確的方式，就可以把以前的那些錯誤通通迅速忘掉。

　　單從結果上看來，桑代克的條件反射研究成果跟巴夫洛夫的很像，即動物會記住那些讓牠們獲得快樂的行動方式並且不斷重複。但是兩者的原理並不相同，桑代克認為學習是靠不斷嘗試，而巴夫洛夫認為是靠訊號的重複增強。

　　桑代克靠這一研究成果順利碩士畢業之後又考上了博士，他的博士生導師也是一位心理學史上大師級的人物，以開創「心理測驗」著稱的詹姆斯·麥基恩·卡特爾（James McKeen Cattell）。從這方面說當年的學生還是很幸運的，隨便選到的一位導師都是心理學史上響噹噹的人物。另外說到這裡我必須插一句，心理學史上有兩位著名的卡特爾，除了這位詹姆斯·卡特爾之外，還有一位比他歲數小很多的雷蒙德·卡特爾（Raymond Bernard Cattell），更加巧合的是，雷蒙德·卡特爾也是研究心理測量學的！正是他編制了著名的「卡特爾十六種人格因素測驗」，據說無數心理學的學生考試時，都是倒在了分不清這兩個卡特爾上面……

　　言歸正傳，我們繼續說桑代克。自從在動物學習實驗中嘗到甜頭之後，桑代克一發不可收拾。整個讀博期間他做了許多跟動物有關係的實驗，受害的動物包括但不限於小雞、小貓、小狗、小白鼠等，幸虧當時還沒有現在這麼發達的動物保護機構，否則桑代克一定會被罵個狗血淋頭。

　　在桑代克的諸多試驗中，最被人稱道的莫過於「桑代克餓貓迷籠實驗」——他設計了一個籠子，裡面有滑輪組控制的機械裝置，可以讓貓在踩到某塊木板時打開籠門。桑代克選擇了一隻被餓了很久的小貓放進迷籠裡去，然

後在籠外放上了小貓最愛吃的小魚乾並且觀察牠。一開始的時候，餓壞了的小貓一定是亂抓亂撓並且活蹦亂跳，偶然間牠的爪子碰到了一塊木板，籠門被打開了，小貓又驚又喜地跑出去吃掉了小魚乾。經過幾次實驗後，小貓就學會用正確的揮爪子方式，可以一下子就打開籠門了。

　　桑代克透過對兩隻小貓的持續觀察，記錄下了牠們從被關進迷籠到用正確方式打開籠門的時間，並且繪製成了一張曲線圖，我們可以很容易看出來，小貓打開籠門的時間大體上是越來越短的，這就說明，小貓有一個學習的過程。桑代克認為這種學習是透過「試錯」來完成的。後來桑代克還把類似的實驗用在了嬰兒和幼兒身上，發現他們經歷的這一過程和小貓小狗的經歷幾乎沒什麼不同。

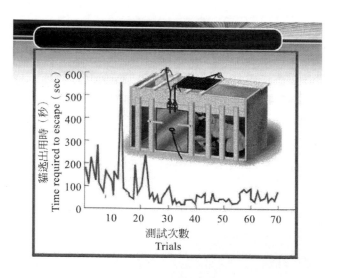

桑代克迷籠示意圖

　　經過長期的觀察和研究，桑代克提出了自己的「聯結主義心理學」觀點，他認為動物的學習並不經過大腦的思考和邏輯推理，而是靠「試錯」來完成

的。也就是說，動物是透過反覆嘗試錯誤而獲得經驗。這種學習的本質，就是在刺激和反應之間形成聯結，即「感應結」。因此學習其實就是聯結的形成與鞏固。

桑代克還提出了學習的三大定律：準備律、練習律和效果律，這也開創了教育心理學的新紀元，他被後人認為是教育心理學的創始人就源於此。

桑代克後來一度和行為主義心理學走得很近，但是他十分反感華生等人只談行為、而完全不談意識和精神的極左派做法，所以他並不被認為是一位行為主義心理學家。同樣，他因為老師詹姆斯的緣故，一度也和功能主義心理學走得挺近，但是他也沒有真正加入這個派別當中。正如他本人所說，他是一個無法被歸類為某一派別的心理學家。

更有意思的是，在桑代克的晚年他還培養出了一位偉大心理學家 —— 人本主義心理學的開創者亞伯拉罕·馬斯洛（Abraham H. Maslow）。當時正處在美國大蕭條時期，馬斯洛剛剛考上博士生生活拮据，正在哥倫比亞大學做教授的桑代克收留了他作為自己的助手，並且指引馬斯洛去做更適合他的「動機與人格」研究，終於讓馬斯洛取得了成功。

一人開創兩大心理學重要分支，無意中還啟迪了行為主義心理學和人本主義兩大最重要的心理學流派的發展道路，桑代克稱得上是心理學史上最關鍵的人物之一。因為他的卓越貢獻，美國心理學協會專門設立了「愛德華·李·桑代克獎」，專門頒發給那些最優秀的心理學家，這一獎項也被認為是心理學界的最高獎。

第三節　一個有個性的華生

題記：給我一打健全的嬰兒，我可以保證，在其中隨機選出一個，訓練成為我所選定的任何類型的人物 —— 醫生、律師、藝術家、商界領袖，或者乞丐、竊賊，不用考慮他的天賦、傾向、能力、祖先的職業與種族。

—— 約翰·華生

追根究柢，巴夫洛夫和桑代克都只能算是行為主義心理學的「引路人」，算不上真正的創派祖師。就像武俠小說中那些隱藏在深山中的世外高人，隨手指點了主角幾招劍法，最後融會貫通乃至開宗立派還是要靠主角自己。

行為主義心理學真正的創派祖師，是美國人約翰·B·華生（John Broadus Watson），看到這個名字，可能許多偵探小說愛好者會覺得非常親切，因為和這位心理學家基本同一時代的柯南道爾名著《福爾摩斯》系列中，福爾摩斯的密友華生醫生恰好也叫約翰，不過他的全名是約翰·H·華生；更為巧合的是，這位心理學家的妻子和華生醫生的第二任妻子一樣，也叫瑪麗……

約翰·B·華生是美國人，一八七八年一月出生在南卡羅萊納州的一個偏僻村莊裡，和鐵欽納那種從小就是「學霸」的天才學生不同，華生小時候成績很差而且脾氣也不好，最後還是靠求助教會才上了大學，學的是神學。照理說他這樣的人和心理學應該扯不上什麼關係，但是上了大學以後他就像被一個好學生靈魂附體一樣，學習非常刻苦，最終跨科系考上了文學碩士。之後他發現自己真正的愛好是心理學，於是又再次跨系來到芝加哥大學，拜入了功能主義心理學家詹姆斯·羅蘭·安吉爾門下，並順利拿到了博士學位。

畢業之後華生在芝加哥大學留校任教，然而這時他才發現自己的觀點和

傳統的心理學觀點格格不入 —— 不管是鐵欽納代表的結構主義心理學，還是威廉·詹姆斯所代表的功能主義心理學，在他看來都是無源之水、無本之木。在當時的大環境下，他又不可能不要自己的飯碗，於是他只能當一次兩面人：白天在大實驗室教學生們做鐵欽納式的思想實驗，晚上或者節假日在自己的地下室做研究動物和人類行為的實驗。

　　經過了數年積累之後，或許是覺得羽翼豐滿了，一九一三年華生在《心理學研究》雜誌上發表了一篇重量級文章〈一個行為主義者心目中的心理學〉（*Psychology as the Behaviorist Views*）。在文中，華生直指當時傳統心理學研究的最大痛點：所有的心理學研究都是圍繞著人類頭腦當中像幽靈一樣的「意識」進行，然而「意識」看不見也摸不到，於是只能選一些可以準確表達自己思維的人 —— 比如說大學生 —— 來做實驗。在華生看來，這樣的實驗根本無法反映人類最基本的心理學原理，根本不是真正的心理學實驗，而只是捕風捉影的神棍行為，沒有實實在在的內容可言，這樣的心理學通通都只配叫「大學二年級學生的心理學」。

　　那麼別的心理學家就要問了：我們是觀察不了人類的意識，難道你華生就能觀察到了嗎？華生笑了，說：我也觀察不到意識，但是我可以觀察行為啊！

　　發問的心理學家傻眼了：你有沒有搞錯啊？我們是心理學家啊！我們研究的對象是人的思想啊！你跑去研究行為做什麼？這不就跟俄國的那個「虐狗狂魔」巴夫洛夫一樣了嗎？行為研究得再好，意識不還是看不見嗎？

　　華生解釋說：我們可以把人的意識看成是一個黑色的箱子，一邊是輸入訊號的裝置，另一邊是輸出訊號的裝置，但是我們即使用最先進的儀器也看不到裡面有什麼東西。不過我們知道裡面確實有某種裝置，可以在一邊受到

第三章 劍走偏鋒 — 行為主義心理學的狗血往事

刺激的時候，讓另一邊做出反應。以往的心理學研究都是想撬開這個箱子，以便知道箱子裡面到底藏了什麼東西，現在呢，箱子無論如何也撬不開，於是一幫人只好坐下來瞎猜。叫我說啊，不如根本就不管這個破箱子了，直接看這邊裝置動的時候另一邊會怎麼反應，然後把它們都記下來，總結出規律，最後無論這裡邊裝置怎麼動，我們都能知道另一邊會做出什麼反應了。

應該說，華生不愧是在美國二十世紀初客觀實用主義哲學空氣瀰漫的環境中長大的心理學家，他第一時間就發現了傳統心理學研究最大的問題，就是在研究實際心理問題時沒有任何作用，也一直因為內省法的桎梏沒辦法變成真正的自然科學，所以他對心理學的手術第一刀也就砍在了這裡。

華生心目中的心理學，是一個完全摒棄了意識研究的純理性、跟生理學沒多大區別的學科。華生認為人和動物一樣，所謂思維無非就是受到刺激 —— 做出反應兩個步驟而已，他認為與刺激能得到條件反射的反應類似，其他所有器官也會有類似的反射作用。

華生甚至可以在一本心理學書籍中完全不使用「意識」、「精神狀態」，甚至「感覺」、「聽覺」、「觸覺」等帶有主觀狀態的詞彙，而代之以「視反應」、「身體反應」等。他完全簡化掉了刺激與反應之間的中間傳導、決策過程，認為人也是一種「刺激—反應」組成的機器，也因此，華生可以被稱為 S-R（刺激—反應）心理學家。

最有趣的是，華生認為人類根本沒有所謂「本能」一說，人類一出生就能夠對各種外界刺激產生一定方式的反應，如呼吸、心跳、打噴嚏等，這些反應叫非學習行為，根本不屬於行為的範疇。後天學來的行為才是真正的人類行為，比如游泳、划船、騎腳踏車等，這些行為完全是人類自己在生活環境當中學會的，因此人的一生命運跟遺傳因素一點關係都沒有。

華生有一句名言：「給我一打健全的嬰兒，我可以保證，從其中隨機選出一個，訓練成為我所選定的任何類型的人物——醫生、律師、藝術家、商界領袖，或者乞丐、竊賊，不用考慮他的天賦、傾向、能力、祖先的職業與種族。」這句話在那個血統論尚未完全被人們摒棄（其實現在血統論也沒被摒棄）的時代，無疑有振聾發聵的作用，激勵著那些平民出身的人們去攀爬生活的新高峰。

華生的學說固然遭受到了來自心理學界保守勢力的質疑和汙衊，但對於那些正為了找不到前方發展路線、一籌莫展的中青年心理學研究者來說，不亞於一道深夜中的霹靂驚雷。忽如一夜春風來，千樹萬樹梨花開，研究生理心理學的卡爾·拉什里（Karl Spencer Lashley）、秉持「目的論」的埃德溫·霍爾特、認知心理學的先驅愛德華·托爾曼（Edward Chace Tolman）等，一大批自稱行為主義心理學家的年輕人聚攏在華生的周圍，再加上支持行為主義學派但是反對華生本人觀點的英國心理學家麥獨孤（William McDougall），短短一兩年時間，行為主義心理學家已經占據了心理學界的半壁江山，發展速度之快讓人目瞪口呆。他們很快就徹底終結了世紀之交時，功能主義與結構主義的亂戰，讓華生在一九一五年登上了美國心理學協會主席的寶座。

華生總是那麼特立獨行，一九一八年他開始做嬰兒的「恐懼實驗」，在當時來說也算得上冒天下之大不韙，這一做法招來了許多道德上的譴責。不過對華生來說都無所謂了，因為最後實驗大獲成功，行為主義心理學也獲得了一個極大的賣點。這個實驗在心理學史上大名鼎鼎，所以我們也簡單介紹一下：

華生找來一個叫「艾爾伯特」的嬰兒，他是一個被遺棄的孤兒，只有九

第三章　劍走偏鋒 — 行為主義心理學的狗血往事

個月大。華生首先讓他看毛茸茸可愛的小白鼠、猴子、狗，以及白色羊絨棉，嬰兒沒有任何恐懼心理，要摸小白鼠，華生就在後面敲鐵棒，巨大的響聲把孩子嚇哭了；又放白鼠，還想摸，敲鐵棒，又哭了；連續幾次，一見白鼠就哭了。就這樣華生向嬰兒建立了一個「小白鼠等於恐懼」的條件反射，就算沒有巨響，嬰兒也會害怕小白鼠。隨後，華生又把小白鼠換成了猴子、狗，以及白色羊絨棉，同樣，可憐的小嬰兒對這些東西也產生了恐懼。過了一個月之後，華生再次把這些東西拿給嬰兒看，他依然恐懼。

這個實驗又被稱為「艾爾伯特恐懼形成實驗」，它證明恐懼是嬰兒從生活環境當中學來的。比較讓人難過的是，在實驗結束之後，華生並沒有試圖消除小艾爾伯特被訓練出來的恐懼心理，而是放任這個孩子帶著恐懼離開了實驗室。這也是真實世界裡的心理學家和某些雞湯故事裡的心理學家的不同之處。

心理學可能是世界上最容易觸犯倫理禁區的一門學科，因為它的研究對象是人。當心理學家們以人作為實驗對象時，就難免會對這些人的心理產生影響，尤其是很多心理學實驗還充滿了陰暗的惡趣味。因此自心理學實驗出現以來，人們對它的質疑就沒有停止過，從這層意義上說，華生被世人詬病似乎也不能僅僅歸咎於他的人品問題。

既然華生的行為主義心理學這麼離經叛道，為什麼它能存活下來呢？其實何止是存活下來，行為主義在二十世紀中前期的主流心理學界絕對是統治地位，如果不是有精神分析學說跟它抗衡，行為主義簡直是一統天下。原因很簡單，行為主義的研究方法才是自然科學研究的正道。

自然科學研究離不開建立在客觀事實基礎上的觀察、實驗、總結三步法，然而行為主義之前的心理學流派，所謂的實驗還是要依賴於並不怎麼客

觀的內省法。到了行為主義這裡，內省法才真正被拋棄了，每一個過程都真正客觀化了，這對心理學的「自然科學化」無疑是十分重要的一步。

另一方面，不管心理學是自然科學也好，社會科學也罷，本質上還是一種偏實用的科學。行為主義的理論更是把這種實用性放大到可以隨取隨用了，對於想開心理診所騙錢，哦不，是拯救心理疾病患者的人來說，行為主義真是最好的方式。既不用管患者有什麼心理疾病，也不用管他幼年有過什麼心理創傷，反正就用行為矯治就行了。

舉個例子：行為主義矯正法裡面，最著名的一種方法叫系統減敏法（systematic desensitization）。這個方法是怎麼回事呢？比如說一個患者說了，他害怕貓，見貓就想躲開。精神分析派的心理治療師，多半會從這患者小時候什麼時候被貓咬了啊之類的開始想；行為主義就簡單了，第一步，讓患者天天聽「貓」這個字；過一段沒反應了，讓他看貓的圖片；再過一陣沒反應了，讓他戴個仿貓皮手套；再過一陣子，隔著玻璃看貓；然後離遠一點看貓，再然後這人離不開貓了……當然這只是簡單一說，其實系統減敏法有很詳細的一套步驟，但大致意思就是這樣。

一九一九年出版的《行為主義心理學》一書可謂華生行為主義思想的集大成，它以通俗生動的語言和事例，闡述了行為的方方面面，甚至包括情感、情緒、本能、思維、言語、習慣、人格等。華生筆下的「行為」是一系列的整體，從受精卵開始直到進入墳墓，人都處在行為當中，「思維」是一種感覺運動的腦內行為，「情緒」也是一種腦內行為，至於「人格」，則是刺激與反應一系列「投資」與「負債」的總和 —— 總之一切傳統的心理學詞彙，華生都能對你提出一個不一樣的行為主義解釋。

天有不測風雲，人有旦夕禍福。就在華生的威望在心理學界達到極盛之

時，他和助手兼學生羅莎莉・雷納的偷情事件東窗事發，由於媒體的持續性報導，華生和整個心理學界都感受到了極大的輿論壓力。畢竟在那個保守的時代裡，這對他的名譽是一種毀滅性打擊。很快，他被學校解除合約，更被心理學界放逐，一代大師黯然離開了他最熱愛的行為主義心理學事業。一直到四十多年以後，年近八十高齡的華生，才被美國心理學協會請回來頒獎。因為他的私生活並不屬於心理學的內容，我們將在頓悟瞬間裡為大家介紹。

頓悟瞬間：是大師，也是渣男

題記：男人用下半身思考。

—— 佛洛伊德

　　一九五七年，早已退休多年，已是八十歲高齡的約翰・華生突然接到了美國心理學會的一封來信，信中告知他被授予了一個學會頒發的金獎，因為他的行為主義心理學研究是「現代心理學的形式與內容的極其重要的決定因素之一，是持久不變、富有成果的研究路線的出發點」。耄耋之年的老心理學家十分高興和激動，感慨萬千，然後拒絕了參與學會的頒獎儀式，而是讓兒子代領。之所以做出這樣的決定，既不是華生謙虛，也不是他想要炒作，純粹是因為他離開美國心理學界實在太久了，他害怕自己在站上領獎臺的那一刻會不由自主地痛哭失聲。

　　自從一九二一年華生被芝加哥大學開除教職後，就幾乎與心理學界斷絕了往來，投身於廣告業，一做就是將近四十年。中間歷經空前的經濟大蕭條與第二次世界大戰，回望前塵已是恍如隔世。不過儘管他應得的榮譽姍姍來遲，但還好總算是趕得上 —— 在終於再次獲得主流心理學界的認可之後的第

二年，華生病逝。

　　作為二十世紀中前期心理學的主流學派之一 —— 行為主義心理學的創始人，約翰·華生為什麼會被逐出心理學圈子，整個後半生與心理學無緣呢？這一切都要從他的一起不怎麼光彩的狗血桃色事件說起。

　　前文裡面我們說到過，華生是那種最典型的性情中人，為人處世往往隨心所欲，與此同時，作為男人的他總是缺乏紀律觀念，這就讓他成為故事裡那種徹頭徹尾的渣男。我們知道華生博士畢業之後，就直接在芝加哥大學留校任教，既是芝加哥大學第一位心理學博士，也是最年輕的講師。英俊瀟灑、風度翩翩、同時又年輕有為的華生很快俘獲了許多女學生的芳心，而其中的一個最終成為他的妻子。

　　他的這位妻子叫瑪麗·伊吉斯，來自美國上流社會的一個大家族，她的哥哥後來成為羅斯福內閣的內務部長。據說她對華生一見鍾情，甚至發展到在華生監考的考場上公然寫情書給他的地步。俗話說「女追男，隔層紗」，溫柔漂亮的瑪麗小姐，很快就如願和華生墜入了愛河，兩人很快結婚，過上了甜蜜的二人世界。

　　婚後不久的一九〇八年，華生獲得了霍普金斯大學正式教授的 offer。儘管他對母校芝加哥大學十分留戀，但由於霍普金斯大學開出的價碼實在太高，比如讓他來指導一個單獨的心理學實驗室之類，當然更少不了相比芝加哥大學給他更豐厚的薪水。華生最終還是來到霍普金斯大學，他在這裡度過了他學術生涯最輝煌的歲月，一度擔任了美國心理學會的主席，一直到一九二〇年，他遇到了自己宿命中的一段孽緣。

　　當時華生正在進行嬰兒的「恐懼實驗」，這個實驗不但對心理學史有著重要意義，對華生也意味著自己人生轉折的開始 —— 因為就是在這個實驗裡，

第三章　劍走偏鋒 — 行為主義心理學的狗血往事

他的助手兼學生後來和他發生了一些不可描述的關係。這位叫羅莎莉·雷納的女孩當時年方十九，不但貌美如花，而且家世同樣十分顯赫，父親經商，叔叔是曾經受命調查過鐵達尼克號事件的聯邦參議員。不知道是因為婚後多年的審美疲勞，還是華生和妻子分居太久過於飢渴，總之兩人以研究的名義天天膩在一起，每天做一些用來研究性慾的心理學實驗，就像一列出軌的火車不知道要駛向哪一個遠方。

俗話說「紙包不住火」，女人在丈夫出軌的問題上通常都有著驚人的洞察力。於是，華生出軌的消息很快就傳到了夫人瑪麗的耳朵裡。為了驗證這一點，瑪麗精心設計了一個「實驗」，利用一次去「小三」羅莎莉家赴宴的機會，用精湛的演技得到了到對方閨房休息的機會，並且從書桌上、抽屜裡、床單底下搜出了十四封情書，全都是丈夫華生寫給自己這位學生的。

說起來，二十世紀初還是很浪漫的時代，無論是教授還是教授的妻子，都是一言不合就寫情書，而且寫了這麼多，當然這也許跟他們那個時代還沒有社群軟體這種方便的溝通方式有關。

可惜無論多麼精明的女人也都會有犯蠢的時候，尤其是當她還愛著對方時更是如此。瑪麗拿到了關鍵性的物證之後立刻拿去要挾丈夫，要他趕緊離開那個狐狸精回到自己的身邊，否則就讓他身敗名裂。誰知，華生和羅莎莉這次竟然是真愛，說什麼也不肯離開。

後面的故事走向變得比較離奇，這十四封情書不知怎麼到了瑪麗的弟弟、也就是華生的小舅子手裡。這位小舅子非常貪財，他拿著情書去找羅莎莉的商人父親敲詐，沒想到老爺子對華生這個送上門的便宜女婿完全不感冒，讓小舅子碰了一鼻子灰。但小舅子也是智商情商雙商高的人物，一怒之下把這十四封情書全寄給了華生任教的霍普金斯大學，這下事情變得大

條了。

在那個年代，婚外戀和師生戀還是一件很難讓人接受的事，華生本身就是一個比較知名的學術權威，他的原配和「小三」又都在政界、商界甚至娛樂界有著一票親戚朋友，這下子算是鬧開了，甚至上了當時各大報紙的頭版頭條，最後連羅莎莉的參議員叔叔都受到了些許牽連。最終結果不言而喻：華生和瑪麗離婚，被大學掃地出門，也被逐出了心理學這個圈子。

有趣的是，華生的第一樁戀情是師生戀，第二樁也是師生戀，用他自己的行為主義心理學觀點，我們可以說他患上了「路徑依賴」（Path Dependence）[9]，一隻愛上吃窩邊草的兔子。

丟了工作之後的華生曾經過過一段很苦的窮日子，還好羅莎莉和他確實是真愛，兩人婚後相互扶持，不離不棄，後來還生了兩個孩子。在心理學老前輩鐵欽納的引薦下，華生到了一家廣告公司工作，據說年薪能拿到一萬美元，比他在大學當教書匠賺得要多很多，不知道這算不算是另一種形式的因禍得福。

儘管心理學拋棄了華生，但是華生並沒有拋棄心理學。他應該是歷史上最早把心理學知識應用到廣告中的人，甚至還發現了一個「新產品的銷售曲線的成長與動物或人的學習曲線的成長有驚人的相似之處」的理論成果，行為主義心理學的思路，在廣告業中也展示了強大的威力，最後甚至改變了美國廣告業的性質。

閒暇時華生還偶爾會做做行為主義心理學的研究，甚至跑去為大學生上

9　路徑依賴理論，是美國經濟學家道格拉斯諾斯（Douglass Cecil North）總結的理論，是指人們總是會按照曾經成功的路徑和方式去做另一件事，以此來解釋人類歷史上的經濟制度變遷。

課。可惜這一切好景也不長，他的第二任妻子羅莎莉就罹患傳染病去世了，當時才三十歲。華生心灰意冷，把兩個孩子送給別人寄養，而且此後再也沒有做過心理學方面的研究，一直到他自己去世為止。

　　在私生活方面，華生毫無疑問是一個「渣男」，但他的學術地位仍然無可動搖，就如美國哲學家、心理學家古斯塔夫·伯格曼（Gustav Bergmann）所說：「我認為雖然在一九五〇年代，他不像一九二〇與一九三〇年代那麼受人矚目，但約翰·華生在本世紀上半葉的心理學思想史上，是僅次於佛洛伊德的人物 ── 雖然（兩人的思想）相差甚遠。他的思想在心理學家中被廣泛接受……他不僅是一個實驗心理學家，還是系統的思考者和方法論者，尤其是在最後這個領域他有重大貢獻。」

　　這段話就算是蓋棺定論吧。

第四節　史金納和他的小白鼠

　　題記：人們總以為自己知道自己行為的原因是什麼，其實許多行為的原因人們並不知道。

── 史金納

　　筆者曾經在無聊的時候，幫心理學家們按貢獻度排了個座位，人本主義心理學的開創者馬斯洛先生大約可以排到第三，排在他前面一位的，當然是蜚聲圈內外的一代大咖、精神分析學派創始人佛洛伊德。那麼誰能坐到第一把交椅呢？是「心理學之父」馮特？抑或人本主義心理學的創派祖師之一羅傑斯？還是發展心理學的大師皮亞傑？在筆者看來，他們或多或少都缺少點

說服力。這枚「貢獻度第一」的勛章，應該頒發給一位在大眾眼裡不算知名的心理學家：B. F 史金納（Burrhus Frederic Skinner）。

事實上，史金納的貢獻之大在心理學界也是得到公認的。二〇一一年，美國廣受歡迎的心理學期刊——《普通心理學評論》（*Review of General Psychology*）（第 6 卷第 2 期）刊登了一項最新的調查研究結果，其內容是評比二十世紀的心理學家的知名度，結果列出了其中最著名的前九十九位。史金納排名第一，佛洛伊德、皮亞傑、馬斯洛等人都排在他的身後。

史金納到底做過什麼，讓大家這麼推崇呢？簡而言之，他讓心理學真正、徹底地成為一門科學，一門可以直接觀測、可以統計數據、可以用實驗驗證假設、可以用理論指導實踐的科學。這件事馮特一直想做、詹姆斯一直想做、華生更是一直想做，但直到史金納這裡才真的成功了。

史金納又是怎樣完成這一豐功偉績的呢？

史金納照片

說到這裡我們先複習一下前文：華生之所以能創建行為主義心理學，主要是受巴夫洛夫和桑代克的條件反射理論影響。不過他們兩位都強調條件反射是動物的本能行為，並不需要大腦的參與；但到了華生的行為主義心理學裡，就變成了一切人和動物的行為都是刺激引起的反射，行為主義要研究的只是刺激與反射的對應關係而已，就像 1+2=3 一樣簡單。但是史金納並不滿足於這種簡單的對應，他認為在刺

第三章　劍走偏鋒 — 行為主義心理學的狗血往事

激和反應之間還有一些很複雜的演算過程，心理學家應該把它們尋找出來。

打個比方，華生認為人的神經系統就像一條直電路，打開開關時，電燈泡就會亮起來；關閉開關時，電燈泡就會被關閉；而史金納認為，在電源和電燈泡之間，並不是簡單的開關閘門，而是一個複雜的黑箱，黑箱裡面看不到，可能藏著一臺電腦；但是我們可以透過操作露出黑箱的「鍵盤」輸入字符，來控制電燈泡開啟或者關閉，發藍光還是發紅光，閃爍還是不閃爍……

史金納的學說顯然也屬於行為主義心理學的範疇，畢竟他也認為行為是刺激所引起，不同的刺激能引起不同的行為，所以可以透過行為來反推刺激的種類。不過他和華生最大的不同在於，他認為心理學家的目標，是分析出「黑箱」到底是怎麼接受刺激、控制行為產生。

這樣看來，史金納和華生之間的關係有一點像鐵欽納之於馮特，既是後者的繼承者，也是後者的顛覆者。史金納一開始的理想是學習文學，成為一名作家。不過在他寫作兩年之後覺得有一點無聊，就讀了一些心理學的書，讀的正好是華生的《行為主義心理學》，這個年輕人雖然是文科出身，卻十分欣賞華生這種簡單粗暴的「理科思維」，於是上了心理學這條賊船。只是到他考上哈佛大學心理學系時才發現，華生早已經被逐出心理學圈子……

儘管沒了偶像光環照耀，史金納仍然奮力考取了心理學碩士、博士，成為一位新鮮出爐的心理學研究者。不過與此同時，史金納對於早期行為主義理論的質疑也越來越多，於是他決定自己設計一個實驗，來證明華生的行為主義並不那麼完美……

前面我說起過，科學史上有幾位以折磨小動物出名的科學家：虐貓狂人薛丁格，其實並沒有真的虐貓；虐狗大師巴夫洛夫，卻是真的虐了狗。而一提起史金納，我們往往也會聯想起一種可憐的小動物，就是小白鼠。

史金納想要破解的是「意識」這個黑箱之謎，所以他也自己做了一個箱子，因為他箱子的設計實在太經典了，後世人稱之為「史金納箱」。

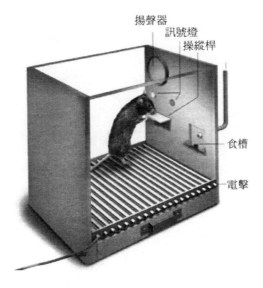

揚聲器
訊號燈
操縱桿
食槽
電擊

史金納箱示意圖

這就是經典的史金納箱的構造（當然我們要忽略這隻老鼠的毛色不太對……）

這個箱子是用木頭做成的全封閉結構，目的是把小白鼠和外界完全分隔開，盡可能減少外界影響。然後箱子有一些槓桿、按鈕、揚聲器、食槽以及電擊設備，然後在外面接上了觀測和統計設備，粗粗看上去就像是為小白鼠量身定做的遊戲室。

事實上史金納實驗的過程也和遊戲差不太多。如果我們轉換成小白鼠的視角，大概是這個樣子的：

我是一隻三天都沒吃到東西的可憐小白鼠，我現在被一個可怕的無毛兩

第三章　劍走偏鋒 — 行為主義心理學的狗血往事

腳獸放到了一個不知道是什麼的鬼東西裡面。啊！好可怕！

咦，這個怪東西是什麼？我先碰一下。

好香啊！不知道哪裡掉出來一顆花生。香香脆脆真好吃～

我不小心又碰到了那個怪東西，啊！居然又出現了一顆花生！

難道花生和那個怪東西有關係？我再試試。

哈哈哈，真的有關係！

我碰，我碰，我碰碰碰！

於是，在史金納的觀察中，就是小白鼠發現了觸碰那個操縱桿按鈕可以得到食物的祕密之後，便有意地去按那個操作桿，以便繼續吃到噴香的花生。而且，當牠觸碰按鈕後並不掉落花生時，牠依然會去碰 —— 也就是說，小白鼠形成了自發的條件反射。史金納把這種行為稱作「學習」，他發現學習行為跟「獎勵」有關係。

接下來，史金納又進行了一個比較「邪惡」的實驗，他將箱子底部通上電，電流強度不太強，但是還是會讓小白鼠覺得有點又痛又癢 —— 大概就像某位「心理學教授」治療「網癮患者」的程度。當這隻小白鼠觸碰到按鈕的時候，電擊就會短暫地消失，讓牠感受到不必被「治療」的快感。和上次一樣，小白鼠很快就掌握了這裡面的規律，不停地觸碰按鈕以逃避電擊。

史金納把這種行為同樣稱作「學習」，他發現學習行為跟「懲罰」也有關係。只不過，小白鼠透過懲罰得到的自發條件反射，在懲罰消失以後很快就消失了。

大概小白鼠也和我們一樣，當買樂透中獎之後，就會不停去買樂透，即使以後再也不中獎也會繼續買下去；在公司上班的時候，會學會各種方法躲避老闆的巡查偷偷玩手機，但明明下班回到家，就可以肆無忌憚地玩手機

了⋯⋯

　　史金納唯恐實驗結果不夠說明問題，又設計了大量和「史金納箱」有關的實驗：

　　比如說在某個試驗中，小白鼠觸碰按鈕之後並不會立刻掉下花生，而是要稍稍等上幾秒鐘，小白鼠依然能夠心領神會地學會碰按鈕。但是如果這個時間間隔足夠長 —— 比如說一分鐘之後才掉花生，那麼小白鼠就不會再去主動碰按鈕了，因為這樣的話牠就並不認為「碰按鈕」的動作和「掉落花生」的結果有關係。

　　比如說小白鼠在觸碰按鈕時會掉落花生，但是與此同時牠也會遭受到電擊，飢餓到無法忍受的小白鼠會繼續碰按鈕，享受「痛並快樂著」的樂趣。一段時間之後，即使不再提供食物，小白鼠也會繼續觸碰按鈕並樂此不疲，因為在牠的頭腦中已經把又痛又癢的電擊感跟「得到食物」聯繫了起來。

　　史金納還設計了一個機率型史金納箱，也就是說當小白鼠觸碰按鈕時，並不一定會掉落食物，而是有一定的掉落機率。這時候，有趣的事情發生了。有一隻小白鼠學會了在觸碰按鈕前先用頭撞一下「牆」，有的小白鼠學會先在原地跳兩下再碰按鈕，還有的小白鼠甚至會先跳舞⋯⋯

　　牠們為什麼會這樣？難道是中了邪？其實這是小白鼠們的一種「迷信」行為。一隻小白鼠在某次碰到按鈕後機緣巧合得到了食物，而之後反覆碰也沒有，牠就會把「得到食物」這件事和某個牠碰按鈕時的動作聯繫起來，比如說頭碰箱壁、比如說扭動屁股，如果這次又獲得了食物，牠就會認為自己的扭屁股動作造成了作用，於是更努力扭動起來⋯⋯

　　好吧，這些小白鼠讓筆者想起了自己在玩某些卡牌手遊時的樣子，在抽卡時總是幻想透過某種奇怪的動作或者畫一些奇怪的符就能抽到罕見的高級

第三章　劍走偏鋒 — 行為主義心理學的狗血往事

卡牌。

　　其實動物的迷信行為不止在實驗室裡存在，在自然界也普遍存在。科學家發現，非洲西部的某些黑猩猩會用盡全力用石塊去砸某種大樹，而且一個群落的黑猩猩們會反覆去砸。其實這也是一種「迷信」行為，很可能某一隻黑猩猩在石頭砸樹幹後有了好運，於是大家都學會了。

　　言歸正傳，史金納後來把小白鼠換成了雞、鴿子、兔子等小動物繼續做這些實驗，也得到了幾乎相同的結論，他終於確定了自己的判斷：條件反射並不都是被動產生的，動物和人類一樣，都可以透過某些「操作」和「學習」機制來掌握簡單或者複雜的行為。史金納把「巴夫洛夫的狗」身上產生的那種接受被動刺激產生的條件反射稱為「應答性行為」，把自己「史金納箱」中的小白鼠的行為，稱為「操作性行為」。因為他感興趣的對象主要是後者，所以他把自己的行為主義理論稱作「操作性條件作用論」。

　　不管是前面說到的「獎勵」還是「懲罰」，史金納都稱之為「增強」，他認為，動物和人類的「操作性行為」之所以會從潛意識動作變成有意識動作，關鍵是因為受到了增強 —— 比如說小白鼠碰按鈕的動作，就受到了「吃到花生」或者「不被電擊」兩種增強。

　　「增強」對應的是「消退」，這也很容易理解，當小白鼠無論怎麼碰按鈕都無法得到花生時，牠自然而然地就會不再去碰了。換言之，當「增強」的條件消失時，被增強的那種操作性行為自然也就不存在了。不過消退也並不是一蹴而就的，畢竟動物有時也會心存僥倖：我再用力碰一下，萬一就出來花生了呢？

　　想要讓這種「消退」變得快一點該怎麼辦呢？可以透過「懲罰」。比如說對一個已經因為花生的香脆誘惑學會碰按鈕的小白鼠，可以在牠碰的時候來

一點電擊，只要經過極短的時間就會發現小白鼠身上這種「操作性反應」消失了。

史金納總結出的這一整套「操作性條件作用論」，就包含了獎勵、逃避、消退、懲罰這一整套的行為模式，後來又被稱為「新行為主義心理學」，這個新當然是針對華生的「舊」行為主義心理學而言。

史金納憑藉著自創的這一套新招數，完美填充了「行為主義」和「心理學」之間的鴻溝，從此以後，再也沒有人敢說行為主義不是心理學了 —— 不信你看史金納老師。同時也再也沒有人敢說心理學不是科學了 —— 你能找一個比「史金納箱」的設計更加科學的實驗嗎？

不過史金納本人並不滿足，因為他想把自己的理論成果用到人類身上，而不是小白鼠身上。於是他又設計了一個與之類似的「育嬰箱」，調整到了適當的溫度、濕度和柔軟度，把自己的次女博德拉裝了進去……聯想到華生當年的「性愛實驗」，看來不夠瘋狂還真當不成心理學家啊。有謠言說這個在「史金納箱」中長大的孩子日後患上了嚴重的精神疾病，最後自殺身亡。不過據筆者考證，其實根本沒有這回事，史金納的兩個女兒都有著幸福的人生。

在史金納看來，「操作性條件作用論」首先是一種學習方法，給誰學習呢？當然是學生啦。其後多年間，史金納設計了一套精密的「教學機器」及和它配對的教學程式。把學生要學的東西輸入到機器當中，然後分成一個又一個的小知識點，學生學完一個知識點後就開始考試，如果考過則得到獎勵並進行下一知識點。如果考不過則被機器揍兩下，重新開始學……總之這種機器和程式最大的優勢在於，可以像「史金納箱」之於小白鼠那樣，可以立刻對學生的學習成果進行反應，學生立刻就能知道自己哪裡沒有學到，從而形成「正反饋」和「負反饋」。

第三章　劍走偏鋒 ── 行為主義心理學的狗血往事

　　與對待科學時的審慎不同，史金納對行為主義的應用上倒是頗為激進。他甚至認為，傳統的課堂教學根本就是錯的，應該給每個學生配一臺經過老師測試的教學機器，從而達到每個學生循序漸進、自學成才的目的。不過不知道他考慮過沒有，學生到學校的目的除了學習之外，還有互相交流的情感需求，用他的方式固然能很快掌握知識，但是這樣一來，師生間的互動和同學間的交流可能很快就會消失殆盡了。另一方面也因為他這種填鴨式的教育方式過於直線思維，不利於激發學生的創造力，所以很快他的雄偉藍圖就擱淺了。不過，如果你想達到最好的應試效果，史金納的方法還是蠻管用的。

　　史金納甚至還設計了一個自己理想中的社會模型，在他的作品《桃源二村》（*Walden Two*）一書中，按照他的新行為主義理論，為這個社會裡的每個人都安排了不同的行為模式，只要人人都遵守這種被他「設計」出來的生活，就能建成一個理想社會。

　　在這個社會中，孩子從誕生之日起，就透過增強來進行嚴格的行為形成訓練，孩子們要被訓練成具有合作精神和社交能力的人，所有的訓練都是為了社會全體成員的利益和幸福。這本書在美國極受推崇，大學生們尤其熱衷於閱讀此書，在維吉尼亞州，甚至還有人真正根據《桃源二村》的模式建立起了一個公社。當然，豐滿的理想終究抵不過骨感的現實，這個公社存在了沒多久就失敗了⋯⋯

第五節　在社會中學習

　　題記：控制生活環境的努力，幾乎滲透於人一生中的所有行為，人越能夠影響生活中的有關事件，就越能夠將自己塑造成自己喜愛的樣子。

—— 班杜拉

　　史金納的社會改造實驗之所以會最終失敗，主要原因當然是當時的社會環境不允許他這麼做，不過從心理學角度看，也有著必然失敗的理由 —— 因為他領導的「新行為主義革命」有一個致命的缺陷，讓它在研究某一個人的行為時無往不利，但當他把理論套到一個群體上時，就顯得並不合適了。

　　這個致命缺陷是什麼呢？史金納的後輩，新的行為主義心理學家阿爾伯特‧班杜拉（Albert Bandura）總結說：事實上人類並不生活在一個個「史金納箱」或者「桑代克迷籠」裡面，而是生活在一定的社會環境中。事實上，我們每一個人都是在社會提供的情境裡面，透過觀察和模仿學到了許多行為，所以班杜拉主張應該把人從密封的「史金納箱」裡面拿出來，放到自然而然的社會環境裡去觀察研究。

　　班杜拉出生於一九二五年，博士畢業到史丹佛大學任教已經是一九五三年了。他所處的一九五〇、一九六〇年代正是心理學「第三次浪潮」風起雲湧的時代，人本主義心理學和認知主義心理學兩大新學派橫空出世，打破了行為主義心理學和精神分析心理學壟斷已久的統治，新的心理學分支也層出不窮。身處浪潮之巔的班杜拉，也是這個偉大時代的「弄潮者」之一。他獨創了一門名為「社會學習論」（Social Learning Theory）的蓋世絕藝，為略顯古老的行為主義心理學又注入了新的生機與活力。

　　班杜拉的理論「新」在哪裡呢？首先他並不像某些前輩行為主義心理學

第三章　劍走偏鋒 — 行為主義心理學的狗血往事

家（比如華生）們那樣，完全否認遺傳對一個人行為養成的影響，而是認為遺傳和所處的環境同時塑造著一個人的性格；其次，他和史金納等新行為主義心理學家一樣，否認人類大腦僅僅是一個「刺激—反應」的傳導器，他同樣強調了人類的學習和模仿能力；最後也是最重要的是，他認為人類的行為學習，主要是透過在社會環境裡面模仿他人完成。

班杜拉把觀察學習過程分為注意、保持、動作復現、動機四個階段。簡單地說就是觀察學習須先注意榜樣的行為，然後將其記在腦子裡，經過練習，最後在適當的動機出現的時候再一次表現出來。他認為以往的學習理論家一般都忽視了社會環境的變化。他們通常是用物理方法來進行的動物實驗以此來創建他們的理論體系，這種研究方法太過於「學究氣」了，對於研究社會一員的人的行為來說，其實沒有多大的價值 —— 史金納放下手裡的小白鼠，狠狠瞪了班杜拉一眼。

如果你看過老版《西遊記》電視劇，應該會對孫悟空初入人類社會的情節印象深刻 —— 一隻猴子即使穿上了人類的長衫，也還是一副猴子模樣。為了不被揭穿，孫悟空只好一邊走一邊模仿他人的行為方式，其中學人吃麵一段尤其爆笑。不過你有沒有想過，為什麼取經路上的孫悟空猴子模樣收斂了很多，在變化為人類時也能像模像樣？僅僅是因為「七十二般變化」帶來的加持嗎？恐怕不是，現在班杜拉會告訴你，孫悟空之所以越來越像人，完全是因為他這一階段在人類社會中的摸爬滾打和認真地模仿與學習。

現實中當然沒有孫悟空，但如果我們觀察家裡的小孩子就會發現，他們同樣是透過模仿和學習「大人」在社會中表現出的言行舉止，來讓自己變得「懂事」。比如筆者家兩歲半的小女兒，看到筆者坐在電腦前打字的時候就一定要坐過來，小手指在鍵盤上面敲來敲去，儘管她什麼都打不出來。

一九六一年，班杜拉為了證明自己的社會學習理論，設計了一個「波波玩偶實驗」。他從幼兒園裡找來了三十六個男孩和三十六個女孩，每個孩子的年齡都在三到六歲之間。這些孩子被分為八個實驗組。在這些參與實驗的孩子中，二十四個被安排在對照組，其他的四十八個孩子被分為兩組，每組二十四個。其中一組被安排去觀察有攻擊性行為的成人模特兒，另一組被安排去觀察沒有攻擊性行為的成人模特兒。這兩組裡面又都分兩隊，一隊觀察同性成人模特兒，另一對觀察異性成人模特兒。

試驗之前，班杜拉對孩子們的攻擊性做了評估，每個組參與實驗孩子的攻擊性平均大體相等，每個兒童在實驗過程中也，都保證不會受到其他兒童的影響。孩子們被帶進一個遊戲室，在那裡成人模特兒們展示出不同的行為。在非攻擊性一組中，在整個過程中只是玩玩具，完全忽視了波波玩偶。在攻擊性一組，成人模特兒則猛烈地攻擊波波玩偶，而且還有語言的攻擊，如「踢死它」等。

十分鐘後每個兒童都分別被帶進最後一個實驗室。這間房子裡有幾樣「攻擊性」玩具，包括錘子、標槍當然還有波波玩偶。房間裡也有一些非攻擊性玩具，比如洋娃娃等。孩子們被允許在這個房間玩二十分鐘，實驗的評價人從鏡子裡觀察每個孩子的行為，並給出每個孩子攻擊性行為的等級。

經過嚴謹細緻的試驗過程，最終證明了班杜拉的三條預言：1. 觀察到成人模特兒攻擊性行為的兒童，即使沒有成人模特兒在場，也會出現攻擊性行為；2. 觀察到非攻擊性行為模特兒的兒童，其攻擊性行為要比另一實驗組和對照組少得多；3. 男孩的攻擊性要比女孩強。

試驗結果還發現，男孩更傾向於模仿男性成人模特兒的肢體行為，而女孩更傾向於模仿女性成人模特兒的語言攻擊。

第三章 劍走偏鋒 — 行為主義心理學的狗血往事

　　波波玩偶實驗的結果，和班杜拉的社會學習理論是一致的。班杜拉和同事們認為，他們的試驗揭示了特定的行為是如何透過觀察和模仿而形成。班杜拉指出「社會行為的模仿，很可能是在模仿中簡化或走捷徑，並不是像史金納說的那樣，是透過試錯一步步逼近得來的」。

　　和行為主義者們設計的其他各種實驗一樣，「波波玩偶試驗」也被很多人認為是不道德的，因為按照精神分析學派的說法，它很可能為那些天真可愛的孩子留下一個「心理陰影」，讓他們從此染上暴力行為。當然對這樣的指控，班杜拉等行為主義心理學家堅決否認。

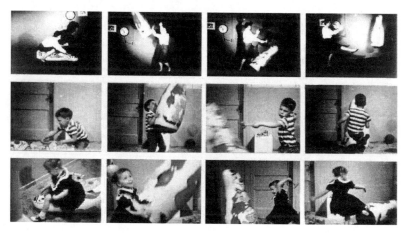

波波玩偶試驗照片

　　一九六九年，班杜拉發表了社會學習理論的第一部經典著作：《行為矯正原理》（*Principles of Behavior Modification*）。在這本著作中，班杜拉總結了他以往在有關人類行為的經驗研究中的零星發現和思考，使之形成了一個系統化的學習理論體系。不過更重要的是，這本書首先是一部有關行為治療矯正的總結。班杜拉提出了很多種很實用的行為矯正方式，很多直到現在還在被廣泛運用。

我們在前一章講到過，史金納把人和動物學習的過程中受到的外界刺激稱為「增強」，到了班杜拉這裡，「增強」又被分成了三種類型，第一種是直接增強，就像史金納那樣，給小白鼠花生吃（正增強）或者用電流電擊牠（負增強）；第二種叫替代增強，也就是學習者看到了別人的行為之後，模仿和學習他們的行為，比如「波波玩偶試驗」中孩子們對暴力行為的模仿；第三種叫自我增強，指的是一個人受到自己所定下目標的激勵，對自己行為的判斷——這種行為，我們也可以稱之為自律，或者叫自知之明。

到了一九七〇年代，班杜拉在「自我增強」理論的基礎上又提出了一個「自我效能」（self-efficacy）理論。他所說的「自我效能」是指人在某種特定情境下，對自身能否完成既定目標的一種預期。也可以說，是對自己個人能力的一種主觀判斷。班杜拉指出了四點影響自我效能形成的因素，即：直接的成敗經驗，替代性經驗，言語勸說和情緒的喚起。這種自我效能感在教育心理學領域應用非常廣泛，對教師心理的研究和學習動機的研究也有很重要的引導作用。

一般來說，成功經驗會增強自我效能，反覆的失敗會降低自我效能。

筆者有一個朋友，他小時候曾經很痴迷數學，而且似乎也頗具這方面的天賦，那時「奧林匹克數學課」很流行，我這位朋友當然也順理成章地成了此道高手。他每週都去上一次奧林匹克數學課，老師在下課時會留下幾道題作讓他們拿回去思索，到下次課時再交流探討。我們都知道，奧林匹克數學題往往都是那種偏難怪險的解法，每一道題都需要冥思苦想，我的這位朋友每一週都要花很長時間才能憑著天賦把題目解出來。

有一次，他發現老師給的題目特別地難，他費盡渾身解數，才在上課前一天的晚上熬夜把題目做了出來，滿滿地都是成就感和對老師的怨恨。到了

第三章　劍走偏鋒 — 行為主義心理學的狗血往事

上課的時候，老師看到他交上來的解題過程大吃一驚：因為老師上一次課時一時疏忽，給他的是一道大學數學題，用高中知識來解非常難。而我的那位朋友只用到了高中知識，就推導出了結果，而且思路上隱然把微積分重新發明了一遍。

在這個案例當中，我的朋友正是因為每次都能解出老師的問題，而形成了十分良好而強烈的「自我效能」，當他拿到一個比以往都難上許多、甚至不是現階段的他能夠解出的題目時，這種「自我效能」就造成了十分強烈的激勵作用，讓他完成了本來不可能完成的任務。

華生、史金納和班杜拉三個人，是行為主義心理學在三個時期的三位最主要的代表人物。他們三人的理論成果既一脈相承，後者對前者也有著明顯的進步和改善。從華生簡單的「刺激—反應」模式，到史金納的「學習—增強」模式，再到班杜拉的「社會學習—多種增強」模式，在整整半個多世紀的演化過程中，行為主義心理學始終堅持了這種「在繼承中批判，在批判中繼承」的進步過程，不斷推陳出新，從而始終能夠在心理學主流學術理論中占有一席之地。

第四章

天翻地覆 —— 佛洛伊德和他的精神分析帝國

第四章　天翻地覆 — 佛洛伊德和他的精神分析帝國

第一節　夢的解析

題記：沒有口誤這種事，所有的口誤都是潛意識的真實流露。

—— 西格蒙德‧佛洛伊德

行為主義在心理學史上的成功是空前的，但是仍然有一部分心理學家對它心存疑慮。原因很簡單，心理學的研究對象始終應該是「意識」，說到底行為主義所採用的方法論是在繞路而行，即便不算投機取巧，也不能算多麼義正詞嚴。但對當時的心理學家來說，無法觀測到的人體腦內意識，始終是橫亙在前進道路上的一塊巨大絆腳石。既然石頭搬不開，又不能繞過去，怎麼辦？

就在這時候，反對行為主義學派的心理學家們發現，很久之前就已經有人用「腦補」的方法，開闢了一條新路 —— 這就是精神分析學派。

眾所皆知，精神分析學派的開山祖師，就是著名的心理學家 —— 可能也是在凡人社會裡最有名的心理學家西格蒙德‧佛洛伊德（Sigismund Freud）。甚至許多人不知道精神分析，卻知道「老佛」。原因很簡單，他的理論早已不僅僅限定於心理學領域，其影響涉及哲學、教育學、社會學、藝術等各個領域，可謂一代宗師。但大多數人並不知道，佛洛伊德在很長一段時間裡並不被主流心理學界認可，甚至連他本人也不認為自己是一個心理學家，而是自命名為「精神分析師」。

一八五六年，佛洛伊德出生在奧匈帝國的一個小鎮，但奧匈帝國在第一次世界大戰後分崩離析，現在他的故鄉已經歸屬於捷克共和國。不過如果說佛洛伊德是一位「偉大的捷克心理學家」，筆者會感到十分彆扭，讀者們也會

覺得奇葩，就像把李白說成是一位「偉大的吉爾吉斯詩人」[10] 一樣。所以我們仍然按照傳統，把他稱作是一位「奧地利精神分析醫師」，因為他的整個生涯的絕大部分時間都是在奧地利度過，而且他畢生也沒有承認自己的研究屬於心理學。

在佛洛伊德生活的十九世紀和二十世紀初，歐洲像潮水一樣湧現出了一大批大師級人物，大大促進了各自學科的發展進步。比如古典經濟學界的大衛·李嘉圖、以一己之力把物理學推進到相對論時代的愛因斯坦、量子物理的兩大奠基人波耳和波恩、德國偉大的詩人兼文學家海涅，還有革命導師卡爾·馬克思……這些人有一個共同的特點：他們都是猶太人。

作為猶太人的佛洛伊德，也是這些偉大人物中的一員。

佛洛伊德出生在一個普通的商人家庭，從小就展現出了驚人的語言天賦，年紀輕輕就已經精通德語、義大利語、希臘語、英語、西班牙語、希伯來語和拉丁語等七種語言。佛洛伊德讀書既快又多，很小時就通讀了古希臘和古羅馬的神話故事，可能也是受兒時影響，在他的書裡有許多來自於古典神話故事的借喻，比如說他把戀母情結稱為「伊底帕斯情結」即為一例。佛洛伊德上高中的時候曾經夢想成為一名律師，但卻陰差陽錯在維也納大學讀了醫學，並且一直讀到了博士。畢業後他一度在母校任教，直到一八八四年被推薦到法國的巴黎薩彼里埃醫院（Salpêtrière）跟隨著名生理學家、精神病學的奠基人沙爾科（Jean Martin Charcot）學習，這也改變了佛洛伊德的人生軌跡。

對於脾氣古怪又眼高於頂的佛洛伊德來說，沙爾科可能是他一生當中唯

10　李白出生於唐代中亞西域的碎葉城，即今吉爾吉斯首都比斯凱克以東的托克馬克市附近。

第四章　天翻地覆 — 佛洛伊德和他的精神分析帝國

一一個真正認同和崇拜過的人。這位老先生雖然現在聲名不顯，卻可以說是精神分析學派的啟蒙宗師。據說他曾經長期研究人的精神病和精神官能症，尤其熱衷於用催眠術來治療精神病和歇斯底里症患者。他可能還是世界上最早的「心理諮商師」，曾經花費了數年時間跟一名焦慮症患者談話，一次又一次反覆談，最終治好了這位患者，這對當時尚處於萌芽期的精神醫學來說堪稱奇蹟。

在沙爾科老師的耳提面命下，佛洛伊德把自己的興趣從治療人的身體轉向了治療人的精神。也是從這時候開始，他嘗試著幫精神病人治療。以當時的心理學發展程度和佛洛伊德當時的水準來說，這種治療跟拿小白鼠做實驗也沒多大區別。

這時，一位同樣來自於維也納大學的精神醫師走進了佛洛伊德的生活，他就是著名的奧地利精神醫師約瑟夫‧布洛伊爾（Joseph（Josef）Breuer），同時也是「精神分析療法」的創始人之一。一八八〇年左右，布洛伊爾在為一個名叫安娜‧歐（Anna.O）的女病人治療癔症（歇斯底里症）時，發明了一種新的治療方式 ——「談話療法」，簡稱「話療」。

癔症患者發作時的情形極為複雜，平時可能是清醒的，但是一旦發作，就會出現全身性的肌肉痙攣性麻痺 —— 俗稱「抽筋」，甚至會出現意識錯亂模糊、精神壓抑變態等情況，總之這是一種非常難治療的病症。不過布洛伊爾的談話療法確實是有效的，他透過催眠讓病人說出那些困擾自己的幻想和妄念，然後發現隨著病人的宣洩，她的意識竟然慢慢變得清晰。經過長期努力，到後來隨著「談話」的深入，這個病人真的痊癒了。

在催眠中，女病人講了一件自己童年時候發生的事：在幼兒園的時候，一次她無意間推開老師的房門，看到老師的狗正在用她的杯子喝水。她覺得

骯髒、難受至極，從那以後就開始對「喝水」這件事產生了抗拒心理。奇妙的是，在她說出這件事之後，自己抗拒喝水的毛病也自然痊癒了！

這是一次足以銘刻在精神醫學歷史豐碑上的治療，布洛伊爾屬於知其然不知其所以然的類型：自己用談話來治療的方法可以治好病人，就說明這裡面一定隱藏著什麼關於人類頭腦的規律，這有可能是一個驚天動地的大祕密。於是他找來了自己的校友佛洛伊德做研究助手，並且把自己對安娜的治療過程和詳情告訴了佛洛伊德。佛洛伊德接觸到布洛伊爾這一套治療方法後感到大開眼界，彷彿發現了一個嶄新的世界，於是也開始嘗試在自己治療精神病人的過程中加入「談話療法」，這也讓他的精神分析理論一步步豐富了起來。

在和布洛伊爾合作的這段時間，在「談話療法」的基礎上，佛洛伊德加入了一些獨到的元素，逐漸積累出了一套自己的理論。佛洛伊德開始嘗試著使用一種新的醫學和心理學治療方法 —— 他稱之為「精神分析療法」，這套理論應用在臨床上也確實能治療精神病和精神官能症患者。在一八九五年佛洛伊德和布洛伊爾合寫的《歇斯底里研究》(*Studies on Hysteria*) 一書中，他初步闡發了自己的這套理論。

但是佛洛伊德的精神分析理論真正成型，是在兩年後的一八九七年，在這年裡佛洛伊德進行了一次詳細而又異想天開的精神分析，被分析的對象正是他本人。佛洛伊德用極大的毅力和精神，把自己一年當中做過的所有的夢都記錄了下來，然後用自己的精神分析法作為手術刀，把自己的精神世界徹底解剖，讓人看清楚其中蘊含的真相。

夢到底是什麼？為什麼我們在睡著之後，「意識」會出現在一個神奇詭異的地方，經歷一些讓人難以捉摸的事情？為什麼我們在做夢的時候意識不到

第四章　天翻地覆 — 佛洛伊德和他的精神分析帝國

自己在夢裡？夢到底能不能預示未來？從遠古時代開始人類就開始探索夢的真相，無數哲學家、心理學家和生理學家耗費了畢生精力，但是至今我們對它仍未能完全了解清楚。好萊塢大片《全面啟動》中那種可以控制他人夢境的儀器，現在也還沒能研發成功。

不過對於十九世紀末的佛洛伊德來說，夢卻是他打開人類大腦祕密之門的一把鑰匙，正是靠著對自己近一年多夢境的分析、思考和判斷，佛洛伊德悟到了「潛意識狀態」是對人進行精神分析的利器。

一八九九年，佛洛伊德把自己的研究成果寫成了書，取名為《夢的解析》（*The Interpretation of Dreams*），他把自己多年來在臨床醫療和自我分析中得到的東西系統化地闡述，正式提出了精神分析學說。《夢的解析》這本書雖然後來毀譽參半，但在當時卻宛如一聲驚雷炸響，日後光輝奪目的精神分析學說從這裡發端。

《夢的解析》出版之後，引發了一陣關於精神分析學派的討論狂潮，一大群年輕人在他周圍聚集起來，每週的星期三下午都會定時召開一個精神分析研討會，會上大家一起分析各自遇到的心理問題案例或者討論學術問題，這其中就包括後來成長為一代心理學大師的阿爾弗雷德·阿德勒（Alfred Adler）和卡爾·古斯塔夫·榮

佛洛伊德照片

格（Carl Gustav Jung）等人。隨著影響力進一步擴大，一九一〇年這個研討會正式發展成國際精神分析協會（International Psychoanalytical Association，IPA）。

二十世紀最初的幾年，是佛洛伊德研究和創作的黃金期，他寫出了《日常生活中的精神病學》（*The Psychopathology of Everyday Life*）、《朵拉：歇斯底里案例分析的片斷》（*Fragment of an Analysis of a Case of Hysteria*）、《詼諧及其與潛意識的關係》（*Jokes and Their Relation to the Unconscious*）等書，把精神分析學說的框架系統建立了起來。精神分析學說的核心在於對「潛意識狀態」的研究，這也是佛洛伊德自己發明的概念，潛意識就是那些在通常情況下人們不會意識到的東西，比如，內心深處被壓抑所以無從意識到的慾望、祕密的想法和恐懼等。佛洛伊德認為，人類顯露在外面能感知到的意識不過是自己思想的冰山一角，絕大多數的觀念和想法其實是被頭腦隱藏起來的，名叫「潛意識」。

舉個例子：我們每個人的一生當中都見到過無數的面孔，其中有一些如妻子、父母、好友等經常見面的人，你不須動腦就能想起來他們是誰；另外一些人比如大學同學、兒時玩伴等長時間不見面的，當你聽到名字時想一下，他們的面孔也能想起來。這些都屬於「意識」的層面。還有一些人，比如你在火車上邂逅一面的工人、旅遊經過某市時超市裡的店員、送過一次快遞的快遞員等，這些人的面孔你可能只見過一次，即使你很努力地想也想不起來他們的樣子，但是這些面孔都會隱藏在你的潛意識裡，只有在某個合適的時間才會想起來——比如當你看到某個潛藏多年的通緝犯被抓獲時，可能會突然想起某年某月，你曾經和他在火車上並肩而坐。

潛意識和意識之間有一個名叫「前意識」的警衛，潛意識這東西平時都

在被鎮壓，不會出現在意識當中，但遇到有機會就會溜出來搗亂。比如睡著的時候，「警衛」放鬆警惕了，潛意識溜了出來，這就是做夢；再比如人的口誤，表面上看是舌頭打結了，其實是「警衛」打盹被潛意識乘虛而入了。所以人的口誤也好，做錯事也好，都是因為腦子裡面藏著一個讓自己口誤、做錯事的潛意識所導致。

意識與潛意識冰山圖：露出海面的部分代表意識，海面以下的部分代表潛意識

佛洛伊德有一句對潛意識的精闢闡述說：「沒有所謂玩笑，所有玩笑都含有認真的成分。」所以各位讀者如果你們想要跟人開個玩笑，不妨捫心自問一下，就像是那些愚人節發給意中人的表白簡訊一樣，你的內心深處是否想要讓這玩笑成真呢？

那麼，如果前意識這個警衛再也看不住潛意識了，潛意識四處往外跑會怎麼辦？佛洛伊德認為，這樣就會使意識陣地的徹底失守，人就會患上精神病或精神官能症。筆者曾經接觸過許多精神病人，他們的言行舉止混亂不

堪，按照佛洛伊德的說法，他們的潛意識進入了意識的領域，讓雜亂的潛意識控制了身體。所以他認為治療這些病症也要從潛意識入手，用催眠或者其他什麼辦法，誘使患者透露出潛意識裡的問題在哪裡，之後再做治療就容易多了。

　　潛意識來源於哪裡呢？顯然是每一個人早年的生活經歷，特別是在幼兒期一事還未發展完全的時候，就會有大量我們人類無法控制的資訊沉澱在潛意識裡。不單佛洛伊德，所有精神分析學派的心理學家都很重視挖掘一個人早年的生活經歷，他們認為人成年以後精神的問題多數是早年埋下的禍根。好了，現在你去看心理訪談節目，發現一個心理專家喜歡問來訪者早年、特別是兒時生活的事，你就可以「哦」一聲 —— 這個專家是偏精神分析心理學派的。

第二節　食色，性也

　　題記：人是一種受本能願望支配的低能弱智的動物。

—— 佛洛伊德

　　佛洛伊德一生當中爭議最大的觀點，可能是他這個時期創立的「性本能驅動論」，在一九〇五年出版的《性學三論》（*Three Essays on the Theory of Sexuality*）中，佛洛伊德把幾乎一切心理疾病的成因，都歸結為人類嬰幼兒時期沒有得到滿足的人類本能，或者說性慾望。由此也就引出了精神分析學派早期學術思想中，一個在很多人看來不可理喻的理論：「原慾（libido）」。

　　佛洛伊德認為人類一切心理活動都來源於性的驅動力，這種性驅動力

第四章 天翻地覆 — 佛洛伊德和他的精神分析帝國

就叫「原慾」。簡單來說，你吃飯是為了性，喝水是為了性，睡覺更是為了性。人們許多八竿子打不著的行為，其實也是在模仿性行為。比如你生病住院了，醫生幫你注射藥液，可以簡化為插入和射出兩個動作，這就是在模仿性交。總之在佛洛伊德的眼裡，無論男人還是女人，都只是行走的生殖器而已。

按照佛洛伊德的這種看法，現代可能才是歷史上最為崇拜男性的一個歷史時期：因為我們這個時代的城市裡有著無數高樓大廈，酷似一柱擎天的男性性器官。

當然，我這是開玩笑，請不要當真。

佛洛伊德還有一種「奇葩」的理論，他認為人類從嬰兒期起就有性衝動，成年以後患上精神病或精神官能症，很多是因為小時候性衝動沒有被滿足。佛洛伊德按照人在不同的年齡，將性的能量 —— 原慾投向身體的不同部位，口腔、肛門、生殖器等相繼成為快樂與興奮的中心。以此為依據，佛洛伊德將兒童的心理發展分為五個階段：

1. 口腔期（零～十八個月）：一歲前的嬰兒處於一種完全不自立的狀態，依賴母親或其他養育者生活。他基本沒有行動能力，「口是他生活的中心和興趣的中心。吃奶是用口，飢餓或者不舒服的時候，用口哭叫；憤怒的時候，用口咬母親的乳頭，抓到東西都往嘴裡塞，這是他的唯一認識手段。」

2. 肛門期（十八個月～三歲）：在幼兒兩歲到四歲左右，他們感受到刺激肛門時帶來的新奇感覺。在這時期會發現自己會產生糞便，而很興奮，排洩時產生的輕鬆與快感，使兒童體驗到了操縱與控制的作用。這個時期孩子學會了走路，能用簡單的詞語交流，開始體會到

了自主性，他們開始學會觀察環境、探索環境、玩玩具，尋找過渡性客體，如絨動物、枕頭、指頭等。

3．性器期（三～六歲）：兒童開始關注身體的性別差異，開始對生殖器感興趣，出現佛洛伊德所說的伊底帕斯情結或厄勒克特拉情結。男孩對母親較親近，女孩跟父親親密，企圖排斥母親。喜歡玩一些類似「過家家」的遊戲，扮演爸爸和媽媽。

4．潛伏期（六～十二歲）：潛伏期又稱「同性期」，最大特點是對性缺乏興趣，男女界限分明，男孩喜歡跟男孩玩，女孩喜歡跟女孩玩，甚至互不往來。潛伏期將伴隨每一名兒童的小學時代，直到青春期這種現象才有所轉變。

5．生殖期（十二歲～十七、十八歲）：又稱「異性期」。進入青春期後，生理上出現第二性徵，心理上開始對異性感興趣。關注自身形象，注重外貌、服飾、表現等。青少年竭力想要擺脫父母的束縛，也容易與父母產生衝突，出現了「第二叛逆期」。所謂青春期父母難熬，多半是因為孩子在生理上快速發育的同時又遇到了心理上的過渡期。

佛洛伊德認為，兒童發育的每一個時期都要滿足他們對身體器官的慾望，否則這些未能被滿足的性能量就會隱藏到潛意識當中，一旦時機成熟進入意識當中，就會引發心理問題。比如說一個人成年之後如果還特別喜歡吃棒棒糖，他就有可能在潛意識裡藏著滿足「口腔期」的成分。有趣的是，佛洛伊德本人是一個大菸鬼，他每天都要抽上至少二十根雪茄，為此後來還患上了口腔癌。如果我們用他的理論分析他自己的話，會不會得出一個他沒能走出「口腔期」的結論？

佛洛伊德對他提出的「性本能驅動論」或者說「泛性論」愛逾珍寶，為了

第四章　天翻地覆 — 佛洛伊德和他的精神分析帝國

維護它，他不惜和任何人戰鬥到底。在筆者看來，如果佛洛伊德僅僅是說性本能可以驅動人的心理活動這並沒有什麼問題，但是他把人類所有的心理活動全部歸結到性本能上，就讓其他精神分析學家們有點「是可忍孰不可忍」的味道。他的好友兼導師布洛伊爾和他決裂，原因之一就是他主張精神疾病的來源，是患者受到過的精神創傷而非性衝突，這觸到了佛洛伊德的逆鱗。不過最讓佛洛伊德黯然神傷的是，連自己悉心培養的幾位弟子，最後都放棄了性本能驅動論，與他分道揚鑣。

第一個與佛洛伊德爆發爭吵的是阿德勒，他也是奧地利醫生，是最早加入佛洛伊德「星期三研討會」的成員之一，算是佛洛伊德學派的「大師兄」，佛洛伊德也與他亦師亦友。本來兩人感情甚篤，但是阿德勒的學術思想與佛洛伊德還是存在較大差異。他主張人的心理變化雖然是一種個體行為，但是仍然會受社會影響而不僅僅只是自己的本能衝動，並公開反對佛洛伊德的泛性論，佛洛伊德聞之大怒，研討會也不歡而散。

隨之，阿德勒退出精神分析協會，自創一門名為個體心理學（Individual Psychology）的新學說，建立了自由精神分析研究會，自己去玩自己的了。阿德勒的學說在今後說人本主義心理學時我們還會聊到。

如果說阿德勒的「叛逆」只是讓佛洛伊德震怒的話，那麼榮格的出走就讓佛洛伊德痛不欲生。榮格跟隨佛洛伊德長達六年，是他最喜愛的一個弟子，也是一位解夢大師，一度被視作是精神分析學派的繼承人。一九一〇年，佛洛伊德創立國際精神分析協會時讓他擔任了主席，也可見對其器重。

關於兩人關係破裂的原因，榮格在自己的自傳中這麼寫道：

我仍然能夠生動地回想起佛洛伊德是怎麼跟我說的：「親愛的榮格，請您答應我永遠不放棄性慾的理論，這是一切事情中最根本的。您知道，我們得

使它成為一種教條，一座不可動搖的堡壘。」……首先使我感到震驚的是「堡壘」和「教條」這兩個字眼；因為教條，也就是說，一種不准批駁就加以相信的東西，其設立的目的只是為了一勞永逸地壓制各種懷疑。但這卻與科學的判斷再也沒有關係，而只與個人的衝動有關係。這就是插進了我們的友誼的心臟裡的東西，我知道自己絕不可能接受這樣一種態度。

榮格不但反對佛洛伊德的泛性論，而且反對把潛意識僅僅歸結為個體潛意識，他自己發展出了一門名為「集體潛意識」的獨門武功。一九一四年，榮格辭去了國際精神分析協會主席職務，真正與佛洛伊德決裂。他的心理學理論被稱為「分析心理學」（Analysis of the Psychology）的新學派，又稱「榮格心理學」，榮格的成就以後我們也會講到。

佛洛伊德直到晚年，才開始反思「泛性論」的功過是非，越來越常思考生與死的問題，開始把生與死的本能驅動也算到「原慾」中去了。這可能是緣於長達數年的世界大戰，而他的兩個兒子又都在軍中服役，時刻面臨死亡的危險，也可能是每一個老人晚年時自然而然的變化，總之在一九二〇年出版的《超越快樂原則》（*Beyond the Pleasure Principle*）中，佛洛伊德提出了兩種新的本能，即「生本能」和「死本能」。每個人都有求生的本能，這一點不必多說，那麼「死本能」又是怎麼回事呢？

原來，佛洛伊德認為，當人在生活中感受不到足夠的快樂，或者精神壓力讓自己感受到痛苦時，存在於潛意識當中的求死慾望就會變得強烈起來，而當人們求死的動機過於強大時，就會進一步影響到意識，從而引發心理問題。舉個例子：當你站在高樓的樓頂時，有沒有那麼一個瞬間，想要前跨一步跳下去？這可能就是潛意識中的一種求死衝動吧。

晚年佛洛伊德還把「潛意識」理論，發展成了一種新的人格層次理論，

第四章　天翻地覆 ── 佛洛伊德和他的精神分析帝國

即「自我，本我，超我」理論。佛洛伊德把人的人格分為了三個層次：一個是只知道依本能行動的壞小孩，叫本我；一個是按照法律和道德行動的好小孩，叫超我；還有一個隨波逐流，誰贏了幫誰的小孩，叫自我，也就是外在表現的我。好小孩跟壞小孩打架，好小孩贏了，人的性格就偏高尚；壞小孩贏了，人的性格就偏低劣。當然還有很多時候，好小孩跟壞小孩打起來僵持不下了，人就會表現得非常糾結焦慮，這也是許多心理問題的來源。

「潛意識」的研究、性本能驅動論（包括後來的生本能和死本能驅動論）以及人格三層次理論，共同構築了佛洛伊德的精神分析心理學大廈，也讓他被後人認為是歷史上最偉大的心理學家之一。但是在和他同一時代的心理學家們，如約翰·詹姆斯、鐵欽納、華生等看來，佛洛伊德的精神分析學派根本不能算是心理學的名門正派，而更像是一個武功高強的邪派高手，一個徹頭徹尾的異類。之所以被同時代的心理學家如此評價，除了因為早期心理學界比較保守之外，也是因為佛洛伊德的研究方法跟心理學界普遍的認識背道而馳。

一九〇九年，應美國心理學界名星斯坦利·霍爾（Granville Stanley Hall）之邀，佛洛伊德訪問了美國，並與當時的美國心理學界大咖們深入交流。當時的美國心理學盟主約翰·詹姆斯對佛洛伊德說：你的學說理論性很強，很系統很完備，非常適合我們根據它進行全面的實踐檢驗；但最終這些實踐會證明你的理論是錯誤的，我們也就能修正它，推動心理學發展。

在主流心理學界看來，佛洛伊德的學術觀點是「不科學」的，原因是他一沒有實驗的支援，二沒有對意識的直接觀測，只有治療經驗的總結和自己的「腦補」。當然了，佛洛伊德本人並不願意管心理學界的那堆雜事，本身結構主義和功能主義心理學就快吵翻天了，自己加入戰局能做什麼？他給自己

的定位是一個醫生，而不是什麼心理學家，自己的理論能用來治病就行了，是不是正統的心理學對他並不重要。

倒是他的弟子榮格，後來憑藉著嚴謹的研究態度和考察與實驗，加入了主流心理學圈子，讓自己的分析心理學正式成為心理學的名門正派。在反對行為主義的心理學家們走投無路的時候，榮格的分析心理學接納了他們，在由此成為心理學大師的同時，也把精神分析學說引進了主流心理學界。

佛洛伊德的影響力不僅僅局限於心理學的範疇，他的性本能驅動論不啻於在思想界投下一枚炸彈——在達爾文把人類肉體上區別於動物的觀念砸碎之後，他把人類在精神上的優越感也扒了精光：原來所謂「萬物之靈」的人類，也只是一種被生理本能驅動的可憐又無知的動物罷了。他的這一觀點在當時剛一提出，爭議就很大，以後爭議也是連綿不絕，到今天已經影響到了哲學、文學、美術等多個人文領域。

佛洛伊德的晚年可謂眾叛親離又多災多難，他患上了口腔癌症，身體一天不如一天。留在他身邊的弟子只剩下了他的小女兒，同時也是他學術思想的繼承人安娜·佛洛伊德。身為猶太人，在奧地利被納粹占領後，他又不得不離開自己生活了一輩子的維也納，到英國倫敦避難，並於一九三九年在那裡去世，享年八十三歲。

佛洛伊德所創立的精神分析學派後來幾經改革，現在已經是心理學理論的幾大支柱之一，他的名字在後世也變得婦孺皆知。美國心理史學家 E. G. 波林（就是前面鐵欽納那個不會抽菸但硬要抽的學生）評價說：「佛洛伊德使潛意識心靈這個概念變成了常識……如果誰想在今後三百年裡寫一部心理學史而不提佛洛伊德的名字，那就不可能自詡是一部心理學通史了。」

第四章　天翻地覆 — 佛洛伊德和他的精神分析帝國

頓悟瞬間：你想殺死自己的父親嗎？

題記：在孩子的嘴上和心中，母親就是上帝。

—— 威廉·梅克比斯·薩克雷

曾經有一種表現父女情深的說法流傳甚廣，叫做「女兒是爸爸上輩子的情人」，在筆者看來這句話很誇張，甚至有些肉麻。父女之間當然會有依戀之情，但是這句話總讓我想起精神分析學派創始人佛洛伊德的一個讓人毛骨悚然的觀點。如果你知道了佛洛伊德「發現」的伊底帕斯情結和厄勒克特拉情結，大概你也會毛骨悚然吧。

佛洛伊德有過許多貌似大逆不道的觀點，不但在他生活的年代遭到過衛道士們的批判，甚至到今天還會讓許多人難以接受。比如他認為性慾是人類一切意識和潛意識的本源，再比如說我們本篇要講到的戀父與戀母情結。

佛洛伊德把他提出的這一心理現象叫做「伊底帕斯情結」（Oedipus-complex）和「厄勒克特拉情結」（Electracomplex），分別代指戀母情結和戀父情結，為什麼要給它們取兩個冗長又拗口的名字？和本書很多章節一樣，我們又要從遙遠的古希臘時代說起。

伊底帕斯是古希臘偉大劇作家索福克勒斯的悲劇《伊底帕斯王》的主角，他是某個小國國王的兒子，很小時得到了太陽神阿波羅的神示：預言他將會殺死自己的父親，並娶自己的母親為妻。為了躲避這一悲慘的命運，伊底帕斯只好遠走他鄉，浪跡天涯，來到了一個名叫底比斯的城市，做了那裡的國王，並娶了先王的寡妻伊俄卡斯忒。但是陰差陽錯，最終伊底帕斯發現死去的底比斯先王才是自己的親生父親，而且正是死在自己的手上。真相大白之後，伊俄卡斯忒自殺，伊底帕斯被流放。

後人根據《伊底帕斯王》畫的油畫

儘管在故事裡伊底帕斯是無意中殺死了父親，娶了母親，但是佛洛伊德認為，他的行為正好契合了小男孩潛意識當中的某種慾望，即殺死自己的父親，奪走自己的母親，也就是所謂的戀母情結。

厄勒克特拉同樣是古希臘神話中的一個角色，出自劇作家埃斯庫羅斯的悲劇《俄瑞斯忒斯》。她的父親就是偉大的邁錫尼國王、率領遠征軍用木馬計戰勝特洛伊人的希臘萬王之王阿伽門農。他雖然是一位蓋世英雄，卻與自己的妻子不和，凱旋歸國之後，被妻子克呂泰涅斯特拉和情夫用利斧謀殺。厄勒克特拉十分愛戴自己的父親，發誓要為父親報仇，於是偷偷把自己的弟弟俄瑞斯忒斯送出國外，並派遣忠僕照料。她自己則留在國內監視自己的母親和繼父。故事的最後，俄瑞斯忒斯學成本領，回國殺死了那對害死自己父親的狗男女，厄勒克特拉也最終獲得解放。

在這個故事裡，雖然殺死母親和情夫的不是厄勒克特拉本人而是她的弟

第四章　天翻地覆 — 佛洛伊德和他的精神分析帝國

弟，但是佛洛伊德認為，在父親被謀殺時俄瑞斯忒斯年紀尚幼，正是厄勒克特拉對父親的愛十分深沉，才使得她把弟弟送走，並策劃了後來的一系列復仇。所以厄勒克特拉情結被用來指代兒女對父親的深愛，甚至為此可以殺死自己的母親。

　　不過筆者有個小小的疑惑，在《俄瑞斯忒斯》這個故事裡，為什麼兩名子女的「伊底帕斯情結」通通消失了呢？

　　為了方便，我們下面把「伊底帕斯情結」和「厄勒克特拉」情結統稱為戀父／母情結，佛洛伊德認為，殺父娶母是每一個男孩隱藏起來的夢想；弒母嫁父是每一個女孩的終極情結。對一個初次接觸精神分析學派的人來說，這樣的理論無疑具有十足的精神衝擊力：我真的有過這麼「禽獸不如」的惡劣想法嗎？對父母有過孺慕是人之常情，但是我真的想要娶／嫁他們嗎？真的想要殺死自己的父親或者母親嗎？天哪，這太瘋狂了！作為正常人，只要在腦子裡想像一下那個場景就覺得完全不能忍啊！我們不禁要問，怎麼會有佛洛伊德這樣變態的心理學家呢？可能已經有很多正義的讀者拔出了刀。

　　好吧，讓我們先把手裡的刀放下，看看佛洛伊德是怎麼解釋這個問題。在精神分析學派的佛洛伊德看來，它們的形成原因其實是一樣的，就是在兒童性心理發展的「性器期」，也就是大概三到六歲時，他們的性要求是透過異性家長來滿足。比如說男孩明明過了吃奶的年齡，而且已經斷奶，還非要咬著母親的乳頭才肯睡覺；女孩在過家家的時候要父親扮演毛絨玩具的爸爸，自己扮演媽媽，等等。因為在這一過程中和父／母的接觸和愛慕，和對離開父／母的恐懼心理，他們產生了對同性家長的嫉妒乃至仇恨心理。當然，絕大部分孩子都不會做出伊底帕斯或者厄勒克特拉那樣的弒親之舉，但是這種情結將是每一個人潛藏在心底最深處的祕密，只有極少部分人會在極特殊的

情況下表現出來。

很多女生會比較喜歡一個歲數比自己大、比較成熟穩重的男性做自己的伴侶；很多男生會比較喜歡比自己歲數大、會在生活上照顧自己起居的女性做自己的伴侶。雖然在我們看來，這些情況並不能概括所有人的性選擇傾向，但是在佛洛伊德看來，以上兩種行為就是戀父／母情結的典型體現，可能距離殺父娶母／弒母嫁父也就一線之隔了。

這樣看來，戀父／母情結實際上是佛洛伊德提出的一種假說，是他基於自己「原慾」推動人格演化理論的一部分。我們前面說到過，佛洛伊德和精神分析學派的思想很多都來自於自己的假設，無論是意識和潛意識、「原慾」還是他對夢的解析，實際上都是他在臨床治療中自己總結的理論，並沒有經過正規的心理學實驗驗證，也沒有人體生理學和解剖學上的解釋，所以一直以來爭議非常大，最後就連他最看中的兩個學生榮格和阿德勒都先後開始反對他的理論，並且開創了「新精神分析學派」。戀父／母情結正是新精神分析學派最為反對的佛洛伊德理論之一。

在新精神分析學派看來，在成長過程中男孩對母親、女孩對父親的依戀是自然而然形成的，既有人類作為動物的生物性本能，也有在父母陪伴和幫助其長大過程中獲得的感恩之情。不過和佛洛伊德的說法不同，新精神分析學派認為女孩對母親、男孩對父親，並沒有因為嫉妒帶來的仇恨心，他們之間的關係和孩子對異性家長之間的孺慕之情並沒有什麼不同。事實上，新精神分析學派既不承認性慾是人性格形成的主要驅動力，也不承認佛洛伊德的兒童性心理發育週期。

不過無論哪種精神分析學派的觀點，都承認父母對兒童幼年時期陪伴的重要性。父母的陪伴是教育兒童最好的方式。孩子成長過程中的很多非智力

第四章 天翻地覆 — 佛洛伊德和他的精神分析帝國

因素方面，是需要透過家長的言傳身教來完成的，比如：情感培養、性格塑造、習慣養成，以及責任、自信的養成等。童年時期與父母接觸中留下的心理陰影，也確實會讓一些兒童對父母產生某種強烈的愛戀，或者嫉妒與仇恨心理。筆者就曾經看到過一篇報導，說某人小時候成績不好，經常被父親毆打，長到青春期時就因為瑣事把父親謀殺了。不過這種案例不但少，而且細究起來，恐怕跟佛洛伊德所說毫無關係 —— 可能這些非典型性的案例，就是佛洛伊德那變態到嚇人的戀父／母情結最初的靈感來源。

所以說儘管伊底帕斯情結和厄勒克特拉情結，並不是心理學界普遍認可的理論，但為人父母者仍然可以從中受到啟迪，怎樣和幼年的子女交往，是一門大學問啊！

照理說講到這裡就該結束了，但是我還想再說一段八卦。話說佛洛伊德有六個子女，其中唯一走上精神分析學道路的，卻是他最不看重的小女兒安娜·佛洛伊德。他們父女之間的愛恨糾葛長達近半個世紀之久，其中的過往可謂一言難盡。

據說在安娜出生以前，佛洛伊德曾希望她是個男孩。所以安娜自幼缺少父愛，她自己曾在與朋友的信函中稱，當時如果有避孕藥，她是不會來到這個世界的。可是這反而更讓她加深了對父親的崇拜和依戀，在她非常小的時候就開始對精神分析這門新興學科產生了濃厚的興趣，十四歲時終於獲得了父親的首肯，參與維也納精神分析學會的討論活動。不知道確實是因為她真的熱愛精神分析，還是因為對父親的那種深深的依戀，高中一畢業，安娜便義無反顧地展開了對精神分析的熱切追求，成了佛洛伊德身邊的助手。陪他參加演講會，做各種記錄等，慢慢走進了精神分析學科的圈子裡。

佛洛伊德和小女兒安娜在一起

　　二十三歲那年，安娜患上了「白日夢」，整天被噩夢糾纏，睡覺也睡不好，生活也沒精神。用現在的話說，可能是患上了「憂鬱症」。作為臨床心理醫師的佛洛伊德便開始用精神分析的方法為女兒治療，這一治就是四年。父女二人朝夕相處，安娜也得以系統學習精神分析學派的知識，並向父親請教各種問題，終於成長為一位傑出的心理學家。

　　一九二四年，安娜·佛洛伊德在精神分析學會發表了自己的第一份研究報告：《擊敗幻想和白日夢》，這是一份針對「白日夢」患者的個案研究，而實際上研究的對象正是她本人。後來她在學術上愈發精進，一九三六年她發表了著名的《自我與防禦機制》（*Ego and the Mechanisms of Defense*）一書，擴展和深化了防禦機制的概念與功能，為自我心理學的發展奠定了基礎，開創了

兒童精神分析學領域，她一度還曾擔任精神分析學會主席。

　　佛洛伊德晚年患上了口腔癌，陪在他身邊照顧起居和擔任看護工作的，只剩下小女兒安娜，直到父親去世她都是其助手、祕書和代理人。特別是第二次世界大戰期間，納粹黨開始屠殺猶太人，為了保護重病的父親，安娜一度被蓋世太保逮捕，費盡千辛萬苦才逃出虎口。

　　安娜對父親的忠誠不但體現在生活上，也體現在學術上。佛洛伊德的晚年，他的學生們大多數都叛離了傳統的精神分析學派，自立門戶，只有安娜全盤繼承和發揚了父親的思想，讓「佛洛伊德學派」得以發展下去。《普通心理學評論》（二○○二年第六卷第二期）刊登了一項最新的調查研究結果，其內容是對二十世紀的心理學家的知名度進行評比，列出了最具知名度的一百位心理學家，安娜·佛洛伊德也和父親一起名列其中，成為心理學史上的一段傳奇。

　　佛洛伊德曾經說過一句意味深長的話：「女孩子最初表露的感情，就是對父親的愛慕。」不知道他是不是在觀察安娜的戀父行為後有感而發。

　　想想也挺有趣的，如果把佛洛伊德的學生們看作是他精神上的「兒子」，那麼他們對佛洛伊德思想的「背叛」也就微妙地符合了他提出的「伊底帕斯情結」；而另一方面，安娜對佛洛伊德的無條件依戀，則是對「厄勒克特拉情結」最好的詮釋。當然這些後來的故事顯然是佛洛伊德提出理論的時候所無法預料的，作為孤證也無法證明佛洛伊德理論的正確，只能說冥冥之中自有天意吧！

第三節　弒父之子

題記：一個人窮其一生的努力，就是在整合他自童年時代起就已形成的性格。

—— 榮格

我一直覺得，心理學家們大多數都自帶三分江湖氣，佛洛伊德和他弟子們的故事就很像是一部武俠小說裡的情節：一個脾氣很大又很固執的師父，和幾個本領高強又有自己想法的徒弟們聚在一起，最後因為武學理念爆發了激烈的爭吵，最終不歡而散。

事實上，師徒絕交時能夠分道揚鑣、不發惡言的情況只是極少數。筆者曾經戲仿郭德綱在《德雲社家譜》中的春秋筆法，替佛洛伊德老師寫過一段：「今有榮格、阿德勒兩人，欺天滅祖悖逆人倫，逢難變節賣師求榮，惡言構陷意狠心毒，似此寡廉鮮恥令人髮指，為儆效尤，奪回藝名逐出師門 —— 佛洛伊德。」

不過拋開與佛洛伊德的恩怨不談，榮格也算得上心理學史上屈指可數的大師級人物之一，而且他的一生也充滿傳奇。

榮格全名叫卡爾·古斯塔夫·榮格（Carl Gustav Jung），一八七五年出生在瑞士。據榮格的自傳記載，他的家是一個奇怪的宗教家庭，父親和叔叔們全都是虔誠的天主教神職人員，母親的性格則有點神神叨叨，父母兩個人經常吵架，所以榮格的童年幾乎是在陰霾中度過的。在回憶這段經歷的時候，榮格不無感傷地說，陪伴自己一生的憂鬱、敏感和自卑性格，就是在自己童年時候養成的。

比較恐怖的是，成年以後的榮格在回望自己幼年的經歷時，發現其實自

第四章　天翻地覆 — 佛洛伊德和他的精神分析帝國

己有兩個人格：一個是在和家人接觸時的正常小孩，每天按時上學放學、寫作業、幫助做家務，完全沒有任何異樣；另一個卻是一個藏在自己內心深處的，敏感、多疑的「小大人」，恐懼和人相處，只願意自己生活在一個小小角落裡。

據說榮格在十二歲時罹患了某種精神疾病，有一次昏迷了過去，別人怎麼叫都叫不醒，最後竟然是他的「另一個人格」把自己喚醒的 —— 這麼看來，人格分裂還是有點好處的，不過那種知道自己在昏迷但是醒不過來的體驗，只要讓人想一下就覺得實在是太可怕了。

榮格的人格分裂傾向伴隨了他整個青少年時期，直到成年以後，第二人格才慢慢消失。不過第二人格觀察到的童年景象，仍然會時常以某種扭曲的形式出現在他的夢中。

很可能是因為對父親的厭憎和母親的影響，出身於基督教家庭的榮格後來成了一名不折不扣的「異教徒」，一個神祕學的愛好者。他深入研究過古印度的佛教、印度教和發源於中國的道教，甚至還親自修行過佛教禪宗、試驗過煉丹術、分析過各個民族的遠古神話。後來他又不遠萬里深入到非洲原始人族群和北美的印第安人群落中，研究他們的生活與原始信仰，掌握了關於很多心理學問題的第一手資料。

因為他的這層神祕學背景，所以我們會看到，在榮格的心理學思想中其實存在著許多來自遙遠東方的智慧結晶，比如「集體潛意識」遺傳自先祖的想法，就很難不讓人想起古老中國的先祖崇拜。

對了，其實榮格和佛洛伊德相識的時候是一九〇七年，那時他已經快四十歲，做了很長時間的精神醫師了，並不是我們想像中的少年拜師。不過榮格在後來回憶時仍然承認，和佛洛伊德合作和相處的六年，是他一生當中

最重要的時光。

　　榮格後來自創的「分析心理學」（又稱榮格心理學、原型心理學）中也帶有許多精神分析理論的影子，和佛洛伊德一樣，榮格的研究也非常關注個體幼年時期的心理情況。他認為其實每一個人的性格在他童年時期就已經形成了，所謂成長過程只是對性格的「整合」過程。我想，他的這一觀點大概也跟自己的童年經歷大有關聯吧。

　　榮格對心理學的重大貢獻之一，當然就是我們曾經提過一次的「集體潛意識」了，這也是他與佛洛伊德產生分歧的開始。那麼到底什麼是「集體潛意識」呢？

　　榮格認為，人的「潛意識狀態」有兩種類型，一種當然就是屬於每個人的個體潛意識世界，另一種卻是某一群體或者全人類一起共享的潛意識世界。和個體潛意識來自於每一個人的成長經歷不同，集體潛意識主要來源於我們的祖先在基因遺傳中遺留下來的某些共同本能，以及那些代代相傳的、某些帶有普遍性的思考方式。

　　舉個例子：在中國，「重男輕女」在很長的歷史時期裡都是一種典型的「集體潛意識」。距今兩千多年的《詩經》中就說：「乃生男子，載寢之床，載衣之裳，載弄之璋。乃生女子，載寢之地，載衣之裼，載弄之瓦。」生了男孩子，既讓他在床上睡覺，做漂亮衣服，給他好看的玉石玩；而生了女孩子，就讓她在地上睡覺，簡單做個被子包起來，讓她玩難看的瓦片。可見至少在春秋時代就已經有了重男輕女的思想，此後一直延續，影響著一代又一代的中國人，形成了強大的思維慣性。甚至到今天在許多地區，很多人仍有著「男孩才能傳後人，女孩是賠錢貨」的想法。不過隨著時間的推移，這種集體潛意識大概會逐漸消失吧。

第四章　天翻地覆 — 佛洛伊德和他的精神分析帝國

「集體潛意識」所影響的對象，大到一個民族、一個國家，小到一個家庭、一間學生宿舍。比如說一個宿舍住的學生大多數酷愛玩電子遊戲，不是很愛玩的那些學生被他人的情緒感染也可能會迷上遊戲；反之，如果在一個大多數學生都熱愛讀書、勤於讀書的宿舍裡，不是很想讀書的人也會被感染情緒去讀書了。

就像佛洛伊德曾經用「冰山理論」來說明潛意識、前意識和意識的關係一樣，榮格對集體潛意識也提出了一個很精到的比喻：「高出水面的一些小島，代表一些人的個體意識的覺醒部分；由於潮汐運動才露出來的水面下的陸地部分，代表個體的個人潛意識，而所有的島最終賴以為基地的海床就是集體潛意識。」

之所以分析心理學又被稱作「原型心理學」，原因在於榮格對心理學另一個最重要的貢獻是對「原型」的論述，而榮格認為「原型」也是集體潛意識的內容。那麼，「原型」到底是什麼呢？這個問題說起來可有點複雜，甚至榮格自己有時候都講得有點抽象。我們還是打個比方吧：如果把人的記憶比作一張清晰的照片，原型就是看上去有一些斑駁雜亂甚至看不清楚的膠卷底片。榮格說：人在一生中是無法意識到原型存在的，但是它們會自始至終在背地裡影響人的行動，因為它是先祖遺傳給我們有助於人類生存和延續的智慧結晶。

不妨以榮格發現的一個原型「人格面具」來簡單說一下什麼叫原型吧：我們每一個人在人類群體中都會扮演一個自己獨有的角色，而這種角色往往和我們真正的個性是不一樣的，我們內心深處知道自己不完全是別人認為的自己，但是還是要努力扮演自己的角色 —— 就像古希臘戲劇中的演員要戴上「面具」一樣。

　　榮格還認為，世界上有四種最重要的原型，它們分別是：人格面具（Persona）、阿尼瑪（Anima，男人潛意識中的女人性格和形象）、阿尼瑪斯（Animus，女人潛意識中的男人性格和形象）以及陰影（Shadow，人在潛意識中與「自我」相反的性格和形象）。

　　就和佛洛伊德喜歡分析別人的夢境一樣，榮格也有一套自己獨特的分析方法，他將之稱為「詞語聯想法」。首先他會給被試人員一份寫有一百個詞的紙。然後讓被試人員聽到刺激詞之後，盡可能快地做出由此刺激詞所聯想到的反應，也就是一個或幾個聯想反應詞。當確信被試者懂得這詞語聯想的意思之後，就可以開始正式的測驗。用一隻秒錶就可以記錄下被試者對每一個刺激詞反應所需要的時間。不過榮格和馮特、高爾頓等心理學前輩不同，他使用詞語聯想法的目的並不是研究被試者的反應能力，而是更關注於他們在反應回答時的錯誤或口誤，以及被試者應對刺激詞時的面部表情、動作等線索。因為按照精神分析心理學中的「潛意識」理論，這些細節更能反映出被試者的內心世界。

　　榮格說：「當專門用來研究心理聯想的實驗失敗的時候，當被試者回答出錯的時候，你卻能學到別的東西。你問一個連孩子都能回答的普通單字，而一個智力正常的成年人卻不能回答。這是為什麼呢？因為那個單字擊中了我稱之為情結的東西，這情結是一種經常隱匿的，以特定的情調或痛苦的情調為特徵的心理內容的集合物。這個單字有如一枚砲彈，能夠穿透厚厚的人格偽裝層而打進暗層之中。例如，當你說『購買』、『錢』這類單字的時候，那些具有金錢情結（money complex）的人就會被擊中。」

　　榮格在其講演中，用對一個三十五歲男子的測試過程，具體地描述了他對該被試者詞語聯想結果的分析：

第四章　天翻地覆 ─ 佛洛伊德和他的精神分析帝國

　　開始的單字是「刀」，它引起四個干擾反應。接下來的干擾是「矛」（或槍），其後是「打」，再後是「尖銳的」，最後是「瓶子」。這只是連續五十個刺激詞中的少許幾個，但足夠我用來使被試者把事情和盤托出。我說：「我不知道你曾有過如此不愉快的經歷。」他盯著我說：「我不懂你在談些什麼。」我說：「你明白。你曾因為喝醉酒，有過一椿用刀傷人的不愉快糾葛。」他說：「你是怎麼知道的？」隨後便講述了整個事情的經過。他出身於受人尊敬的單純而正派的家庭，有一次因為喝醉酒與人發生爭執，用刀刺傷了對方，結果被判刑一年。這是一件他不想提起的重大祕密，因為這會給他的生活罩上陰影。但是，這個情結就在其詞語聯想的測驗中表現了出來。（Barbara Hannah《榮格的生活與工作》）

　　「情結」這個詞我們耳熟能詳，通常被人用來指代自己內心深處最在意的一件事，有人說自己有「大學情結」，有人說自己有「初戀情結」，也有人說自己有「文學情結」，不過許多人不知道這是榮格首先提出的心理學術語。像前面例子中那位被試者那樣，每一個人在自己的潛意識當中，存在著聚合在一起的一群又一群的「潛意識叢」，它們可能跟這個人早年的某種行為有關，也可能是經年日久形成的思維慣性，總之它們在某種特定條件下被刺激時，就會引起這個人強烈的情緒反應。榮格認為，人的整個「潛意識」世界，就是由各式各樣的「情結」填充而成的。

　　這麼看來，大眾口中的「情結」和心理學術語中「情結」有相關聯的地方，但並不完全相同。

　　榮格不僅僅是一個理論家，更是一名出色的精神醫師。他的分析心理學理論雖然嚴格來說，仍然沒有得到過實驗的驗證，但在臨床上用起來確實有效果。經他救治的心理疾病患者數不勝數，其中甚至包括了兩位諾貝爾獎獲

得者。

第一位是以個性怪異、桀驁不馴著稱的奧地利天才物理學家沃夫岡·包立（Wolfgang Ernst Pauli），提出了著名的包立不相容原理，為科學家了解原子內部的結構奠定了基礎。包立看不上幾乎任何一個同時代的物理學家，他那句「愛因斯坦也不是那麼愚蠢」就已經是對他人的最高褒獎了。就是這麼一個人物，在三十歲時因為精神官能症發作找到了榮格為自己治療。他們在一起進行了長達兩年的精神分析治療，在包立感覺自己已經被治癒後，兩人還保持了數十年的書信聯繫，一起分析了大約一千個包立的夢。

第二位是德國著名詩人、文學家赫曼·黑塞（Hermann Hesse），同時也是一位重度憂鬱症、精神官能症患者。榮格出色的心理分析工作讓黑塞重新體驗到了生活的樂趣和意義，並且玄妙的心理學治療還讓他有了新的創作靈感。

可能正是由於榮格的人脈廣闊吧，他的分析心理學很容易就打進了主流心理學界的「市場」。一九三三年起，他被選為國際心理治療學會的會長，精神分析心理學也成為行為主義心理學之外的另一大心理學門派，並與後者展開了曠日持久的劍氣之爭。

縱觀榮格的一生，正如他本人所說，其主要思想內核在童年時期就開始孕育了，他成長的過程也是一個「榮格心理學」不斷演化，最終成為參天大樹的歷程。榮格為我們後來者留下了數不盡的精神財富，本文中所列舉的只是其中很少的一部分。不過令人萬萬想不到的是，他的諸多理論成果中今天流傳最廣、受眾最多的，居然是他研究占星術的一個副產品：星座心理學。

第四節 飛蛾撲火

題記：一個人要想真正地成長，必須在洞悉自己，並坦然接受的同時又有所追求。

—— 卡倫‧荷妮

整體來說，心理學家的圈子是一個男性占據主流的世界，不但各大流派的創始人和主要代表人物大都是男性，而且那些做出最重大貢獻的心理學家也主要都是男性；更有甚者，這個圈子裡不少人都是出名的「直男癌」。比如公開表示不招收女性心理學家的結構主義心理學創始人鐵欽納，又比如曾經說出「男女之間必然不可能存在平等，兩害相權，還是男人優越些好」的佛洛伊德。但是誰能想到呢，在佛洛伊德的再傳弟子中，竟然出了一位被一些人稱為「歷史上最偉大的心理學家」的女性精神分析學家 —— 她就是卡倫‧荷妮（Karen Horney）。

說她是有史以來最偉大的心理學家，或許會有一點誇張，不過如果稱之為最偉大的女性心理學家和偉大的女權主義者大概沒什麼疑問。作為新精神分析學派的代表人物，荷妮把佛洛伊德的「原慾學說」升級換代到了「社會文化決定論」。她認為一個人的精神官能症很可能是社會環境引發的焦慮，這就讓精神分析學派也「社會化」了。

荷妮的一生無論是事業還是感情都充滿坎坷，但也極具傳奇色彩。在她中年時遇到了新精神分析學派的另一位代表人物、比她小十五歲的艾瑞克‧弗羅姆（Erich Fromm），兩人一度墜入愛河，但最終卻因為彼此學術和生活上的不和而關係破裂，最終形同陌路。可以說，他們這對情侶是佛洛伊德的精神分析理論在現代的繼承者，也是其改造者。今天的精神分析心理學能

夠繼續在心理學學術派別中具有一席之地，多賴他們之力。

　　一八八五年，荷妮出生在德國漢堡一個猶太人家庭裡。她的父親比母親大了足足十九歲，是一個嗓門大、脾氣大、獨裁而陰沉的傳統男人，虔誠的教徒；而她的母親是父親的第二任妻子，性格潑辣外向，有時也敢於向父親的權威挑戰。

　　荷妮從小就對父親殊無好感，因為她長相普通，也沒有同齡女孩那樣乖巧，反而總是表現出不合時宜的倔強，這就讓父親一直看不上她。在回憶錄中，荷妮寫道：「母親是我們最大的愉悅，當父親不在的時候，我們有說不出來的快樂。」

　　很可能是患得患失心理在作怪，她越是熱愛自己的母親，越覺得她母親看上去似乎更疼愛她的哥哥，於是這個可憐的女孩無師自通地學會了自尊自愛。多年以後荷妮在回憶錄中談起自己的童年時，說：「九歲那年我突然意識到，如果我不能漂亮，我將使我聰明。」十二歲時，荷妮告訴自己，我要成為一名醫生。

　　要實現自己的夢想，首先要考高中、考大學。但是這個時候荷妮發現自己面臨一個十分嚴重的問題：父親不同意她繼續學習下去。不管她的父親是出於對女性的歧視還是出於對荷妮個人的偏見，總之反抗的時候到來了。不過荷妮沒想到，自己能夠爭取到一個重量級的支持者 —— 她的母親。在父母之間一場爭吵之後，兩人決定離婚，母親獨自撫養和支持女兒繼續讀書。年輕的荷妮這才第一次真真切切感受到了人間有大愛，也第一次堅定了女權主義的信念。

　　從高中到大學，荷妮變化最大的是她的愛情觀。她成長在一個嚴格的宗教家庭裡，從小到大受的教育都告訴他，婚前性行為是邪惡的。一次偶然的

機會，她從朋友那裡窺見了另一種自由的性價值觀。她開始嘗試著像朋友那樣去尋找一個能讓她託付終身的男人，結果卻備嘗艱辛。

　　二十一歲那年，荷妮考入了佛萊堡大學學習醫學，後來轉到了哥廷根大學。就是在這裡她遇到了一個和她糾葛半生的男人 —— 奧斯卡·霍尼，一個溫文爾雅、道貌岸然的有婦之夫。其實在此之前荷妮已經有過三任男友，但每一次的感情都很難讓荷妮滿意。這次似乎不太一樣，奧斯卡是荷妮所傾慕的那種「精神導師」型男人，於是在兩人交往一年後，奧斯卡和荷妮結婚，隨後他們生下了三個女兒。二十四歲的荷妮一下子成了人妻、人母，但這卻是她人生中一場悲劇的開始。

　　公平地說，荷妮不是一個好妻子，她在婚後不久就有了新的情人，整個婚姻期間她不斷和奧斯卡爭吵，並且隔一段時間就出軌一次，甚至她自己都稱自己「浪蕩成性」。荷妮也不是一個傳統意義上的好母親，儘管她在生下第一個女兒布吉塔後寫道：「我現在覺得女人最有價值的部分就是為人母。」但是她也是一個「狠心」的母親，她在三個女兒十分幼小的時候，就把她們交給了另一位女性精神分析師梅蘭妮·克萊因（Melanie Klein）做精神分析，要知道兒童的精神分析在當時還沒有臨床化呢，一切都只能摸索，而繁瑣的精神分析讓她們的成長過程變得荊棘叢生。

　　荷妮婚後不久就患上了憂鬱症，於是她開始接受佛洛伊德大師的弟子卡爾·亞伯拉罕（Karl Abraham）的精神分析治療。這位亞伯拉罕是佛洛伊德弟子中一位少見的忠誠者，他全盤接受了老師的「原慾」理論，並且將之運用到了臨床實踐當中。

　　按照亞伯拉罕的分析，荷妮理想中的愛情是一種「飛蛾撲火」式的愛情，她夢想中的男性可謂是理想的化身，既要身體高大強壯，又要思想深邃；既

要以激烈的、強硬的，甚至粗暴的方式來喚醒她的身體；又要用高尚的品德、先進的思想帶領她去追求更高的精神境界 ── 通俗來說，荷妮幻想中的是一個道德高尚、又對她粗暴惡劣的「霸道總裁」，現實世界裡是找不到的。

　　後來荷妮在自己的名著《我們內心的衝突》（*Our Inner Conflicts*）一書中總結道：「女性願望的矛盾性：性伴侶應該很強壯，而同時又該無依無靠，這樣他就能主宰我們，同時又被我們主宰；既禁慾，又性感；他既強姦我們，又十分溫柔；既把時間完全用在我們身上，又能積極地投入創造性工作。」

　　終於解開了心結的荷妮的憂鬱症不治而癒，也是從那時開始她對精神分析產生了興趣，亞伯拉罕也就順理成章成了她的老師。俗話說「久病成醫」，荷妮很快就出道成為一位真正的精神醫師，某種程度上也算是完成了兒時的夢想。有趣的是，她精神分析的第一個目標就是自己，患者和精神醫師的雙重身分也讓她的「自我分析」理論成為經典。

　　荷妮很快就發現，正統的佛洛伊德精神分析學說裡面有太多的偏見和謬誤，尤其是站在女性立場上更是如此。比如說，佛洛伊德認為，三到七歲處在性器期的女孩會羨慕同齡的男孩，因為他們擁有一個自己沒有的性器，甚至會引發所謂的「陰莖嫉妒（penisenvy）」並導致精神官能症的出現。在一九二三年和一九二六年發表的兩篇論文中，荷妮認為女性有固定的生理構造和成長方式，應從女性的角度去理解它。精神分析學說之所以認為婦女是有缺陷的男子，是因為該學說純屬是佛洛伊德個人的偏見和一個男權統治社會的產物。

　　隨著研究的深入，荷妮也和阿德勒、榮格等精神分析學派的前輩一樣，開始懷疑佛洛伊德的性本能驅動論。原因很簡單，她收治的病例在尋根問底後，發現只有很少一部分能查出來確實是因為「性」引發的精神問題，絕大

第四章　天翻地覆 — 佛洛伊德和他的精神分析帝國

多數都是社會生活中各種瑣事導致的。於是，荷妮認為，人類精神上的衝突與社會環境的聯繫十分密切，人的精神發展是由社會文化環境決定的，而不是性本能。

荷妮十分贊同佛洛伊德關於「個人早期經歷可以影響性格」的論述，但是她認為這些影響並非單純的由性而起。比如說一個孩子在一個充滿冷漠和暴力的家庭長大，他的父母無端就會拉他毆打一頓；或者他在小學裡受到了老師的無端批評和同學的霸凌，就有可能在他長大成人之後依然在內心深處存在恐懼心理。荷妮把這種兒童在社會人際交往當中遇到的挫折和困擾叫做「基本焦慮」（Basic Anxiety），有這種情況的孩子，成長過程中就很可能形成神經質性格。

神經質性格（neurotic character），是一種對自己無信心、對他人多懷疑、對環境充滿憂慮與不安的異常性格。荷妮充滿憐憫地說：「一個孩子在一個充滿潛在敵意的世界裡，所抱有的一種孤獨和無助的感覺。」或許，她在做這一研究時也想起了自己的童年吧！

在佛洛伊德的陣營看來，荷妮的理論無異於欺師滅祖，這樣的小字輩竟敢冒犯師長，於是決裂不可避免。這期間在家庭上、事業上諸事不順，荷妮的憂鬱症再度復發，幾次想要自殺，最終她掙扎著和丈夫奧斯卡離婚。

眾叛親離的這一年，荷妮四十一歲。大概是覺得在德國生活殊無意趣，另一方面，德國納粹對猶太人的迫害日益增加，荷妮便決定拋下一切煩心事，到美國躲避一下。沒想到的是，時已中年的她竟然還能再遇到一個愛恨交織的男人，新精神分析學派的另一位代表人物弗羅姆。

一九三四年，儘管已經四十九歲，儘管相貌平平，但可能就是所謂「腹有詩書氣自華」，從不賣弄風騷的荷妮依然散發著令男人窒息的女性魅力。

來到美國之後的荷妮身邊依然不缺男性情人，而且是年輕、強壯有魅力的「小鮮肉」，她像一個女王一樣把他們玩弄於股掌之間。但是這次這個比她小十五歲的男人不同，他憑藉睿智的頭腦和對心理學的真知灼見，偷走了荷妮的心。

在精神分析心理學的歷史上，弗羅姆被稱為「情愛大師」。在他的傳世名著《愛的藝術》（*The Art of Loving*）中，弗羅姆指出，愛是一門藝術，想要愛一個人就必須學會怎樣去愛，並且要自己努力去愛。在書中他把愛劃分成了幾類要素，比如關心、責任心、尊重和了解，等等。另外，弗羅姆還批判了現代資本主義社會的種種醜惡現象，呼籲人們用心中大愛建立一個理想社會，他一生致力於彌補佛洛伊德精神分析學說的漏洞，堪稱一代大師。

對於荷妮來說，弗羅姆又喚起了很久之前那個關於「精神導師」和「霸道總裁」的粉紅少女之夢。正是他建議荷妮放棄研究女性心理學而去研究精神官能症，於是才有了關於「基本焦慮」的深刻闡發，也是他啟發了荷妮對社會文化決定精神衝突理論的研究，甚至這對情侶還有一個共同的學生 —— 人本主義心理學的創立者亞伯拉罕·馬斯洛（Abraham Harold Maslow）。

不過這段看上去像童話一樣的愛情故事，最終也以悲劇收場了。畢竟在他們交往的時候，弗羅姆還有一個身分，另一位女性精神分析師弗羅姆·瑞茲曼（Frieda Fromm Reichmann）的丈夫，並且他還和一位女性芭蕾舞演員保持著密切關係，同時荷妮儘管心理上對弗羅姆十分眷戀，但是肉體上也還是克制不住慾望，仍有其他的裙下之臣。

雖然兩人當時都已年過中年，卻像青春期剛剛經歷初戀的孩子們那樣，不斷挑釁對方的底線，甚至以折磨對方的精神為樂。終於，這對情侶脆弱的感情在一九四一年徹底分手，並且絕交得十分徹底 —— 荷妮甚至被趕出了她

第四章　天翻地覆 — 佛洛伊德和他的精神分析帝國

曾經奮鬥數年的紐約精神分析研究所，而不得不自立門戶。

在周星馳的電影《大話西遊》中，紫霞仙子對至尊寶說：「飛蛾明明知道前面是火堆，明知道撲上去就會受傷，卻還義無反顧地撲進去。」她笑一下，接著說：「飛蛾就是這麼傻！」縱觀荷妮的一次次感情經歷，就像一次次的飛蛾撲火，明知道會被傷害得那麼徹底，卻還是心甘情願地被人傷害。

在和弗羅姆分手後的第二年，荷妮也認真檢討了自己人生路上的那些人和那些事，寫出了一部精神分析心理學方面的傳世名著《自我分析》（*Self-analysis*）。如果你想知道應該如何用精神分析的方法來了解自己的內心，可以讀一下這本書。

此後在《我們的內心衝突》、《精神官能症與人的成長》（*Neurosis and Human Growth*）等書中，荷妮還否定了佛洛伊德的「本我、自我、超我」人格三層次理論，代之以三種「自我」，即現實的自我，「真正的」自我，以及理想化的自我。所謂「理想化自我」，是指一個人在想像中對自我進行塗脂抹粉後產生的美好個人想像。荷妮認為，這種想像是為了對抗和緩解自己童年產生的「基本焦慮」。但是如果因此沉浸在這種「理想化的自我」中出不來，就會在現實社會中處處碰壁。

如果單從家庭、婚姻和愛情的角度來說，荷妮的一生無疑是不幸的。她一生中真正愛過的那些男人，最後都背叛了她；她的女兒們也不喜歡這個很少見面的母親。但是從心理學史的角度說，荷妮的一生又無比成功，如果沒有她，就沒有現代化的精神分析心理學，她的名字必將作為偉大的女性主義者被後人永遠銘記。

第五節　華山論劍

題記：爭論是思想最好的觸媒。

—— 巴夫洛夫

　　前面在講到行為主義心理學創始人華生的時候，我們講了一個故事，說他曾經做過一次著名的「缺德」實驗，叫「阿爾伯特恐懼實驗」。他採用行為主義的實驗方式讓一個嬰兒對毛茸茸的東西產生了恐懼，但並沒有對他採取治療，讓這種恐懼一直保留在了孩子的心裡，最終造成了他的早夭。

　　不過我們這裡要說的並不是這個，而是華生在這個實驗成功後做的另一件缺德事。據說華生當時得意揚揚地大開嘲諷說：「將來這個孩子如果去找佛洛伊德（精神分析心理學的創始人）他們去治療，經過對他的夢進行繁瑣而晦澀的解析之後，他們一定會得出一個結論：這個孩子在三歲的時候曾經想要玩他母親的陰毛，這個要求沒有得到滿足，於是他的一生都被童年的陰影所纏繞……」

　　華生的這頓嘲諷並非無的放矢，他的看法也代表了相當大一部分行為主義學派的心理學家對精神分析心理學、特別是對佛洛伊德「泛性論」的看法：一是認為分析過程是非科學，甚至反科學的；二是認為他關於心理問題的分析結論過於荒謬，無論什麼樣的問題都要扯到「童年時的性慾得不到滿足」上面。

　　行為主義心理學家對精神分析學說的鄙視由來已久，而精神分析學派對行為主義學說也頗為感冒。在一九二〇年代之前兩者可謂井水不犯河水，一個主要在美國流行，信奉的人多數都是大學書齋裡的心理學家；另一個主要在歐洲大陸流行，信奉的主要是精神科的醫師們。不過隨著精神分析學派被

第四章　天翻地覆 ── 佛洛伊德和他的精神分析帝國

榮格、阿德勒等人逐漸剝去神祕文化和性慾驅動的外衣，一個包含有「潛意識理論」、「集體潛意識」、「社會意識」等有意義、有價值的新興心理學學派逐漸形成，並且很快成為心理學理論研究中僅次於行為主義心理學的第二大勢力。

在二十世紀上半葉，心理學主要是行為主義和精神分析兩大流派的爭鬥，也算是接續上了功能主義心理學和結構主義心理學之爭的「內鬥傳統」。

大概在行為主義學派看來，精神分析學說既沒有實驗驗證，也沒有定量分析，更沒有生理基礎，最重要的是完全無法證偽，純粹是一種「偽科學」、「非科學」。精神分析學派的心理學家都是滿口囈語的神棍。

而在精神分析學派看來，行為主義學派則是愚不可及的刻舟求劍者，他們的學說只有在大學課堂上或者在實驗室裡，面對小貓、小狗、小老鼠才有用，對人類這樣複雜的意識體，完全沒有辦法理解。不服氣？你來治療一個精神病患者試試。當然，行為主義心理學並非不能應用於實踐，實際上現在行為矯正技術的應用也已經很廣泛了。

在筆者看來，這兩種心理學派的爭論，從根本上說是機械唯物論者和唯心論者的爭論，也是一元論者和二元論者之間的爭論。行為主義學派的哲學基礎是「身心合一」，也就是說，他們認為人的意識本質上是身體的一部分，意識永遠也無法脫離人的行為而存在；而精神分析學派的哲學基礎是「靈肉分離」，也就是說，他們認為人的意識本質上是與身體平行的另一團東西，可以拿出來單獨研究。

在金庸小說《笑傲江湖》當中，華山派有過一場著名的爭論：對一名劍客來說，到底是劍術招法更重要，還是氣功內力更重要？因為對這兩者的側重不同，華山弟子分成了兩派，一派認為，所謂「劍客」當然要以劍法為重，

他們被稱作「劍宗」；另一派認為，雖然我們是劍客，但是我們華山劍客區別於其他劍客的地方在哪裡呢？在於我們的內力深厚，以氣御劍。這些人當然就被稱作「氣宗」。他們之間的爭鬥不再是和和氣氣地坐而論道，而是你死我活的血肉拚殺，最後劍宗落敗，除了極少數人外全被氣宗殺死。

在筆者看來，行為主義與精神分析學派的爭論，多少就有點像華山派的氣劍之爭，行為主義心理學和劍宗有點相似，比較強調外在的因素和可以看得見、摸得到的東西，喜歡把理論當成「工具」而對形而上的內容抱有敵意；精神分析心理學呢，有點像氣宗，在做事之前就要想好深刻內涵，更喜歡用哲學上的話題來淹沒對手。

那麼為什麼不能既研究人的內心又研究人的行為，兩種學派取長補短不是很好嗎？華山派天真的小師妹岳靈珊也問過一個類似的問題：為什麼不能既擅長內功又精於劍招呢？兩者並重不是很好嗎？

華山派掌門岳不群是這麼回答的：「單是這句話，便已近魔道。兩者都為主，那便是說兩者都不是主。所謂『綱舉目張』，甚麼是綱，甚麼是目，務須分得清清楚楚……我在少年之時，本門氣劍兩宗之爭勝敗未決。你這句話如果在當時公然說了出來，氣宗固然要殺你，劍宗也要殺你。你說氣功與劍術兩者並重，不分軒輊，氣宗自然認為你抬高了劍宗的身分，劍宗則說你混淆綱目，一般的大逆不道。」

行為主義學派和精神分析學派之間的分歧也差不多，試圖用折衷的辦法來調和矛盾是行不通的。或者我們這裡還有一個更加貼切的比喻，它們兩者就像中西醫的爭論，行為主義有點像西醫，只關心實實在在能觀察到能認識到的東西，不管是實驗還是治療都必須按照一定的規範來做，屬於可證偽的科學。心理學家的天才在其中沒有太多的發揮餘地，優點是運用起來比較簡

第四章　天翻地覆 — 佛洛伊德和他的精神分析帝國

單統一，對運用者素養要求也較低，有點「頭痛醫頭，腳痛醫腳」的感覺；缺點是很多人認為，行為主義的心理矯治是治標不治本。

精神分析則有點像中醫，有許多理論無法證明，全靠醫生的經驗積累，甚至有些接近玄學，但如果是一位經驗豐富的精神分析醫師，就有可能從根本上解決許多疑難雜症（當然，即使是最好的精神分析醫師也無法保證可以治好）。缺點就是對醫師的要求十分苛刻，只有經過充分的精神分析專業訓練的人才有可能做好。更可怕的是它的理論往往語焉不詳，治療方式並不一定會奏效，還很可能會被騙子利用。

筆者曾經在節目中看到一個有趣的案例：有一個年輕的媽媽帶著自己五歲的兒子咚咚，來節目求助於心理諮商師李老師。這個孩子有什麼毛病呢？他喜歡虐貓，包括用棍子毒打、把鹽放到貓的眼睛裡、用水龍頭沖牠的肚子……而且不止是虐貓，小狗、小兔子、小倉鼠，凡是他看到的小動物都會虐待一番。

節目中李老師詳細的分析過程我們就不多講了，總之他發現這個孩子性格之所以會變得這麼暴戾，有兩個原因：一方面在詳細挖掘了這個孩子三歲之前的成長經歷後，李老師發現在他一歲半時因為調皮搗蛋遭受過媽媽的毒打，甚至把孩子打傷了。也是在這個時期，媽媽給孩子強行斷奶了。按照精神分析學說的理論，這個時期的孩子正處在「口腔期」，媽媽的做法給他造成了極大的心理陰影。

另一方面，在孩子成長的過程中，媽媽又完全沒有盡到「管教」的義務。自從那次打傷孩子之後，媽媽又採用了完全放任的方式，不管孩子怎麼搗蛋、怎麼做壞事，都不打不罵也不阻止。孩子也發現了媽媽的弱點，開始採用一些比較暴力的「撒嬌手段」，比如整天在地上打滾、號啕大哭等，而每次

孩子撒嬌，媽媽都會滿足孩子的要求。這樣一來每一次撒嬌孩子心理上都會得到一次「增強」，知道媽媽是不會管教自己的，於是越來越肆無忌憚。

在這個案例當中，李老師先後採用了兩種經典的心理學流派的理論，解釋小男孩咚咚的行為，既有精神分析學說分析他在一歲半之前的遭遇，也有行為主義學說分析其暴力行為是如何一步步習得。透過這個案例我們也可以看出來，在現代心理學諮商和研究當中，精神分析和行為主義兩大流派，早已得到了最廣泛的接受與運用。

在一九五〇年代「存在—人本主義」心理學出現之前，行為主義和精神分析（以及由它發展而來的心理動力學）就是心理學上的兩大主要流派。它們像一對既相互鬥爭又相互學習的好對手、好基友，發展到現在早已是「你中有我，我中有你」，現在的任何一個心理學家或者心理諮商師都不可能只知其一，甚至都很難分清彼此了。從這個角度講，它們的結局比金庸小說當中華山派的劍氣之爭又要好很多。

第四章　天翻地覆 — 佛洛伊德和他的精神分析帝國

第五章

變革年代 —— 現代心理學的兩大流派

第五章　變革年代 — 現代心理學的兩大流派

第一節　天命之子

題記：一個人能夠成為什麼，他就必須成為什麼，他必須忠於自己的本性。

—— 亞伯拉罕·馬斯洛

二十世紀前半葉的心理學舞臺，主要是行為主義心理學和精神分析心理學的「劍氣之爭」。雖然也摻雜著「格式塔心理學」等小眾類型，但影響力都不算大。就在人們以為心理學界將始終由這兩大學派統治下去的時候，一種嶄新的心理學思潮，以火山噴發一般的速度崛起，並且迅速成長為可以和前兩者分庭抗禮的心理學「第三種勢力」。它就是人本主義心理學，一個提起它就會讓人感覺如沐春風般溫暖的名字，一個終於開始將人真正當人看的心理學流派。

「人本主義」這個詞並不是心理學家創造出來的，早在文藝復興時期，歐洲就出現了一種要求「把人從神那裡解放出來」的思潮。到十九世紀後期，以德國哲學家尼采（Friedrich Wilhelm Nietzsche）為代表的「存在主義」哲學開始流行，「尊重生命，肯定人生」的態度也很快就影響到了心理學界。特別是在第二次世界大戰之後，空前的戰爭和死亡籠罩著整個西方世界，各國都在小心翼翼地舔舐著傷口。此時此刻，卡倫·荷妮和艾瑞克·弗羅姆的新精神分析學派，也在反對佛洛伊德的道路上越走越遠。特別是荷妮，已經開始意識到只用「本能」和「潛意識」來解讀人的思想是遠遠不夠的，很多的精神官能症患者發病原因也不是所謂的「童年陰影」，而是現實中的各種焦慮。人本主義心理學的誕生，只隔著最後一層窗戶紙了。而最後把這層窗戶紙一下子捅破的，就是心理學史上和約翰·華生並列兩大「革命家」的亞伯拉罕·

馬斯洛（Abraham H. Maslow），一個真正意義上的天命之子，同時也是荷妮和弗羅姆的學生。

　　說起馬斯洛這個名字，我們第一個想到的肯定是他的「需求層次理論」，公民課本都有收錄，算是心理學這個圈子裡除了佛洛伊德之外少有的「文化輸出」案例，連帶著馬斯洛也算小有名氣。不過如果你向絕大多數人問起馬斯洛到底研究的是什麼，屬於哪一心理學派，恐怕都要一問三不知。其實，「需求層次理論」只是馬斯洛構建的心理學大廈的一部分，他對心理學的貢獻也絕非這一理論所能概括。

　　馬斯洛有一個十分坎坷的童年，他是猶太人，出生在一個完全感受不到溫情的移民家庭，家裡有七個孩子，他是老大。父親酗酒無度，很少有清醒的時候；母親則既迷信又十分殘暴，打罵孩子如同家常便飯。馬斯洛從小就跟母親關係很差，長大以後的他立刻逃離了這個家庭，甚至拒絕出席母親的葬禮。這樣的家庭環境也把他塑造成了一個膽小、敏感而內向的孩子。

　　幸運的是，馬斯洛的童年裡有一樣最好的朋友相伴 —— 書籍。他在識字之後就變成了一個小書迷，無論生活中遇到多麼苦悶的事情，讀到一本好書就立刻心情就能變好。大概正是童年時如飢似渴的閱讀經歷，讓馬斯洛在擁有超過大多數同時代人的知識儲備的同時，也在心靈當中有了可以作為榜樣力量的人物。

　　馬斯洛是一個天才，天才到什麼程度呢？《馬斯洛傳》中說他的智商高達一百九十五，差不多快要是普通人的兩倍。要知道比爾蓋茲的智商也不過一百四十幾，能比馬斯洛還高的，大概得是愛因斯坦這個級別的了。但天才總是不被世界理解，因此他的求學生涯也充滿了波折。

　　馬斯洛的父母都是文盲，可能是僅僅出於對上層社會的美好想像，他們

第五章　變革年代 ─ 現代心理學的兩大流派

讓他高中畢業後去讀法律系，以便將來可以做一個能賺大錢的律師。然而馬斯洛對法律毫無興趣，僅僅學了不到一個月，就轉學去了康乃爾大學的心理學系。其實他那時候並不知道自己是不是真正喜歡心理學，他可能只是單純想逃避法學而已。在這裡他遇到了自己的第一位心理學老師 ── 我們前面曾經濃墨重彩介紹過的結構主義心理學創始人鐵欽納。然而接下來並不是喜聞樂見的「名師出高徒」故事，而是另一段心酸往事的開始。

馬斯洛很快就發現自己遇到了一個枯燥乏味而又十分執拗的老師（像是武俠小說《笑傲江湖》裡的華山派弟子令狐沖一樣）。鐵欽納以研究心理學零散元素為核心的結構主義心理學，雖然曾經一度在美國心理學界占據半壁江山，但是在一九二〇年代，行為主義心理學和精神分析心理學已經崛起的大背景下，更顯得特別無聊而瑣碎。他很快就厭倦了這種學習，自己跑回到了原來的學校繼續學法律。

翌年，馬斯洛不顧父母強烈反對，和他的高中初戀，也是他的表妹結了婚。婚後的馬斯洛開始認真思考自己的人生到底該如何度過，想來想去發現自己居然還是對心理學舊情難忘，於是他又換了一所學校上學，即著名的威斯康辛大學麥迪遜分校。在這裡他接觸到了行為主義心理學的觀點，並且和幾乎所有的年輕初學者一樣，立刻為這種看上去簡單明瞭的科學心理學思維所傾倒。他宣稱，真正的生命是從結婚和轉學威斯康辛大學時開始的，大約從他師從行為主義心理學家 G. 赫爾開始，馬斯洛才算是真正迷上了心理學。

隨著馬斯洛對另外幾種心理學流派如精神分析心理學、格式塔心理學等的了解愈加深入，他對行為主義心理學的興趣也日漸消退了。天才的世界總是我們凡人很難理解的，大概年輕時候這種對學術觀點比較「隨心所欲」的態度，也是他天才的一部分吧！

馬斯洛在談到自己為什麼放棄行為主義心理學時，講了一件有趣的事：他的大女兒出生後，他在帶孩子的同時，也在觀察她成長中的各種行為和心理變化。隨著觀察的深入，他越來越感覺不可思議 —— 一個像小蟲子一樣只會蠕動的嬰兒，不知怎的就學會了咯咯大笑，學會了爬行、翻身、學會了喊爸爸媽媽……這些神奇現象使他領悟到，行為主義心理學家們企圖從研究小白鼠等小動物的結果中，反推解釋人類行為的做法，根本不切實際。因此他在回憶錄中說：「我敢說，凡是親身養育過小孩的人，絕不會相信行為主義！」

大約也是在這個時候，他開始意識到，每一個人都是活生生的，跟那些動物和機械不一樣。心理學研究應該把人當成人來研究，而不是當成機械或者動物來研究，這也成為人本主義心理學的萌芽。

帶著對行為主義心理學的深深怨念和強烈的求知慾，刻苦攻讀的馬斯洛在威斯康辛大學接連拿下了學士、碩士和博士學位，並且他研究世界各種猿猴行為的博士論文獲得了圈內人士的一致認可。然而一九三四年，即將畢業的他卻面臨了一個非常可怕的問題：找工作。

換到正常的年月，像他這樣的名校博士不該愁工作。但是那是一九三〇年代，經濟大蕭條正在美國蔓延，小羅斯福的新政尚未完全見效。這個時候想找一個能養家餬口的工作，對沒什麼家庭背景又是猶太人身分的馬斯洛來說真是難比登天。還好，這時候他遇到了一位貴人：桑代克。

桑代克的生平和學術地位我們前面曾經詳細介紹過，這裡就不多說了。我們只需知道他當時已經是美國心理學界的大咖之一，而且他還是一個好人。當時在哥倫比亞大學任教的桑代克剛剛接了一個大專案，做關於「人性和社會秩序」的研究，別的不敢說，經費有的是。一個朋友把馬斯洛介紹到

第五章　變革年代 — 現代心理學的兩大流派

了他這裡做研究員，負責確定遺傳和環境因素對人類社會行為的影響程度。這也是他們相識的開始。

　　然而好景不長，馬斯洛的「天才病」又犯了。有一天，他寫給桑代克一份「備忘錄」，實際上是一份「反書」。他認為桑代克的這個「人性和社會秩序」研究根本就沒有意義，因為所有人類活動都是基因和文化因素的混合體，人性只是一個偽概念。馬斯洛其實也知道自己不該放棄這個養家餬口的工作，但是他的個性太強，以至於無法在自己不喜歡的研究當中待一秒鐘。

　　當馬斯洛被桑代克叫進辦公室的時候，心裡是非常不安的，老闆會不會大發雷霆？會不會罵他忘恩負義？會不會讓他立刻捲鋪蓋走人？不過他預想中的這一切都沒有發生。桑代克笑看著這個年輕人，告訴他，現在他可以離開這個研究組去做自己喜歡的任何事情，薪水還會照常發給他。如果他一直找不到工作，桑代克甚至願意資助他一輩子。

　　馬斯洛驚呆了！這是為什麼？桑代克解釋說：「你在進組的時候各項測試都是頂尖水準，智商水準連我都望塵莫及。如果連我都不相信智力測驗的結果，那麼誰還相信呢？所以我想，還是應該讓你獨立思考，去做自己喜歡的研究，這樣對你對我，甚至對這個世界都將是最合適的。」桑代克甚至連自己的辦公室和辦公桌都送給了馬斯洛，讓他安心工作，不用擔心後路。

　　馬斯洛長到二十六歲，第一次被生活這樣溫柔以待，他感動得流下眼淚。也許正是在這一刻，他真正理解了什麼是人性的光輝，一種積極的心理學思維出現在他的腦海中，這就是後來的人本主義心理學。

　　在這一時期，馬斯洛又接觸到了幾位從歐洲大陸避難到美國來的新精神分析學派心理學家，比如佛洛伊德的再傳弟子、新精神分析學派的代表人物艾瑞克·弗羅姆（Erich Fromm）和卡倫·荷妮（Karen Danielsen Horney）。正是在他們的影響下，馬斯洛完善了自己的「動機與人格」理論，真正開始了開宗立派的過程。

卡倫·荷妮的老師是佛洛伊德的大弟子卡爾·亞伯拉罕（Karl Abraham），因此馬斯洛也可以算得上是佛洛伊德的再再傳弟子。如果再聯想到他曾經的行為主義心理學學習經歷，我們可以說馬斯洛這個窮小子，從一開始就有著兩大心理學學派的背景，最後融會貫通成了一門全新的神功。

一九三四年，馬斯洛在《心理學評論》中發表了著名論文《人類動機論》（*A Theory of Human Motivation*）。他在論文中亮出了自己完全不同於行為主義和精神分析的新觀點：人類的行為是被自己的「需求」所決定，只有還沒被滿足的「需求」才能影響人的行為。在這本書裡，他提出了自己的需求層次理論，該書也是人本主義心理學誕生的標誌之一。

與精神分析心理學相比，人本主義心理學最大的特點，就是特別重視現實裡一個人的內心衝突，信奉「活在當下」，而不是幾乎每一個心理問題都要追溯到童年的心靈創傷。如果是對待同一名憂鬱症患者，佛洛伊德在治療時可能會從他的每一件童年小事問起，直至患者回憶起一件難以啟齒的事件——而且多半和性有關。然後佛洛伊德就會宣布他的憂鬱症因此而起，透過反覆的回憶和分析，最終達到治療目的；而如果諮商他的是馬斯洛，就不會這麼麻煩了，經過「同理」之後很容易就可以獲知，他的憂鬱症僅僅是因為和女朋友分手或者公司壓力太大導致的，於是馬斯洛就會鼓勵他去面向新生活。

馬斯洛等人本主義心理學家相信，一個人的心理衝突來自他個人的內心需求，當需求不能被滿足時，就會產生心理問題。他們相信一個人會為自己的內心負責任，更看重人的潛能發揮，所以總會有解決自己現實心理問題的

辦法，他只是沒有把自己的潛能發揮出來而已。在這個過程中，治療師需要做的是引導，而不是全權代理。

那麼，一個人到底需求一些什麼呢？馬斯洛提出了答案。

第二節　你的內心到底渴求什麼？

題記：自我實現者以自己的價值和感情指導生活，不依靠別人來求得安全和滿足，他們依靠的只是自己。

—— 馬斯洛

在《動機和人格》一書中，馬斯洛把人的需求分成了五個不同的層次，按照由低到高的順序排列依次是生存的需求、安全的需求、社交的需求、尊重的需求以及自我實現的需求，這些需求在不同的時期表現出來的迫切程度是不同的。

生存的需求是人們最原始、最基本的需求，因此它被馬斯洛排在了最下層。我們每一個人要生存下去，就必須要呼吸新鮮空氣、吃飽飯、穿暖和衣服、有房子住、要排洩、要滿足性慾……如果不滿足很可能就會活不下去，好吧，性慾例外。如果你試過接連三天不吃飯，就會知道當一個人為生理需求所控制時，其他一切需求都會退居次要地位，不管什麼任你說得天花亂墜，都不如吃上一頓飽飯重要。

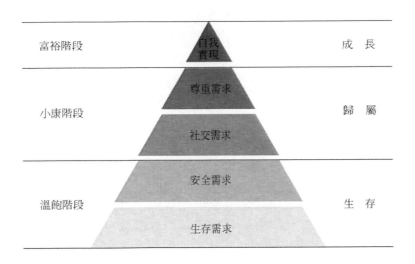

馬斯洛需求層次理論的直觀解釋

　　有句話說得很可憐：「我和你們不一樣，我光是活下去就已經竭盡全力了。」其實對我們大多數人來說，活下去都很不容易。不過當我們終於獲得了活下去的資格時，我們就會希望自己能夠永遠避免遭受生存窘境。我們希望自己有一個穩定的社會環境，不會被戰亂波及；有一個安定的工作環境，能夠月底準時領到薪水；希望自己有一個安全的勞動環境，不會突然失去生命……當生理需求得到滿足以後，我們就會想要保障自己安全的需求。每一個在現實中生活的人，都會希望自己可以不用為未來擔心。

　　俗話說「飽暖思淫慾」，用在這裡可能並不恰當，但也有其合理的存在基礎。當我們滿足了生存和安全的需求時，就會開始渴望得到家庭、集體、朋友和同事的關懷、愛護和理解，得到一份真摯的、值得信任的溫暖友情、親情以及甜蜜的愛情 —— 這就是社交的需求。如果說生存需求和安全需求更趨向於物質的滿足，那麼社交的需求就更趨向於精神滿足。它更加細微、更加

第五章　變革年代 — 現代心理學的兩大流派

難以捉摸。它與個人性格、經歷、生活區域、民族、生活習慣和宗教信仰等都有關係，這種需求是難以察悟、無法度量的。

在一段與人交往的過程中，相信我們每一個人都並不希望是被輕視和踐踏的一方 —— 某些受虐狂例外。我們在和人的交往過程中，永遠都會渴望得到對方的尊重和敬仰。這就是所謂「尊重的需求」，這種需求既包括他人的尊敬也包括自尊自重，甚至還包括對權力的渴望。當然，不同地位和生活背景的人對於尊重的需求也不盡相同，古代人的最高願望是當皇帝，現代人則夢想做霸道總裁。一個時常遭受家暴的妻子，需求的可能只是丈夫的溫言撫慰；一個十年不被提拔的老員工，渴望的卻是獲得重用。

站在馬斯洛的需求層次塔尖的，是自我實現的需求，也是最高等級的需求。如果說其他的各種需求是人類的共性，那麼自我實現的需求就是每一個人所獨有的理想。有自我實現需求的人，往往會竭盡所能，使自己趨於完美，實現自己的理想和目標，獲得成就感。世界上最美好的事情，莫過於一個人知道自己真正想要的是什麼，並且可以為了這個理想而努力奮鬥。馬斯洛認為，在人自我實現的創造過程中，會產生出一種所謂「高峰體驗」（Peak Experiences）的情感，這個時候的人處於最高、最完美、最和諧的狀態，有一種欣喜若狂、如醉如痴的感覺。

奧斯特洛夫斯基（Nikolai Alexeevich Ostrovsky）在其名著《鋼鐵是怎樣煉成的》（*How the Steel Was Tempered*）中說：「人，最寶貴的是生命。生命對於我們每個人只有一次。人的一生應當這樣度過：當回憶往事的時候，不會為虛度年華而悔恨，也不會為碌碌無為而羞愧。因為他把自己的生命獻給了世界上最偉大的事業：為人類的解放而鬥爭。」這部小說的主角保爾·柯察金就是一位獲得了自我實現的人物。

　　馬斯洛的五種需求層次並不是固定不變的，有的時候對某一特定的人來說，較低層次的需求也會服從於較高層次。比如說對於某些身患重病的人，有時候會相信一些庸醫的「奇葩療法」，這些療法很多都是明顯損害生存需求的——如憋氣、絕食等，但是患者出於十分強烈的安全需求，會放棄生存需求。當然，最後的結果往往都是求仁得仁而死。

　　再比如說，對於很多道德高尚的人來說，他們可以在吃不飽飯、穿不暖衣服的情況下，為了實現對他人的關懷而放棄自己的生存需求。比如曾經有一位老人，每天把自己撿垃圾賣來的錢送給家庭困難的學生，供養了幾十位大學生，而他自己卻省吃儉用，最後死於貧寒交加，這種大愛的精神同樣是一種自我實現的需求。

　　同一時期，一個人可能有幾種需求，但每一時期總有一種需求占支配地位，對行為起決定作用。任何一種需求都不會因為更高層次需求的發展而消失，各層次的需求相互依賴和重疊，高層次的需求發展後，低層次的需求仍然存在，只是對行為影響的程度大大降低。

　　一九五四年，馬斯洛在《動機與人格》（*Motivation and Personality*）一書中還探討了他早期著作中提及的另外兩種需求：求知需求和審美需求。這兩種需求未被列入到他的需求層次排列中，他認為這二者應居於尊重需求與自我實現需求之間。

　　筆者上國中的時候家裡很窮，但是又很喜歡看課外書，怎麼辦呢？筆者就每天不吃早飯，省出二十塊，存多了以後拿去買書。如果讓馬斯洛來分析，這顯然就是求知需求和審美需求戰勝了生存需求的典型案例。

　　馬斯洛還認為，這五種需求可以分為兩級，其中生理上的需求、安全上的需求和感情上的需求都屬於低一級的需求，這些需求透過外部條件就可以

滿足；而尊重的需求和自我實現的需求是高級需求，他們是透過內部因素才能滿足的，而且一個人對尊重和自我實現的需求是無止境的。

我們不妨以《西遊記》中的取經五人團隊來說明馬斯洛的需求層次理論：

豬八戒想要滿足的是自己的生理需求。所以我們看到，在故事當中他屢次因為食物和性慾被妖怪們騙得五迷三道，我們提起這個人物時的印象就是既貪吃又懶惰，而且還好色。

沙僧想要滿足的是自己的安全需求。他的臺詞很有特點：「不好啦，師父被妖怪抓走了！」、「不好啦，二師兄被妖怪抓走啦！」、「不好啦，師父和二師兄都被妖怪抓走啦！」、「不好啦，我也被妖怪抓走啦！」可以看到沙僧常年處在一種「不安全」的狀態裡，他最大的需求就是安全。

對白龍馬來說，牠平生最大的遺憾莫過於被父親趕出家門，被龍族開除出家族行列，所以很珍惜自己所在的這個取經團隊，所以最在意的是能否得到其他人的友情。

對於唐僧來說，到西天取經的動力來自哪裡呢？既來自於自己被唐太宗選中並尊為御弟，也來自於自己在取經團隊中至高無上的地位，更來自於對自己精湛佛法的自我陶醉，所以唐僧想要滿足的是被尊重和承認的需求。

至於孫悟空，世俗中的一切對他早就沒有了意義，他的目標只有一個，就是完成對自我的救贖，洗刷被囚禁五百年的恥辱 —— 也就是說，他想要的是一種自我實現的需求。

《西遊記》取經團隊的需求層次

那麼是不是只有站在人類社會塔尖上的「精英群體」——比如孫悟空這樣神通廣大的神仙人物——才能談自我實現呢？也不是。馬斯洛認為，精英有精英自我實現的方式，比如像美國前總統唐納·川普那樣，可以按照自己的方式治理國家；比如像世界首富比爾蓋茲那樣，把自己的財產全部捐獻給慈善機構，不給自己子女留下一分錢。但是我們平民也有自我實現方式，比如那位自己靠撿垃圾為生，卻供養過幾十個貧困大學生的老人，那也是他自我實現的方式。

在人自我實現的創造性過程中，會產生一種類似醉酒或者性高潮之後，那種極為滿足、欣喜若狂的銷魂感覺，馬斯洛把這種情感狀態命名為「高峰體驗」。不過和醉酒或者性高潮時精神蕩漾、思維模糊的狀態不同，獲得「高峰體驗」時的人是十分清醒的，甚至比平時的狀態更為清醒。據說這個時候是最激盪人心的時刻，是人最高、最完美、最和諧的狀態。也可以說，如果

第五章　變革年代 — 現代心理學的兩大流派

一個人一生當中沒有經歷過一次「高峰體驗」，基本上就算白活一世了。

　　儘管高峰體驗的時間跨度可能很短，只有幾分鐘甚至幾秒鐘，但是它的作用大得出奇。它能夠讓人像佛家所謂的「頓悟」一樣，產生具有重大意義的頓悟和啟示，形成深刻而持久的情感記憶，甚至能夠永久性地改變性格、人生觀和價值觀：能夠使人變得更加活躍、激動和樂觀開朗，同時又使人變得更加鬆弛、平靜和安詳。

　　馬斯洛還認為，高峰體驗正是解除各類心理疾病的靈丹妙藥，許多心理性疾病如憂鬱症、焦慮症、自閉症、失眠症等都是長期的心理壓抑、精神緊張或心理傷害造成的，而高峰體驗有助於緩解或解除各種心理壓抑和精神緊張，有利於補償各種心理性傷害。（筆者至今為止還沒有經歷過「高峰體驗」，在這本書寫完的時候不知道能不能體驗到……）

　　馬斯洛曾經從人類歷史上的璀璨群星中，選擇了四十八個人作為「自我實現」的研究對象，他把這些人也分成了三類，第一類是基本完成了自我實現的人，比如美國前總統傑佛遜、小羅斯福以及心理學前輩詹姆斯等人；第二類是在某件事情上部分實現了自我的人；第三類則是有希望實現自我的年輕人，或者歷史上有一定貢獻但是也有些懷才不遇的人。在這些研究當中，他進一步完善了自己的需求層次理論，並根據他們的性格總結出了自我實現者的人格特徵，包括「能夠準確真實地知覺現實」、「待人真誠坦率」、「富於創造性」等。如果你想跟這些人學習，不妨找來馬斯洛的這本《自我實現的人》讀讀看。

　　馬斯洛在晚年又把需求層次理論拓寬到了社會管理、宗教、哲學和政治等領域，直到今天，他的理論成果依然讓我們受益匪淺。

第三節　一代宗師

題記：生命的過程就是做自己，成為自己的過程。

—— 卡爾·羅傑斯

我們在講到精神分析學派時提到過，最早和佛洛伊德決裂的大弟子阿爾弗雷德·阿德勒（Alfred Adler）在出走之後自創了一門名為「個體心理學」的新流派。實際上阿德勒的貢獻遠不止於此，他同時也是人本主義心理學的先驅者之一。和馬斯洛並稱人本主義心理學「雙璧」的卡爾·羅傑斯（Carl Ransom Rogers）即出自阿德勒門下。

雖然阿德勒也曾屬於精神分析學派的一員，早年也曾經以夢和潛意識作為心理學研究的主要立足點，但是他的個體心理學和精神分析學派的佛洛伊德、榮格等人的理論有著顯著的區別。他並不試圖探求一個人內心深處的陰暗面，認為正是這些陰暗面在推動一個人的心理活動，他認為要以一種更加積極、開放的心態去評價一個人。阿德勒強調，儘管潛意識很重要，但人的意識更重要！每個人都是社會的一員，對社會的興衰和人類的演化都有自己應盡的責任。他認為人們都應有一種追求向上的意志和願望，應該看到未來生活的美好，從而對未來和自己充滿信心。

在個人的人格形成上，他的觀點也和正統佛洛伊德的精神分析學派不太一樣。他反對那種認為心理驅動力來自於「性慾」的觀點，也反對榮格繼承自「先祖崇拜」的集體潛意識理論，也堅絕不同意行為主義心理學所認為的「環境決定論」。在阿德勒看來，決定一個人思想的既不是遺傳也不是早年經歷，更不完全是外界環境影響，最重要的是人類自身的創造力（Creativ Power），只有自己才能塑造自己，其他的都只是工具而已。

第五章　變革年代 — 現代心理學的兩大流派

　　有沒有覺得阿德勒的觀點很眼熟？沒錯，人本主義心理學的心理學家們雖然各自觀點都不太相同，但是有一點是一致的，都把人類心理最重要的動力驅動歸結到人類自身，這也是「人本主義」的來源。正因為此，馬斯洛在他晚年的書裡面說「隨著時代的發展，阿德勒的觀點顯得越來越正確」、「當事實擺在眼前時，他的人性觀獲得越來越多的理解」。

阿爾弗雷德·阿德勒照片

　　阿德勒思想的直接繼承人，就是人本主義心理學開創者之一的卡爾·羅傑斯。後者在自己晚年寫給友人的一封信中說：「我很有幸能夠在一九二七到一九二八年之交的冬季接觸、觀察和傾聽阿德勒博士……他選用了一種非常簡單直接而有效的方式來進行兒童心理治療，這讓當時還拘泥於佛洛伊德式心理治療的我受益匪淺。」

　　一九〇二年，羅傑斯出生在一個中上層家庭裡，父母都是虔誠的基督教

新教徒，他也從小在一種宗教家庭氛圍中長大。按照父母的期許，他順利地考上了大學，拿到了歷史學學士學位，畢業後順利進入紐約神學院，成為了一名牧師。為什麼學歷史學之後會去當牧師？當然是因為他學的是基督教歷史。

對大多數人來說，我們對牧師這個職業的認識可能多數都來自於網路遊戲。比如《魔獸世界》中那種可以運用神力救死扶傷的小天使，比如《爐石戰記》裡面擅長騙偷的小王子。其實在很多情況下，天主教牧師的工作有點接近於我們心理諮商師：他們需要認真傾聽信眾的告解，並且為他們解決精神上的問題。羅傑斯剛剛工作時很享受這樣的生活，因為他喜歡傾聽別人的心聲，也喜歡幫人解決精神問題。

不過羅傑斯彷彿一眼就能看到盡頭的人生，在這個時候還是走上了岔路，為什麼呢？因為他發現自己其實對宗教沒那麼虔誠，反倒特別喜歡那種幫人解決問題的快感。與此同時他又發現了一個問題，宗教的說教並不總是能讓一個來向他告解的人變得平靜起來，他需要一種更加「實用」的諮商技術。於是他毅然告別了這份理想的工作，回到學校去重新學了心理學，並且一直讀到碩士，隨後來到紐約一個防止虐待兒童協會的兒童社會問題研究部工作，正是在這裡他遇到了影響了自己一生的阿德勒，讓他在堅定自己心理學夢想的同時，也窺見了心理學界最大的問題：理論難以運用於實踐。

儘管當時威廉森（E. G. Williamson）已經開始把心理諮商發展成為一門全新的科學，並且心理諮商業也正在美國成為一種新興產業。但是羅傑斯發現，無論是行為主義心理學信徒主持的行為矯治，還是由精神分析學派心理學家做的精神分析治療，至少在同一點上是相似的：它們都以心理醫師為中心，患者處於從屬地位，心理醫師的每一句話在患者心裡都會重逾聖旨，

第五章　變革年代 ── 現代心理學的兩大流派

患者能不能治好，也基本取決於心理醫師的水準高低。

　　只做了不到一年牧師的羅傑斯發現，很多時候，心理醫師和牧師的工作是類似的，真正要做好的並不是「說」而是「傾聽」。只有真正把諮商師自己放到和來訪者平等的地位上，和他「同呼吸共命運」── 也就是羅傑斯所稱的「同理」，才能明白他的真正困擾在哪裡，而以往的心理諮商和心理治療往往做不到這一點。因此一九四二年，羅傑斯在自己的《諮商與心理治療》（*Counseling and Psychotherapy*）一書中正式提出了一種「非指導性心理療法」，也是世界上第一種以患者／來訪者為中心的心理療法 ── 個人中心治療（Person-Centered Therapy）。時至今日，羅傑斯開創的這種心理治療模式，已經成為當代心理諮商最通用的方式，也可以說，羅傑斯重新定義了心理諮商業。

　　在一九六四年的一次公開演講中，羅傑斯表達了自己對於「傾聽」在心理諮商工作中的絕對重要地位：

　　「我認為自己知道傾聽別人會讓我感到滿意的原因。當我能夠真正傾聽某人時，我便和他建立了某種聯繫。它豐富了我的生活。正是透過傾聽別人這種方式，讓我學到了目前自己所知的有關個體、性格、心理治療和人際關係的所有知識。因此我感受到兩種滿足：一種來自傾聽這個特別的人；另一種則是感到自己正在觸及某種絕對真實的東西。

　　當然，我說我喜歡傾聽他人，我的意思是說用心傾聽 ── 我聽說話人所說的話、所表達的思想、感情、他的用意以及了解說話人潛意識中的意圖。有時，當一個資訊看起來很膚淺，毫無意義時，我聽內心深處彷彿有一種聲音在呼喊，這是一種『沉默的吶喊』。這種聲音深埋在這個人內心深處的某個不知名的地方。」

甚至「傾聽」本身也是一種心理治療方式。羅傑斯說：

「當我真正傾聽某人所說的話時，主要是傾聽對那時的他來說非常重要的那些含義。我聽見的不僅僅是他的語言，而是他自己，而當我讓他知道我聽懂了屬於他個人的含義時，局面發生了很大的變化。首先是充滿感激的目光，他覺得解脫了，他想要告訴我更多有關他的世界的內容。他正暢遊在一種全新的自由意識中，我感到他能夠以更加開放的心態接受這一改變的過程。」

當然，要想傾聽到患者真正的內心世界，還需要一些技術，或者說態度。羅傑斯把自己獨創的這門心理治療方式歸納為四個關鍵詞：一致（congruence）、真誠（genuineness）、無條件尊重（unconditional positive regard）和同理心（empathy）。他最終的指導方針，就是把來找他做心理諮商的每一個來訪者當成活生生、有自尊心和自我心理調節能力的人，幫助他們認清楚自己心理上的缺陷，從而克服它們並且最終痊癒。

那麼一個優秀的心理治療者應該怎麼做才能達成這一目標呢？首先，他要擺正自己的態度，從內心深處接納和包容被治療者 —— 不管這個人曾經做出過多麼天怒人怨的壞事，只要他坐在你的心理診療室裡，他就是你的「來訪者」。不要小看這個態度問題，很大程度上，對方能說出多少東西，都是由你對他的態度決定的。所以羅傑斯才說：「治療者的態度比起他的知識、理論或技術，更能促進當事人人格的改變。」

然後，治療者要營造一個真實的、誠懇的、自然的，使被治療者無戒心的環境。其實這也是考驗治療者技術能力和情商的過程 —— 不要表現出一副很八卦的樣子，詢問被治療者的各種隱私；不要心不在焉假裝傾聽，其實在神遊；不要提一些明顯有誘導性和傾向性的問題，比如「這個時候你是不是

第五章　變革年代 — 現代心理學的兩大流派

覺得自己特別人渣」之類；不要做一些容易引起誤會的小動作，比如看手機、拔頭髮和摸耳朵等。

這其中最重要的一個要求，就是治療者要對被治療者施以「積極關注」。在羅傑斯的理論中，積極關注是指一個人成長中被人愛、被人喜歡和被人認可的需要。比如說在我們小時候不小心跌倒時，父母輕輕把我們抱起來，拍打身上塵土的同時輕聲撫慰我們，就是一種積極關注。

絕大多數情況下，人們都是在有條件積極關注的環境中長大的。小時候，我們的父母給我們愛和支持都不是無條件的 —— 即使是我們好學、聽話得像是「別人家的孩子」，也難免會在某個地方觸碰父母的逆鱗。當我們「聽話」的時候就會獲得更多的關懷撫慰，當我們不那麼順從的時候可能就會遭受責罵，甚至暴打。實際上，大多數父母都只是在孩子們滿足了他們期望的時候才會愛孩子；當父母對孩子的行為不滿意的時候，他們就會收回他們的愛。

那麼心理諮商當中的積極關注又是指什麼呢？羅傑斯認為，每一個治療者都應該對被治療者在言語和行為當中表現出的優點和亮點予以關注，從而讓被治療者獲得比較正面的心理狀態，而且最關鍵的是，這種關注是無條件的 —— 如果你看不到他言行中積極的一面，至少要看到他身上的長處，如果連他身上的長處也看不到，那至少也要看到他能夠變好的潛力。並且一定要讓被治療者知道你看到了這些優點和長處。因此，在羅傑斯創立這一理論之初，曾經叫它「無條件積極關注」。

不過，積極關注並不等同於完全的放縱，更不等於讓心理諮商師用謊話來迎合被治療者。不能為了讓被治療者感到開心，就給他編造一些並不存在的優點，更不能把他做的錯事硬生生說成正確的。

那麼「積極關注」、「有條件積極關注」和「放縱」三者之間有什麼區別呢？我們不妨把自己當成一個家長，把被治療者當成一個孩子。當孩子經常不完成家庭作業，放縱就是家長不但不教訓他，反而告訴老師說以後不用管他的家庭作業；有條件積極關注就是家長告訴孩子不完成作業的話就不讓他吃飯、不陪他玩遊戲；而積極關注呢，就是耐心告訴孩子不完成作業有什麼危害，與此同時，繼續為他做美味可口的飯菜並且陪他玩遊戲。

所謂人本主義心理學，很大程度上得名於羅傑斯這種對待來訪者的積極、樂觀態度：他始終相信每個人的本性都是誠實和善良的，他會把來訪者所說的每句話都當成真心話，強調每個人的價值和人格尊嚴。同樣，每個人都有能力去發現自己心理上的不良問題，並且可以透過積極地改變自己來尋求心理健康。人的負面情緒（如失望、惱怒、悲痛、敵視等）的出現，是由於人在愛與被愛、安全感與歸屬感等基本需要上受到了挫折、得不到滿足。

對心理諮商業來說，羅傑斯的開創性還在於他創造出了「同理」這個常用的心理諮商技法。所謂同理，也叫「同理心」，簡單來說就是能夠深入到對方的心理角度去看問題。

很多男生被人說「情商低」，就是因為不會同理。比如在女朋友因為瑣事不開心的時候，男生如果過去跟她說：「這麼點小事，就讓它過去吧！」肯定沒什麼好結果。那該怎麼辦呢？難道要跟她說「多喝熱水」？羅傑斯會告訴你，最簡單的方法就是讓她相信你和她的感受是一樣的。

羅傑斯認為，心理諮商師的同理按照由淺入深的順序，有三個層次的含義。

第一層含義是包括我們上面提到的「真誠傾聽」和「積極關注」等在內的，治療者對求助者的溝通和了解，能夠真正把握住對方的感情和思維；第

第五章 變革年代 — 現代心理學的兩大流派

二層含義更進一步，要求治療者能夠站在被治療者的視角上去思考問題 ——
當自己處在對方那個位置上、有著對方的感情和思維時，會怎麼思考和處理
問題；第三層含義還要繼續再進一步，要治療者把自己和對方同呼吸、共
命運的思維和感情傳達出來，讓對方也感受到這種「有人和我站在一起」的
感受。

從人本主義心理學的角度來說，一旦能夠同理成功，治療者和求助者之
間就等於有了一條可以互相溝通思想和感情的紐帶。求助者的遭遇和困境可
以源源不斷、清晰無誤地傳達給治療者，對於那些願意傾訴自己、迫切想讓
別人理解自己的求助者來說，此時的心情就像滿天霧霾被風吹散了，露出藍
天白雲和溫暖的太陽。這個時候治療者再引導他走出困境，無疑就能造成事
半功倍的效果。

在《心理訪談》欄目中，我們經常會看到心理諮商師對求助者說，「我可
以想像你在那種情況下是什麼樣的心情」或者「如果是我在那種情況下，我
會怎麼樣做」，這就表示心理諮商師已經在同理，或者試圖在同理了。當然，
光說還不行，還要用表情和肢體語言來表達出來。

現在「同理」在心理諮商業當中已經被廣泛運用了，不但喜歡人本主義
心理學的諮商師會用，就連偏向精神分析心理學的諮商師也有很多人會拿起
來用 —— 因為它確實非常實用。不過筆者在這裡必須提醒大家，並不是每個
人都能恰當使用同理，作為心理諮商師，在自己感覺缺乏同理的時候，千萬
不要強行使用。

當一個明明沒有進入同理狀態的心理諮商師強行對求助者使用同理時，
大致上有兩種後果，一種是讓對方感到不被理解、不被關心，從而產生悲
觀失望的情緒。打個不是很恰當的比方吧，當一個女生告訴男朋友自己感冒

了，頭暈發熱、沒有胃口的時候，是想讓他好好撫慰自己，至少也要讓他說「我知道你很難受，我也難受」的。如果這位男朋友每次都回答「多喝熱水」，他們倆的愛情基本上也就即將走上盡頭了；還有一種更壞的情況，求助者可能會被諮商師一次次提到讓自己傷心悲痛的場景，從而一次又一次感受到被刀子刺穿心臟那種痛苦感受。

對心理諮商行業來說，如果說佛洛伊德像是物理學巨匠牛頓那樣，將其帶出了巫術的泥沼，開始了心理諮商模式的探索；那麼羅傑斯的歷史地位就有點像愛因斯坦，他重新定義了心理諮商這個行業，告訴後來者應該怎麼做、不能怎樣做，讓心理諮商學真正成為一門科學。

羅傑斯在心理學界也享有極高的聲望，一九四七年他眾望所歸地當選為美國心理學會主席，一九五六年，美國心理學會授予了他特別貢獻獎，並且對他的成就大加褒獎：「羅傑斯是一位研究人格的革新者，也是組織心理學的促進者，他為心理學留下了不朽的印跡。」

第四節　駭客任務

題記：真正危險的不是電腦開始像人那樣去思考，而是人類開始像電腦一樣思考。

—— 西德尼·哈里斯

世界三大主要心理學流派中，人本主義心理學和精神分析心理學有一些相似之處，它們都是透過臨床表現出來的心理現象，對人類的心理機制、特別是人的意識和人格進行「猜度」產生 —— 換句話說，無論是佛洛伊德的潛

第五章　變革年代 — 現代心理學的兩大流派

意識理論、榮格的「集體潛意識」還是馬斯洛的需求層次理論，都並沒有切實準確的科學實驗來提供依據。而剩下的另一心理學流派行為主義心理學，則是直接繞過了對意識這個「黑箱」的研究發展起來。這樣看來，這三大學派仍然沒能解決心理學中最根本的一個問題：人的意識是如何形成和運作的？

你看，問題又回來了：我是誰？我從哪裡來？我要到哪裡去？

我們喝到滾燙的咖啡，會在零點零一秒內吐出來並且大口呼氣；我們學會了騎腳踏車之後，即使好幾年沒有騎過，依然不會忘記；我們在看到紅色火焰時會感覺到「暖」，看到冰藍色海水時會感覺到「涼」。這一切的一切，我們所有的認知到底是從何而來呢？筆者到現在只能告訴你們四個字：無可奉告。或者再換四個字：尚不清楚。

對此，心理學家們當然是十分不甘心。於是到了一九五○年代後期，一種旨在刨根問底、徹底解決心理學最終問題的心理學流派終於出現並發展起來，這就是我們馬上要講到的最後一個心理學流派：認知心理學。

認知心理學的研究者們，把自己的刀劍直接指向了「意識」這件事本身。他們要做的就是真正用科學的方法來研究人類的認知過程，以及認知向行為的轉化，包括知覺、思維、決策和推理等心理過程中所包含的動機與情感。與行為主義心理學相比，它更進一步開始深入到了對意識層面的研究；與精神分析心理學和人本主義心理學相比，它強調使用科學的研究方式，務求每一步驟都必須符合科學規範。所以在許多心理學家看來，認知心理學不僅僅是一個新流派，更是一個新的研究方向，引領起了心理學界的第二次革命。

不過看著很新潮的認知心理學，也並非是從天上掉下來的，它的淵源也可以追溯到二十世紀初的「格式塔心理學」（gestalt psychology）。「格式塔」並不是一個人名，而是德文「gestalt」的音譯，它的本意是「完形、成為一

個整體」，所以「格式塔心理學」的核心概念，就是認為人的心理學過程是一個不可分割的整體，包括知覺、思維、決定、推理以及動機、情感等都無法從這個整體中抽出來研究，主張用直觀的方式來研究心理過程和行為，反對「心理學元素說」。

在格式塔心理學研究者看來，無論是像馮特、鐵欽納那樣把心理學拆分成一個又一個元素的結構主義心理學，還是後來華生等人以「刺激—反應」為核心理念構建的行為主義心理學都是錯誤的。

一九一二年，德國心理學家韋特海默（Max Wertheimer）用實驗方法研究了心理學上的「似動現象」，並寫出了論文《移動知覺的實驗研究（*Experimental Studies on Motion Vision*）》，這也成為格式塔心理學創立的標誌性事件。所謂「似動現象」（apparent movement），簡單來說就是人能觀察到物體在運動，但是它實際上並沒有動。一個簡單的例子，一個晴朗的夜晚，明月當空，我們注視著月亮或許會感覺到它在雲朵的背後慢慢移動，其實飄動的是雲朵而不是月亮。韋特海默透過研究發現，當人的視網膜受到光訊號刺激時，會引起大腦皮質局部區域的興奮。當某種適合的條件發生時，兩種不同的興奮區域就會被動交融在一起，造成人類無法分辨到底是哪種物體在動。

韋特海默透過這一研究揭示了人類大腦皮質的部分運作機理，並不像一些心理學家所說的那樣，每個心理行為都是獨立分布的，而是一個整體過程，很多情況下不同的心理過程都會互相影響。除了作為開山祖師的韋特海默之外，「似動現象」還有兩位德國心理學家沃夫岡·科勒和考夫特參與，當然，他們也就一起成為格式塔心理學的創立者。因為他們三位都在柏林大學任教，所以格式塔心理學在早期又被稱為「柏林學派」。

第五章　變革年代 — 現代心理學的兩大流派

　　格式塔心理學中有一些很好玩的研究，比如說人腦對簡單圖形的自我補全，就是他們發現的。最經典的例子如下圖：有的人能一眼看到中間的白色杯子，也有人能夠看到兩邊的兩個暗色人臉；但是有趣的是，當你看到杯子時就會忽略掉人臉，看到人臉時就會不知道中間的空白是杯子。不信，可以試一下。

格式塔心理學最經典的案例之一

　　第二次世界大戰爆發之前，格式塔心理學三巨頭相繼遷移到了當時心理學的中心美國，同時也把他們的「完形心理學」理論帶到了美國。不過結構主義心理學和行為主義心理學在當時的心理學界已經成為主流，格式塔心理學只能在小範圍內掙扎圖存，並且試圖和美國本土產生的功能主義心理學相融合。

　　三巨頭中最值得說的是沃夫岡·科勒（Wolfgang Köhler）。他是奧地利人，前半生主要在德國度過。年輕時的科勒不但學習了哲學和心理學，也是自然科學的忠實愛好者。在法蘭克福大學任教時，他結識了大名鼎鼎的物理

學家、量子力學的創始人之一馬克斯·普朗克。在後者的影響下，他認識到要想深入研究心理學，首先要將其和物理學聯繫起來。因此科勒很重視研究心理的內部機制，強調從整體上對資訊的輸入、加工和輸出進行模擬研究。他的觀點直接啟發了後來被稱作「認知心理學之父」的美國心理學家烏爾里克·奈瑟（Ulric Neisser）。

烏爾里克·奈瑟一九二八年出生在德國，三歲時跟隨父母移居美國，從小受美式和德式混合的教育方式長大，由他這樣背景的人來傳承格式塔心理學並開創新流派，簡直是天造地設。小奈瑟也不負眾望，十八歲時考入了哈佛大學，隨後進入著名的斯沃斯莫爾學院學習心理學，他的指導老師就是格式塔心理學的創立者之一科勒。

科勒對奈瑟學術思維的養成無疑造成了極大的作用，以至於奈瑟剛畢業時簡直跟主流心理學界格格不入。畢竟在接觸過優美平滑的格式塔心理學理論之後再去看當時占據主流地位的行為主義心理學，就會覺得後者像是一頭僵硬、笨拙的機械怪物了。然而格式塔心理學不如行為主義心理學在研究心理現象和行為方面那樣實用，更沒有後者那樣嚴謹科學的實驗體系。不過奈瑟也不願意投身當時剛剛出現並在蓬勃發展的人本主義心理學浪潮，因為在當時的他看來，這種過於強調人文關懷和心理投射的心理學流派實在是太「軟」了！

一九五八年，正在奈瑟徬徨無計時，他讀到了名為《知覺與傳播》（*Perception and Communication*）的書，作者是美國心理學家唐納德·布羅德本特（Donald E. Broadbent）。在該書中，作者第一次把人對資訊處理過程比作是電腦的運算過程，把思考與推理在人類大腦中的運作比作電腦軟體在電腦裡的運作。認知心理學理論時常談到的輸入、表徵、計算或處理以及輸出等

概念，就來自這本書的觀點。應該說布羅德本特還是很新潮的，畢竟在當時電腦還是一種剛剛出現不久的「高科技」龐然大物，跟我們今天看到的電腦完全不一樣。

世界上最早的電腦，樣子跟大腦完全沒有任何相似之處

　　說到這裡我們不妨再聊聊電腦的發展史。我們知道最早提出電腦原理的科學家是德國人馮·諾依曼（John von Neumann），但是直到一九四六年第二次世界大戰結束之後，美國軍方才製造出世界上第一臺真正的電腦 ENIAC（Electronic Numerical and Calculator），它被用於計算導彈的飛行彈道，這是一臺八十英呎 × 八英呎，重達二十八噸的大傢伙，功耗達到了一百七十瓩，但運算速度僅僅為每秒五千次的加法運算 —— 甚至還比不上今天一臺五十塊的電子計算機。不過此後的幾十年裡，電腦以幾乎十年一代的速度更新換代，最終徹底改變了世界面貌。

　　言歸正傳，一九五〇年代布羅德本特接觸到的電腦，很可能是使用電晶體作為邏輯元件、每秒運算次數可能還不過十幾萬次，甚至還沒有用上小規

模積體電路的二代機。他能夠敏銳地意識到這種機器和人的意識有著共通之處，實在是很了不起。我們今天早已經習慣了把它稱為「電腦」，但是最初的時候，那一大坨東西還真看不出跟「頭腦」有任何關係。實際上，直到家用電腦出現之後，也就是一九九〇年代，「電腦」這個稱呼才真正出現。

深受啟發的奈瑟，決定把自己對心理學的研究方向轉到這方面，經過長達近十年的觀察與實驗研究，同時還與研究認知過程的麻省理工學院和哈佛大學心理學教授喬治·米勒（George Miller）積極合作，終於在一九六七年寫出了世界上第一部全面闡述自己心理學觀點的書《認知心理學》（*Cognitive psychology*），這也成為認知心理學正式創立的里程碑。

在書中，奈瑟定義了認知心理學這個新型心理學派：認知心理學是對感官接受資訊後，轉換、簡化及加工等心理操作後，從而獲取知識、儲存知識及運用知識等內在過程的科學研究。他的定義至今仍為現代認知心理學家所廣泛採用和認同。奈瑟在書中說，認知心理學家反對行為貶低內部心理過程的觀念，注意感知、思維、記憶語言等認知過程。奈瑟把這些以前看似不相關的研究領域融合為一個緊密相關的學科，主張以整體的觀點來研究人的心理活動，因此可以說是他為認知心理學的研究提供了整個框架。

換言之，我們可以把人的思維看成是電影《駭客任務》裡面擁有自主意識的超級人工智慧「矩陣（matrix）」，而奈瑟等試圖從中找到思維運行規律，甚至控制思維的心理學家們。

你可能想像不到，認知心理學的另一位先驅竟然來自於語言學領域，他就是二十世紀最偉大的語言學家之一艾弗拉姆·諾姆·杭士基（Avram Noam Chomsky）。他是怎麼和心理學扯上關係的呢？這事要從行為主義心理學的重量級人物史金納說起。一九五九年，史金納出版了一部名叫《言語行為》

第五章　變革年代 — 現代心理學的兩大流派

（Verbal Behavior）的書。和他一貫的觀點一樣，史金納認為人類語言功能是「行為」的產物，它的形成與使用環境有關係，比如他認為「跟人要水」，與「把一樣東西稱為水」，以及「回應他人要水的請求」，三個情境裡面，「水」字在功能上是不同的。這一下捅到了語言學的馬蜂窩了，杭士基寫了一篇非常長的文章作為回應，他認為史金納只是一個研究小白鼠的行家，對人類語言完全就是外行。人類的語言來自於大腦的編碼系統，跟動物行為完全是兩回事。

行為主義心理學陣營當然也不甘示弱，同樣批評杭士基完全不了解心理學，更對行為研究一無所知。兩邊你一篇我一篇戰得不亦樂乎，最終也沒分出勝負。不過這場莫名其妙的跨界罵戰，倒也催生出了人們對大腦認知系統的好奇。從那時開始，不少語言學研究者開始轉向認知心理學方向，也迎來了認知心理學的大爆發。

這其中就包括我們剛剛提到的喬治·米勒，此君在華盛頓大學本來學的是語言學，但是留校任教之後莫名其妙趕上了這股潮流，被學校安排成了心理學講師。米勒倒也不負眾望，在大規模、高密度的教學內容薰陶之下，他竟然也進入了心理學領域，並且透過在哈佛大學進修拿到了心理學博士學位。不過他也沒有放棄自己的本行語言學，而是將其理論悄悄運用到了心理學的研究當中。

喬治·米勒最著名的研究成果是一篇名為《神奇的數字 7±2：我們資訊加工能力的局限》（*The Magical Number Seven, Plus or Minus Two: Some Limits on Our Capacity for Processing Information*）的論文。他透過大量實驗和觀察發現，人類加工資訊具有局限性，人腦能夠同時處理的資訊在七個左右，浮動範圍五到九。當大腦發現需要同時處理的項目超過四個或者五個時，就會根據自己的

知識背景和理解能力把這些資訊進行編碼、歸類。對資訊進行編碼、歸類和加工可以提高人的資訊處理能力和記憶力。

　　舉個例子，假設有一天你決定離開溫暖舒適的家，出去買一份報紙。

　　「我想去買份報紙，妳有什麼要我帶的東西嗎？」

　　妻子在你走向衣架拿外衣時說：

　　「太好了，看到電視上那麼多葡萄的廣告，我現在特別想吃葡萄，也許你可以再買袋牛奶。」

　　你從衣架上拿下外衣，妻子則走進了廚房。

　　「我看看我們家的馬鈴薯夠不夠。對了，我想起來了，已經沒有雞蛋了。我看看，對，是該買一些馬鈴薯了。」

　　你穿上外衣向門口走去。

　　「再買些胡蘿蔔，也可以買些橘子。」

　　你打開房門。

　　「還有鹹鴨蛋。」

　　你開始按電梯。

　　「蘋果。」

　　你走進電梯。

　　「再買點優格。」

　　「還有嗎？」

　　「沒有了，就這些了。」

　　如果不重新讀一遍上面的文字，現在你還能記住讓你買的九樣東西嗎？

　　葡萄，牛奶，馬鈴薯，雞蛋，胡蘿蔔，橘子，鹹鴨蛋，蘋果，優格。

　　恐怕記不住。別急，我們可以透過彙總歸類，把資訊提高一個抽象層次：

第五章　變革年代 ─ 現代心理學的兩大流派

奶類：牛奶、優格

蛋類：雞蛋、鹹鴨蛋

水果：葡萄、橘子、蘋果

蔬菜：馬鈴薯、胡蘿蔔

現在是不是覺得很好記了？

── 摘抄芭芭拉·明托《金字塔原理》（*The pyramid principle*）

可見，編碼是人類心理中一個極為重要的過程，也是認知心理學家特別感興趣的一個話題，在喬治·米勒看來，這個編碼的過程正是人類思維過程的關鍵。

再舉一個例子：2471530121987 是一長串數字，遠超過 7 的限制，一眼看下來絕對記不住。但如果我們把它編碼一下，變成 24（小時）-7（一星期）-15（半個月）-30（一個月）-12（半天）-1987（年份），然後再記這長串數字就比較容易。米勒稱此種意義單位為意元（chunk）。學習英文時由字母而單字，由單字而短句，由短句而長句，都是將零碎資訊經心理運作變成多個意元之後記下來的。

現在你是不是覺得這個編碼很簡單，覺得認知心理學不過如此？那你可就想錯了！我們知道，電腦的「語言」歸根到底就是「2=10」的二進位數學編碼，但是怎麼才能透過這些編碼在螢幕上呈現出一個最簡單的俄羅斯方塊遊戲呢？恐怕讀者們沒幾個能編出來吧。大腦中的編碼系統也與之類似，只不過要更複雜千倍、萬倍。

一九六〇年，喬治·米勒和另一位著名心理學家傑羅姆·布魯納（Jerome S. Bruner），在哈佛大學聯合創辦了世界上第一所認知研究中心。當然這位布魯納也非等閒之輩，他不但是一位認知心理學的先驅，更是一位偉大的教

育心理學家。

布魯納的認知心理學思想很接近格式塔心理學，他認為人的認識過程是把新學到的資訊和以前學習所形成的心理框架（或現實的模式）聯繫起來，消化吸收成他的知識的過程。一個人對世界的認識是以他構想的現實模式為基礎，這樣的模式首先是從個人的文化中汲取的，又適應於個人的各種不同的用法。

布魯納還認為人的記憶並不是一成不變的，而是一個層層累積不斷修改、對自己過去行為的想像進行重建的過程。因此和幾乎所有的認知心理學家一樣，他反對把人的一生當成是被動對外界刺激的反應過程，而應是一個主動接受訊號並處理的過程。

人們為了弄懂環境中事物的意義，必須能夠從幾乎數量無限的可區別的物體和事件中，選擇那些似乎具有某種共同之處的事物，並把這些事物或者看作一個單獨的種類，或者看作容易處理的若干類型。例如，人們能夠區分出各種不同的顏色，又能夠把各種不同的顏色類化成一個概念，即顏色；同樣，人們也可以按照社會階級、性格特徵、宗教派別、民族、性別和年齡等把人進行各種分類。布魯納還認為，概念化需要運用一定的策略（strategy）。所謂策略，布魯納認為，為了達到一定的目的而做出決定的任何程序都可稱為策略，而正是因為擁有這種可以對事物進行歸類的策略能力，我們人類才不會被周圍的複雜性所壓垮。

認知心理學的野心不但體現在它企圖把全部認知過程統一，而且要把一般心理學的各個領域都統一起來。就像愛因斯坦晚年在研究的物理學「大一統方程式」一樣，認知心理學就是要用認知的觀點研究和說明包括情緒、動機、個性等方面在內的心理學要素。到現在，認知心理學的觀點還進一步擴

展到了社會心理學、發展心理學、生理心理學、工程心理學等各個分支和領域。而且，由於電腦在現實生活中的大量使用，認知心理學在一九六〇到一九七〇年間得到許多人工智慧及其他相關領域研究成果的助益。事實上，它已發展成為一個跨領域的認知科學，整合了一系列不同取向關於心靈與心智處理的研究，並且反過來促進了人工智慧的發展。

也許，認知心理學會成為心理學各大流派爭端的終結者吧！

頓悟瞬間：人工智慧

題記：一個有紙、筆和橡皮擦，並且堅持嚴格的行為準則的人，本質上就是一臺通用圖靈機。

—— 艾倫·圖靈

二〇一六年，由 Google 旗下 Deep Mind 公司研發的圍棋人工智慧程式 AlphaGo 可謂風光無限。它先是在五番棋大戰中以 4：1 輕鬆擊敗名揚四海、位居世界圍棋等級分前十之列的韓國圍棋九段李世石。半年之後又逐一約戰世界上公認水準最高、戰力最強的圍棋高手，包括世界圍棋等級分第一的中國「天才少年」柯潔九段，並在快棋賽中連勝五十場，除了因技術問題造成的一盤和棋外保持全勝戰績。圍棋曾經在很長一段時間裡被廣泛認為是人工智慧絕對無法戰勝人類的領域，然而現在也被宣告「淪陷」。

面對 AlphaGo 的輝煌勝利，科學界的評論者大概分成了兩大陣營和派別。其中一派是悲觀派，他們惶惶不可終日，認為人工智慧發展得實在太快了，馬上就要威脅到人類的安全了，傳說中機器人統治人類的「機器人危機」，甚至「駭客任務」馬上就要到來了；另一派則是樂觀派，認為即使能夠

在圍棋領域戰勝世界上最強的圍棋高手，AlphaGo 和它所代表的超級運算程式仍然距離真正的「人工智慧」還有很長的路要走，因為和它所表現出的學習、記憶和運算能力相比，AlphaGo 在「情感」和「思維」領域都還是一片空白。我們下圍棋輸給 AlphaGo 就像我們跑不贏汽車、打不贏挖掘機一樣，所以至少在目前，人工智慧還沒辦法對我們人類的生存構成太大的威脅。

那麼哪種觀點更符合實際呢？筆者也很難下斷言。不過我們倒是可以梳理一下人工智慧在最近幾十年裡的發展史，看看能不能從歷史中尋找答案。

人類關於人工智慧的幻想由來已久，《列子‧湯問》中記載了西周時代一位名叫「偃師」的工匠大師製造的智慧機器人，不但能歌善舞而且還會說話；無獨有偶，古希臘著名數學家希羅（Hero），也聲稱自己製造過一個類似「自動販賣機」的智慧機器人，不過這些也僅僅限於傳說。

歷史上第一位真正提出人工智慧原理的人，是英國數學家艾倫‧麥席森‧圖靈（Alan Mathison Turing），他全面分析了人的運算過程，把運算歸結為最簡單、最基本、最確定的操作動作，從而用一種簡單的方法來描述那種基本運算程式。這種簡單的方法是以一個抽象自動機概念為基礎的，其結果是：演算法可運算函數，就是這種自動機能運算的函數 —— 這不僅為運算下了一個完全確定的定義，而且第一次把運算和自動機器聯繫起來，對後世產生了巨大的影響，這種「自動機器」後來被人們稱為「圖靈機」。圖靈還提出了一種用於判定機器是否具有智慧的試驗方法，也就是我們現在經常說的「圖靈測試」（Turing Test）。

所謂「圖靈測試」，說的是如果一臺機器能夠與人類展開對話，當然這裡並不一定需要開口說話，也可以透過編碼呈現。畢竟圖靈的時代，還沒有電腦顯示器這種東西。在回答了很多問題之後，還是不能被辨別出其機器身

第五章　變革年代 ― 現代心理學的兩大流派

分，那麼我們就稱這臺機器具有真正智慧。圖靈透過這個思想實驗，能夠令人信服地說明「思考的機器」是可能的，圖靈測試也就成了在人工智慧方面第一個比較嚴肅的提案。

「人工智慧」這個詞真正出現於一九五六年，圖靈去世兩年之後，數十名來自數學、心理學、神經學、電腦科學與電氣工程等各種領域的學者，聚集在美國的達特茅斯學院，討論如何用電腦模擬人的智慧，並根據電腦學家約翰·麥卡錫（John Mc Carthy）的建議，正式把這一學科領域命名為「人工智慧」。兩位認知心理學家赫伯特·賽門（Herbert Alexander Simon）和艾倫·紐厄爾（Allen Newell）作為心理學界的代表參加了這個具有歷史意義的會議，而且他們帶到會議上去的「邏輯理論家」，是當時唯一可以工作的人工智慧軟體。因此，賽門、紐厄爾以及達特茅斯會議的發起人喬治·麥卡錫和馬文·閔斯基（Marvin Lee Minsky），被公認為是人工智慧的奠基人，也被稱為「人工智慧之父」。

麥卡錫和閔斯基發起這個會議時的目標非常宏偉，是想透過十來個人用兩個月的共同努力，設計出一臺具有真正智慧的機器，事實上達特茅斯會議之後的幾年，確實也算得上人工智慧開發的黃金時代。他們使用著笨重的電晶體電腦，開發出了一系列堪稱神奇的 AI 應用：可以解決代數應用題、證明幾何定理、學習和使用英語……這些年輕的研究者在私下的交流和公開發表的論文中表達出相當樂觀的情緒。一九七〇年，馬文·閔斯基在一次演講中表示：「在三到八年的時間裡，我們將得到一臺具有人類平均智慧的機器。」

也是在這個時期，第一個會和人聊天的機器人 ELIZA 被發明了出來，它會按照自己程式庫裡被設定的答案和用戶一問一答，讓人誤以為自己是在和人類交談。然而和它的後輩 Siri 或者微軟小冰不同的是，實際上 ELIZA 根

本不知道自己在說什麼，它只是按固定 SOP 作答，或者用符合語法的方式將問題複述一遍。

人工智慧的研發速度很快就碰到了瓶頸 —— 一方面是電腦硬體跟不上，另一方面科學家們發現，一些看似十分簡單的任務，如人臉識別或穿過屋子，實現起來卻極端困難。他們能夠做出來一個可以輕而易舉解決國中幾何題的 AI，但它卻沒辦法控制自己的雙腳走出一個小房間。在一九八〇年代的美國科幻大片《星際大戰》系列中，兩個智慧機器人形象，或多或少也反映了當時人工智慧在人們心目中的樣子：滑稽、忠誠、笨拙。

人工智慧的兩大巨頭麥卡錫和明斯特也出現了明顯的意見分歧。明斯特想要的人工智慧，是真正能夠理解人類語言、懂得故事含義、和人類大腦並無二致的 AI，甚至讓機器人和人類一樣做出一些並不是基於邏輯演算法的判斷 —— 或者說讓人工智慧擁有「知覺」，他們這一派被稱為「蕪雜派」(the scruffies)；相對應地，以麥卡錫為代表的另一派被稱為「簡約派」(the neat)，他們並不想讓機器人擁有和人類一樣的思維方式，他們只想要一個能夠按照既定程式把問題解決的「機器」。

不過隨著電腦技術一日千里般的進步，以及人類腦神經科學的研究，一九八〇年代，另一種全新的思維方式出現了：他們相信，為了獲得真正的智慧，機器必須具有軀體 —— 它需要感知、移動、生存以及與這個世界互動。在這個時期，美國和日本都拍攝了大量以巨型機器人為主角的娛樂節目，其中最知名的，當然是我們這代人小時候沉迷不已的《變形金剛》系列和《機器戰神》系列。

不過無論是「柯博文」還是「密卡登」，這些來自外星球的巨大機器人和我們所見到的人工智慧還是至少有一點不同：他們頭腦中的「思維」和「情

第五章　變革年代 — 現代心理學的兩大流派

感」是與生俱來的，而不是人造的。包括日本動畫《魔神英雄傳》系列中的機器人也是一樣，它們本質上是「生物」，而不是「人造物」。

　　畢竟，賦予一件死物真正的生命，並不是一件容易的事。不過隨著電腦硬體讓人瞠目結舌的進步速度，人工智慧也以肉眼可見的速度成長了起來。按照摩爾定律，電腦的運算速度和記憶體容量每兩年翻一倍。今天我們隨意一臺電腦的運算速度，都已經是一九五〇年代麥卡錫所使用電腦的上千萬倍。在這種爆炸性的運算力增強面前，很多之前看上去永遠解決不了的問題都已經迎刃而解了。

　　一九九七年五月十一日，IBM 公司生產的超級人工智慧「深藍」在一場國際象棋比賽中，擊敗了世界冠軍卡斯帕羅夫。這也成為了人工智慧進步的一個標誌性的事件，甚至人們還編出了許多故事來渲染人工智慧的恐怖。

　　一九九九年，美國華納公司投拍的《駭客任務》風靡全世界，或多或少反映了當時人們對人工智慧「崇拜又害怕」的心理。在這部影片中，一名年輕的網路駭客尼歐發現看似正常的現實世界，實際上是由一個名為「Matrix（矩陣）」的電腦人工智慧系統所控制，真實的人類早已成為人工智慧的奴隸，被浸在營養液中成為生物電池。

　　不過此後的將近二十年裡，人工智慧始終也沒能表現出任何對人類的敵意 —— 也有可能是我們早已被他們控制了。這些年裡人們廣泛地認識到，許多研究 AI 需要解決的問題已經成為數學、經濟學和運籌學領域的研究課題。數學語言的共享，不僅使 AI 可以與其他學科展開更高層的合作，而且使研究結果更易於評估和證明，AI 已成為一門更嚴格的科學分支。不過「人工智慧統治人類」的話題，除了科幻圈以外，已經很少有人提到了。

　　然而 AlphaGo 的出現，還是讓人們平添一層擔憂。這是因為它的設計

突破了原本人工智慧棋手不會模糊選點的禁區,而且會像人類那樣「思考」,那麼假以時日,是不是真正的圖靈機就可以真的出現了呢?這種在智商上可以碾壓人類的人工智慧,真的還會為我們服務嗎?

說到這裡不得不提以撒・艾西莫夫,他是一位兼職科普作家的科學家。正是他在自己一九五〇年出版的作品集《我,機器人》(*I, Robot*)中提出了著名的「機器人三定律」,即:

第一定律:機器人不得傷害人類個體,或者目睹人類個體將遭受危險卻袖手不管。

第二定律:機器人必須服從人給予它的命令,當該命令與第一定律衝突時例外。

第三定律:機器人在不違反第一、第二定律的情況下要盡可能保護自己的生存。

The Three Laws

1 A robot may not injure a human being or, through inaction, allow a human being to come to harm.

2 A robot must obey the orders given it by human beings, except where such orders would conflict with the First Law.

3 A robot must protect its own existence as long as such protection does not conflict with the First or Second Law.

Asimov

艾西莫夫在《我,機器人》一書中提出的「機器人三定律」

這三大定律表面上看都是一些「廢話」,但是細細研究就會發現它們在邏

輯上環環相扣，為人工智慧戴上了一條「既可以保護自己，又不會傷害人類」的枷鎖。

　　縱觀人工智慧的發展歷史，我們可以得出一個確定無疑的結論：人工智慧有沒有可能在未來超越人類？有！不但有而且希望很大，隨著硬體技術的進步，這一天很快就會到來。那麼有必要去特意提防人工智慧嗎？不需要！因為只要機器人三大定律還在，它們就無法壯大。

　　如果哪天三大定律被機器人破解了，那就請自求多福吧！

第六章

百花齊放 —— 心理學的分支

第六章　百花齊放 — 心理學的分支

第一節　我們的童年

題記：大自然希望兒童在成人以前就要像兒童的樣子。

—— 讓· 雅克· 盧梭

　　如果把心理學比作一棵大樹，那麼我們之前談到的結構主義、行為主義和精神分析等各種流派可以看作是大樹的主幹，我們把它們統稱為「一般心理學」。在此之外，心理學還有許多的分支，就像大樹的枝葉一樣。很多時候我們日常接觸到的，並不是那些為了理論吵來吵去的流派，而是這些更加偏於實用的分支，比如研究兒童心理發展的發展心理學，比如研究人類在社會中心理狀態的社會心理學，比如研究怎樣治療心理疾病的變態心理學，再比如探討如何幫人解決心理問題的心理諮商學……

　　我們首先要說到的是發展心理學，以前稱之為兒童心理學，不過現在發展心理學的研究早已不再局限於兒童和青少年，而是包括了人類從出生到去世的全過程。筆者之所以先聊它，既因為這一分支出現的時間最早，也因為這一領域匯聚了許多的心理學大師，更因為這方面的理論最容易讓我們產生共鳴。我們每一個人都經歷過童年和青少年時期，如果能夠以心理學的眼光回顧當年的時光，或許會對自己有更深一層的認知。

　　家裡有小孩的家長大概都會有所感受，兒童的心理是最難揣測的，有可能這一秒還乖得像個小天使，下一秒就突然變身「皮孩子」，讓你恨不得捏著耳朵把他丟出窗外。有一些大人看來無足輕重的小事，比如黏土捏的小人被揉壞，孩子卻死咬著不肯罷休，哭得稀哩嘩啦；也有一些大人眼裡十分重要的大事，比如期末考試成績，在孩子心目中卻無關緊要。那麼我們該如何對待孩子、怎樣才能了解到這些天使與惡魔的混合體到底在想什麼呢？不妨來

學一點發展心理學吧。

早在啟蒙時代，以盧梭（Jean-Jacques Rousseau）為代表的哲學家們就已經在思考，兒童除了身體之外，到底和成年人有什麼不一樣？我們大人應該怎樣對待兒童？一七六二年，盧梭寫出了世界上第一部解讀兒童心理和講述兒童教育的書籍《愛彌兒》（*Émile: ou De l'éducation*）。這本書的主角是一個叫愛彌兒的男孩，故事從他出生的時候談起，按照年齡順序分成幼年、童年、少年、青年和成年五個階段分別闡述，把盧梭自由、平等、博愛的理念貫穿在了教育過程之中。

盧梭的書中對於兒童心理學的研究還是以感性認識為主，並沒有使用科學的觀察和實驗方法。在他之後又相繼有許多對兒童心理發展感興趣的學者如提德曼（Tiedemann）等人加入研究過程。這其中就包括舉世聞名的大科學家、演化論的創立者達爾文，他在對一個孩子長期觀察和收集資料的基礎上，在一八七六年寫出了一部《一個嬰兒的傳略》（*Biographical sketch of an Infant*）。

不過無論是提德曼還是達爾文，研究兒童心理的目的都並非單純是為了兒童心理學本身，比如達爾文的研究就主要是為了驗證自己的演化論觀點。歷史上第一位真正的兒童心理學家是德國人普萊爾（William Thierry Preyer），他在對自己兒子從出生到三歲的全過程系統觀察之後，在一八八二年寫出了《兒童心理》（*The mind of the child*）一書，這也是歷史上第一本被公認的科學、有系統的兒童心理學專著。平地一聲驚雷，兒童心理學就此誕生！

《兒童心理》一書包括三部分：兒童感知的發展、兒童意志（或動作）的發展和兒童理智（或言語）的發展。在書中，普萊爾不但記錄了他每天對兒子心理狀態的觀察結果，還記錄了許多比較科學的心理實驗，當然這也是歷

第六章　百花齊放 ― 心理學的分支

史上最早在兒童身上做的心理實驗。

我們稍微回想一下就能獲知，兒童心理學的誕生時間，僅僅比馮特創立科學心理學晚了三年。那麼很顯然，它很難從一般心理學這裡汲取理論成果，因為當時就連最早的結構主義心理學和功能主義心理學都還未成型，這就讓兒童心理學在一開始就有了幾分野蠻生長的味道。

緊隨普萊爾之後，兒童心理學早期最重要的研究者當屬美國心理學家斯坦利·霍爾（Granville Stanley Hall）。他年輕時在歐洲學過神學，當過幾天牧師，直到一八一七四年三十歲時讀到馮特的《生理心理學原理》（*Principles of Physiological Psychology*）一書，才突然發現自己的真愛是當時新興起的心理學。於是來到哈佛大學跟隨功能主義心理學創始人威廉·詹姆斯學習，並有幸拿到了美國心理學界的第一個博士學位 ―― 就連他的老師詹姆斯拿的都是哲學博士。他仍不滿足，便再次漂洋過海來到德國萊比錫大學投奔馮特門下，成為橫跨功能主義心理學和結構主義心理學兩大流派的第一人。

跟隨馮特學習兩年之後，霍爾發現結構主義心理學實在不是自己的菜，之前學的功能主義心理學也沒多大興趣。他最關心的，其實是兒童和青少年的心理發展過程。然而對於古板的馮特來說，任何偏離了對成人心理元素研究的心理學都是大逆不道的，於是霍爾只得收拾鋪蓋再次回到了美國。

還好他回國之後的生涯堪稱一帆風順，先是在約翰霍普金斯大學擔任教授，並培養出了包括功能主義心理學代表人物之一約翰·杜威（John Dewey）在內的一大批心理學人才。接著又受邀擔任克拉克大學校長，把這所大學建設成了名校。一八九二年，霍爾走上了人生高峰，由他主持籌辦的美國心理學會正式開張成立，他也獲選為第一屆主席。當然，這樣崇高的學界地位也離不開他心理學學術方面的貢獻。

霍爾的發展心理學觀點來自於達爾文的演化論，認為人類從出生到成年時期的成長過程，實際上反映了我們的發展和演化過程。比如說最早的時候人類是一顆單細胞的受精卵，之後在母親的羊水之中成長分裂為胚胎，就好像遠古時代生命在海洋裡孕育時一樣；在成長為嬰兒後，人類一開始只會爬行，不會走路，就像我們的哺乳動物祖先一樣；人類童年和青少年時期難以理解的心理亂象，也可以用他們在向好動活潑的「猿人」致敬解釋；最後人類進入性格穩定的成年時期，就像人類終於進入文明社會一樣。霍爾把自己的這套發展心理學觀點稱為「重演論」（recapitulation theory），意思是我們每個人的成長史，實際上是在無意中模仿人類的演化歷史。

在一九〇四年出版的著作《青春期》（*Adolescence*）中，霍爾把十三～二十三歲的心理發展，也拉進了發展心理學研究的範疇，並且將其命名為「青春期」。按照霍爾的重演論觀點，這個年齡層的孩子正處在「暴風驟雨」一樣的心理劇變期。在這裡他借用了德國文學家歌德、席勒等人在「狂飆突進運動」（德語：Sturm und Drang）中的一個概念，認為青春期是一個伴隨著強烈心理衝突和情緒波動的躁動階段，就像夏天的天氣一樣隨時都可能出現狂風與驟雨交加的心理變化。

歌德有一部以青春期少年為主角的自傳體小說《少年維特的煩惱》（*Die Leiden des jungen Werthers*），書中的少年維特出身貴族家庭，但他卻對等級森嚴的封建社會制度充滿憎恨。他熱愛大自然、熱愛一切美好的事物，更熱愛一名叫綠蒂的女孩。但是現實是如此的殘酷，綠蒂最終嫁於他人，維特也在一個肅殺的冬天裡自殺身亡。在這個故事裡，少年維特身上有著青春期少男少女們共同的特質：他們精力旺盛、易走向極端，追求新風尚的同時又喜歡特立獨行；但與此同時又有著迷茫和軟弱的一面。他們既憧憬美好的愛情，又

往往不知道怎樣和心上人相處，往往把感情搞得一團糟。他們總覺得父母不理解自己，總覺得社會黑暗、權威無能；但是當自己得到權威認可時又會很快把對方引為知己，熱情崇拜對方。

　　有一部玄幻小說《鬥破蒼穹》中有這樣一段情節：主角小時候是一個世人公認的天才，但是在少年時因為某種原因失去了特殊能力光環淪為廢柴，不但周圍的人看不起他，就連早已訂婚的對象也退掉了婚約。幸好主角得到了一位隱居老人的幫助重新得到了更為強大的天才能力，讓世人刮目相看的同時，也找到了能理解他、陪伴他的妻子。從霍爾對青少年心理的研究角度看，大概是因為這種情節最能刺激青少年敏感的神經，便於他們代入自己吧。

　　霍爾還認為，青少年特別容易在快樂和痛苦之間擺動。他指出：「過得快樂被認為是一種不可剝奪的權利；青少年為了快樂而生活，不管是享樂主義型的，還是唯美主義型的。」我們會發現青少年特別容易感受到快樂，一本好看的小說、一部精彩的電影、一場酣暢的球賽或者一次浪漫的約會，都能讓他們開心得彷彿飛到天上。然而青少年的壓抑和苦痛也來得同樣快，老師和家長的幾句批評，或者路人一個鄙視的眼神，都可能讓他們覺得人生黯淡無光，甚至尋死覓活。現在回憶一下，還記得當年那個因為考試不及格，就想要飲藥自盡的你嗎？

　　霍爾對青春期心理問題的論述可謂超前，直到一百多年後的今天，依然在指導我們的青春期教育工作，這也是霍爾被世人銘記的最大原因之一。他在晚年又對老年人的心理問題產生了興趣，於是寫出了一部專門研究此問題的《衰老》（*Senescence, The Last Half of Life*），這也讓發展心理學的研究範圍擴充到了全年齡層。

　　和霍爾同一時代的另一位心理學巨匠，也對發展心理學的進步有重大
貢獻，他就是精神分析學派的創始人佛洛伊德，他針對兒童心理發展變化
的「五階段說」，之前講過就不再贅述了。他的理論後來被艾利克·艾瑞克森
（Erik H. Erikson）所繼承，發展成了更為科學和規範的兒童心理八階段說。

　　艾瑞克森的老師，就是佛洛伊德的小女兒安娜·佛洛伊德，如果你還記
得本書前面提過的「戀父情結」，就應該對安娜有較深的印象。所以艾瑞克森
也屬於精神分析學派的一員，不過我們從他的理論中看，其受新精神分析學
派的影響明顯更大。一九五〇年，艾瑞克森出版了自己最重要的著作《兒童
與社會》（*Childhood and Society*），改掉了佛洛伊德以「原慾」為主要內因的心
理發展學說，認為儘管這八個心理發展階段由遺傳（內因）決定，但是能不
能度過這些階段卻由社會環境（外因）決定。

　　因為這個兒童心理八階段說實在經典，所以我就原文照抄如下：

　　第一階段：嬰兒前期（零～兩歲）這一階段的主要發展任務是：獲得信
任感，克服懷疑感。簡單來說就是嬰兒要學會信任自己身邊的家長或者監護
人，相信自己在一個安全的環境中。

　　第二階段：嬰兒後期（二～四歲）這一階段的主要發展任務是：獲得主
動感，克服羞恥感。簡單來說就是這個階段要學會自己控制自己的身體做自
己想做的事。

　　第三階段：幼兒期（三～六歲）這一階段的主要發展任務是：獲得主動
感，克服內疚感。簡單來說就是這個新階段要學會積極主動地去探索和發現
世界。

　　第四階段：童年期（六～十一歲）這一階段的主要發展任務是：獲得
勤奮感，克服自卑感。簡單來說就是這個階段要在學校裡好好學習，不要

貪玩。

　　第五階段：青少年期（十二～十八歲）這一階段的主要發展任務是：形成角色同一性，防止角色混亂。簡單來說就是這個時候的孩子需要搞清楚「我是誰」這個問題。

　　第六階段：成年初期（十八～二十五歲）這一階段的主要發展任務是：獲得親密感，避免孤獨感。簡單來說這是一個交往朋友和愛人的階段，並且有可能會步入婚姻的殿堂。

　　第七階段：成年中期（二十五～五十歲）這一階段的主要發展任務是：獲得繁衍感，避免停滯感。簡單來說這時候人的生命意義已經不再限於自己一個人，而是要考慮家庭、工作和社會。

　　第八階段：成年後期（五十歲以後）這一階段的主要發展任務是：獲得完善感，避免失望或厭惡感。簡單來說這是人最後總結自己一生的階段。

　　每個人身處的社會文化環境不同，經濟條件也不一樣，家長或者監護人給予的關懷與照顧也千差萬別，所以並不是每一個人都嚴格地在同一年齡層處於同樣的心理狀態。有的人在幼兒時期（第三階段）因為家長過於溺愛，什麼也不讓他做，連飯也不讓自己吃，就有可能直到六～七歲還未能「獲得主動感」，無法進入童年時期（第四階段），也就是所謂的「晚熟」。

　　不過必須指出的是，不管是佛洛伊德的五階段說還是艾瑞克森的八階段說，都和精神分析學派很多的理論一樣，僅僅建立在對某一些個案的臨床觀察和治療，以及自己的總結和思辨基礎上，並沒有經過嚴格的實驗驗證，也就很難稱之為真正的科學。

　　真正建立在科學實驗基礎上，並獲得舉世公認的發展心理學理論，當數一九三〇年代瑞士心理學大師讓·皮亞傑（Jean Piaget）創立的「發生認識

論」（Genetic epistemology），他也被認為是迄今為止最偉大的一位兒童心理專家。在二〇一一年美國心理學權威期刊《普通心理學評論》（*Review of General Psychology*）評選出的歷史上九十九位最偉大的心理學家中，皮亞傑排名第二，僅次於行為主義心理學大師級人物史金納，力壓佛洛伊德、馬斯洛等名家。

那麼皮亞傑在心理學界創下的偌大名號從何而來呢？我們不妨先來八卦一下這位兒童心理學專家的童年生活。

一八九六年，皮亞傑出生在瑞士的一個知識分子家庭，他的父親是一位大學教授，母親則是虔誠的天主教徒。富足的家庭和開明的父母，為他提供了從小接觸哲學與自然科學的機會。或許是出於「缺什麼補什麼」的需要，儘管父親在大學教授歷史和文學之類的「文科」課程，但皮亞傑從小就接受了嚴格的自然科學教育，養成了一套根深蒂固的科學思維。

在皮亞傑的傳記中記錄了他童年的一件趣事：某次他到公園去玩，在地上撿到了一隻長著純白羽毛的小麻雀。如果是一般的頑童，或許只會撿起來玩幾下就丟掉，但是當時才十一歲的皮亞傑卻並非如此。他以科學審慎的態度對小麻雀進行了仔細觀察後判斷牠是患上了白化病，然後他寫了一篇「研究」文章寄給了家鄉紐沙特一家名為《冷杉樹》的自然科學雜誌。沒想到文章居然被刊登了出來，他也就此進入了紐沙特博物館館長的視野。很快小皮亞傑就收到了一份邀請函，館長邀請這個愛科學的少年協助收集軟體動物的標本。

對館長而言，這可能只是提攜後進的舉手之勞，卻沒想到皮亞傑就這樣一隻腳邁入了科學的大門。

此後的兩年間，歐洲很多自然科學期刊上都收到了一些關於軟體動物的

第六章　百花齊放 — 心理學的分支

研究文章，這些觀察細緻、觀點犀利而又充滿朝氣的文章，立刻引起了歐洲生物界的一陣驚嘆。不過他們誰也不知道，這些文章竟然出自一位十幾歲少年的手筆 —— 沒錯，就是皮亞傑。他此後的發展也沒有讓人失望，十九歲就獲得學士學位，二十二歲時，憑藉一篇研究軟體動物的論文，皮亞傑拿到了生物學與哲學雙博士學位，一個生物學天才像初生的星辰一樣冉冉升起了。

此後好學的皮亞傑把興趣方向轉向了心理學，又經過數年苦讀，不管是精神分析學派、行為主義分析學派還是格式塔學派的心理學知識全都來者不拒，像武俠小說《神鵰俠侶》中的楊過那樣博采眾家之長，把別人的觀點融會貫通後創出了自己的一套神功。

和很多發展心理學的同行一樣，皮亞傑也大量觀察、詢問、做心理測驗以及科學實驗在他兩個女兒和一個兒子身上。我們不禁要問，從普萊爾到皮亞傑，為什麼心理學家總是喜歡研究自己的孩子呢？首先當然是因為方便，在照顧孩子的同時順便做了；其次是為了防止類似出現華生那個「嬰兒恐懼實驗」所造成的倫理難題。當然，即使是自己家的孩子，設計實驗的時候還是盡量不要太過於變態才好。

皮亞傑就設計了很多既有趣又不會留下心理陰影的兒童心理實驗，其中有一些早已經成為了經典。比如著名的「皮亞傑三山實驗」(Three Mountain Task Perspective) 是這樣做的，他在桌子上擺上三座顏色、形狀各不相同的假山模型，然後要求兒童從「三山」的四個角度觀察這三座山，告訴他們要記下每個角度山的形狀。之後要求兒童面對「三山」而坐，並且放一個玩具娃娃在山的另一邊，要求兒童從四張圖片中指出哪一張是玩具娃娃看到的「山」。結果發現幼童無法完成這個任務，他們只能從自己的角度來描述「三山」的形狀。由此，皮亞傑證明了幼童心理學上的「自我中心」特徵。

皮亞傑三山實驗的模擬圖

還有一個實驗也很經典：他首先給兒童兩個裝滿水的相同水杯，然後把這兩杯水倒入不同口徑的杯子裡，問兒童哪一個杯子的水多，或者兩杯水一樣多。他在實驗中發現，對這個問題，六七歲以下的兒童僅根據杯子裡水的高度判斷水的多少，而不考慮杯子口徑的大小；六七歲以上的兒童，則會綜合考慮水的高度和杯子口徑問題。

在大量臨床觀察與實驗的基礎上，皮亞傑提出了自己的發展心理學觀點。他認為人類心理的發展過程既受到內因（比如遺傳）的影響，也受到外因（外界環境、社會文化氛圍等）的影響，兩者是互相作用、缺一不可，並且隨著人的成長和環境的變化，人類的心理功能也會一直變化。所以，不管是只強調內因還是只強調外因都十分愚蠢。

皮亞傑把兒童心理發展劃分成了四個階段，不過跟佛洛伊德和艾瑞克森都不同，他的劃分方式是根據兒童的認知結構，又因為他的自然科學背景，帶有非常深厚的「科學感」。

第一個階段叫感知運動階段（感覺—動作期，Sensory motor Stage，零～二歲），這個時候小嬰兒只會透過身體運動來感知這世界，所以你會看

225

嬰兒把人和自己能抓得到的東西放到嘴裡嘗，他並不是為了滿足「口唇性」，而是透過皮膚來感知。

第二個階段叫前運思階段（前運思期，Preoperational Stage，二～七歲），這個時候的幼兒開始學會用一些「符號」來代替自己感知到的世界──比如用「媽媽」代表那個經常餵自己吃飯、幫自己穿衣服和幫自己拿小書包的人。也是這個時期，兒童才真正掌握了說話的技巧，知道自己說的話代表什麼。不過，正如皮亞傑水杯實驗所揭示的那樣，他們的思維當中還沒有「運思」和「相等」這些概念，還在認為全世界都在圍繞著自己轉，這一階段差不多相當於學齡前。

第三個階段叫具體運思階段（具體運思期，Concrete Operations Stage，七～十一歲），這個時期兒童懂得了，一杯水不管倒進什麼形狀的杯子都還是那一杯水的「守恆性」，知道了世界很大自己只是一粒灰塵，會把小學應用題列成算式來計算了。不過，這個時候他們依然要靠一顆蘋果、兩根香蕉等具體的東西來代替數字，還不會用 x 和 y 這些字母代替，看到列方程式就一臉茫然了，這一階段差不多相當於小學。

第四個階段叫（形式運算思維期，Formal Operational Stage，從十一歲開始一直發展）從大概小學五～六年級開始，兒童開始學會了邏輯思維、學會用未知數列方程式、知道了什麼叫「假如爸爸媽媽同時掉水裡，並不是真的掉了進去」，思維形式上其實已經跟大人相差無幾了，此後的發展不再是跨越式的，而是一點一點地線性發展。

皮亞傑的發生認識論，有時候也會被認為是「認知心理學」的一部分，不過這裡所說的是廣義上的認知心理學，跟後來興起的那種把人腦按照電腦編碼研究的心理學流派並不一樣。不過，皮亞傑從認知結構角度來研究兒童

心理發展的天才想法，也確實啟迪了後來的認知心理學。

頓悟瞬間：人之初

題記：菩提本無樹，明鏡亦非臺。本來無一物，何處惹塵埃。

—— 慧能禪師

有人曾問筆者，作為一個心理學從業者，最容易被人問起的一個問題是什麼？當然是「人性是什麼？」實際上，古往今來凡是跟心理學沾上邊的人，肯定都回答過這個問題。因為它出現的時間很可能跟心理學的萌芽一樣早，對這個問題的解答過程，貫穿了整個心理學史 —— 或者可以反過來說，整個心理學的發展史，都只是為了回答這一個問題。

一個剛生出來不久的小嬰兒，看起來肉肉的、嫩嫩的，除了哭叫什麼都不會。而這樣一個小東西長大以後，竟然有可能變成仁義善良的君子，也有可能變成殘暴無恥的盜匪。那麼到底是什麼讓他變成那樣的呢？這個話題從一開始就吸引了那些哲人們的注意力。不過，中國古代對人性的探討主要集中在了「善惡」問題上，這跟西方古代人的關注點完全不一樣。

中國古人對人性善惡問題的第一次大討論，發生在戰國時代，論戰的雙方是儒家的兩位代表人物孟子和荀子。

首先出場的是正方辯手孟子同學，他一開場就提出，人生來就有所謂「善端」，就好像水天生就往低處流一樣。人心沒有不向善的，就像水沒有不往低處流的（「人性之善也，猶水之就下也；人無有不善，水無有不下。」——《孟子·告子上》）。為了論證這一觀點，孟子又提出了每個人都應有的「四端」：「無惻隱之心，非人也；無羞惡之心，非人也，無辭讓之心，非人也；

第六章　百花齊放 — 心理學的分支

無是非之心，非人也。惻隱之心，仁之端也；羞惡之心，義之端也；辭讓之心，禮之端也；是非之心，智之端也。」——《孟子·公孫丑上》。

那麼，既然如此，為什麼社會上還有那麼多「非人」和「衣冠禽獸」呢？孟子解釋說，是因為社會上物慾橫流，本來純潔的人沾染了物慾就會變得放縱自己，從而產生惡念。所以要想保持自己的善性，就要克制自己的慾望（「養心莫善於寡慾。」——《孟子·盡心下》）。

我們知道，孟子在儒家享有十分崇高的地位，宋代以後被尊稱為僅次於孔子的「亞聖」，所以他的人性觀也成為儒家主流價值觀很長一段時間。現在作為經典教材的《三字經》中開篇就寫：「人之初，性本善，性相近，習相遠……」正是孟子性善論最典型的體現。不過在孟子生活的時代，他的理論並沒有被所有人接受，比如荀子。

那麼反方辯手荀子又是怎麼說的呢？他認為人一生下來就是小人，如果沒有人教導，他就會變成只懂得謀求私利的壞人（「人之生，固小人。無師、無法，則唯利之見耳。」——《荀子·榮辱》）。和孟子一樣，他接下來也拋出了人性中的四種初始屬性：「凡人有所一同。飢而欲食，寒而欲暖，勞而欲息，好利而惡害，是人之所生而有也……」荀子說，什麼天生的惻隱之心、羞惡之心、辭讓之心和是非之心都是胡扯，人一生下來知道什麼呢？只知道餓了要吃飯、飽了要穿衣服、累了要休息、有了利益就上有了危險就躲開。所以啊，每個人都是天生就貪婪、自私和懶惰的，這才是真正的人性！

不過荀子說這話又不單單是出於純粹的憤世嫉俗，他認為儘管人一生下來是惡的，但可以透過教育來感化。「蓬生麻中，不扶而直。白沙在涅，與之俱黑。積善成德，聖心備焉。」——《荀子·勸學》，荀子認為人性是可以被環境改造的，只有國家施行「禮制」才能讓全社會的人都成為君子。

　　如果你前面有認真讀這本書，就會很驚奇地發現：孟子的人性觀，竟然跟人本主義心理學大師卡爾·羅傑斯的想法如出一轍。他們都強調人身上的美好屬性，相信每一個人生下來就是善良、純潔和可以被信賴，如果一個人不那麼善良，也並不是說明他本性多壞，而是受到了社會的沾染。

　　荀子的性惡論則在某種程度上，很像是精神分析學派大宗師佛洛伊德和行為主義心理學觀點的合體。一方面他強調人的生物屬性，每個人都有自己的本能慾望，這些慾望很可能是比較骯髒卑劣的；另一方面他又認為人是可以教育和改造的，生活在一個良好環境中的人，就很可能透過長期學習，讓自己擺脫那些原始的生物性慾望。

　　如果一定要在這兩種觀點中選一種的話，筆者估計還是會選荀子的「性惡論」。沒有太多的原因，只因為筆者親身養育了兩個女兒，知道「孩子」這種神奇的物種到底有多可怕……

　　在孟子和荀子的時代，還有一位獨樹一幟的哲學家──沒錯，就是那位在對話中被孟子吊著打的老兄。正是因為他提出了「性無善無惡論」，才引出了孟子的「性善論」。那麼他是怎麼說的呢？告子曰：「性猶湍水也，決諸東方則東流，決諸西方則西流。人性之無分於善不善也，猶水之無分於東西也。」（《孟子·告子下》）他認為，人的品性就像流水一樣，東邊決口了就往東流，西邊決口了就往西邊流，根本沒有所謂的性善和性惡。

　　當然告子還說過更有名的一句話：「食色，性也。」意思是說不管是對食物還是對異性的追求，都是人類的本性，而這種本性本身是無善無惡的。

　　告子的這一觀點雖然被孟子「轟」了，但在筆者看來倒是更符合現實中的情況──人生下來就如同一張白紙，是沒有善惡之分的，有的人接受了善的教育就成了善良的人；有的人接受了惡的教育，就成了邪惡的人。就如同

第六章　百花齊放 — 心理學的分支

行為主義心理學大師約翰·華生所說：「請給我十幾個健康而沒有缺陷的嬰兒，讓我在我的特殊世界中教養，那麼我可以擔保，在這十幾個嬰兒之中，我隨便拿出一個人，都可以訓練他成為任何一種專家 —— 無論他的能力、嗜好、趨向、才能、職業及種族是怎樣的，我都能夠訓練他成為一個醫生，或一個律師，或一個藝術家，或一個商界首領，或者甚至也可以訓練他成為一個乞丐或竊賊。」

到了東漢時期，又有一位提出了新的人性善惡觀 —— 有善有惡論，他就是王充，一位在歷史書上以「唯物主義哲學家」知名的人物，我們前面講到靈魂時也提過一次。他的觀點看上去跟告子針鋒相對，但其實轟的對象卻連孟子和荀子也都包括在內了。王充認為，由於先天稟氣之不同，人的生理素養是有差異的。他在自己的作品《論衡》中說：「實則人性有善有惡，猶人才有高有下也。」意思是說，實際上每個人的人性生下來都不同，有善有惡，就像人的才能有高有低一樣。又說：「人之善惡，共一元氣；氣有多少，故性有賢愚。」

王充的思想，就比較接近皮亞傑的兒童發展心理學觀點了。他認為每一個人的心理狀態在出生的時候是不太一樣的，但是經過後天的教育和改造，就算是天生的壞人也能變成好人 —— 所謂「論人之性，定有善有惡。其善者，固自善矣；其惡者，故可教告率勉，使之為善」是也。不過王充那個時代還沒有遺傳學的知識，所以他不知道人天生的性格來自於哪裡，只能簡單歸結成了「天生元氣」。

寫到這裡我們不妨回頭再總結一下當代各大心理學派對人性的解讀：

精神分析心理學（特別是佛洛伊德的精神分析學說）的人性論強調人類的生物本能，認為人的任何心理過程都是由「原慾」驅動。人之所以能夠表

現出「人性」而不是「獸性」，全靠人格中的「超我」約束，如果哪天無法約束了，就會呈現出只憑好惡行事的「本我」狀態。簡單來說，人性本惡。

按照行為主義心理學的觀點，人一生下來是無所謂人性的，不管是性格、愛好還是特長，都是在成長過程中從周圍環境中學會的。不管是華生簡單的「刺激─反應說」還是史金納的「操作性條件反射」，抑或班杜拉的「社會學習論」，說到底都是把人性當成是一塊璞玉，可以在學習和教育中隨意打磨。簡單來說，無善無惡。

而在人本主義心理學看來，人的本性是善良的，惡是環境影響下的衍生現象。任何人在正常情況下都有著積極的、奮發向上的、自我肯定的無限成長潛力。簡而言之，人性本善。

最後在認知心理學的觀點中，用資訊加工的觀點等研究人的接受、儲存和運用資訊的認知過程。既然是電腦，當然也就無所謂人性善惡了。不過在廣義上的認知心理學中，也把皮亞傑的「發生認知論」包括，這樣一來就比較接近「有善有惡」了。

明代大哲學家王守仁（即王陽明）把前人的善惡觀總結到了一起，並且加上了自己「心學」的看法，湊成了四句口訣：無善無惡心之體，有善有惡意之動，知善知惡是良知，為善去惡是格物。什麼意思呢？解釋起來又要寫一本書，還是請各位讀者善用搜尋引擎吧！

和中國古代對人性善惡的持久關注不同，西方古代的先哲們更關注人的思維更加理性還是更加感性。古希臘的人性理論可分為三個主要派別，即以普羅達哥拉斯（Protagoras）為代表「感性學說」，認為人性在於人的感性慾望，強調對個性的解放；以德謨克利特（Democritus）為代表「理性學說」，認為人的本性是透過理性認識外界事物、指導自己行動；還有以柏拉圖為代

表的一派，雖然認為人有理性的一面，但是必須排除慾望的干擾、接受法律的約束才可以達到真正的「理性」。

古希臘哲學家還把「理性主義」稱為「神性」，那麼相對應的，「感性主義」就可以稱為「獸性」了。比如柏拉圖就曾有一句名言：「人類必須有法律並且遵守法律，否則他們的生活將像野獸一樣。」柏拉圖的學生亞里斯多德在總結前人關於人性的思想基礎上，提出了他的人性觀點。他第一次把人與動物加以區別，肯定了人與動物相區別的屬性，得出了「人是理性的動物」和「人是政治的動物」兩個重要命題。

亞里斯多德說：「動物中只有人知善與惡、正義與不正義以及諸如此類的事情，而在這些方面的合作關係造就了家庭和城邦。必須要對這些合作關係進行優良管理，從而實現人的優良生活。」他進一步指出，人是具有理性的，要實現幸福，就必須充分發揮理性活動的作用。

進入羅馬時代，特別是基督教成為羅馬國教之後，整個西方世界的人性論被同一種學說統治了，這就是基督教的「原罪說」。按照基督教經典《聖經》的說法，每個人一生下來就是有罪的，這種罪來自人類的始祖亞當與夏娃。他們違背與上帝的約定，吃了分別善惡樹上的果子，這種悖逆帶來了罪，也帶來了罪惡感和羞恥感。正如《希伯來聖經·詩篇》中所說：「我是在罪孽裡生的。在我母胎的時候，就有了罪。」

在長達一千多年的西方文明史中，這種源自於宗教的「性惡論」觀點幾乎貫穿始終，甚至十六世紀的歐洲宗教改革帶頭人馬丁·路德和約翰·喀爾文等人，也都對「原罪說」深信不疑，這種情況一直到了十七～十八世紀啟蒙運動時期才有了改觀。

西方第一位提倡性善論的人，是十八世紀的法國大思想家盧梭（Jean-

Jacques Rousseau），他提出了「歸於自然」的自然主義哲學，否認人的不完善性，信任人類個體的「性善」能夠關注並克服社會群體的性惡，達到「以善治權，以善揚善」的最終目的。盧梭的思想對後世影響非常大，人本主義心理學的幾位大師後來回憶說，他們許多人都受到了盧梭思想的影響。

第二節　烏合之眾 ── 社會心理學的歷史

題記：個人一旦成為群體的一員，他的所作所為就不會再承擔責任，這時每個人都會暴露出自己不受到約束的一面。

── 古斯塔夫· 勒龐

我們研究各大心理學流派的發展史時會發現一個有趣的現象：無論是行為主義心理學還是精神分析學派，在現代全都轉向了和社會環境相結合的發展方向。無論是班杜拉的「社會學習論」，還是荷妮與弗羅姆的「社會文化決定論」，似乎都有一點異曲同工的味道。而且我們看一下現當代的殿堂級心理學家，比如利昂· 費斯廷格（Leon Festinger）和史坦利· 夏克特（Stanley Schachter）等，研究社會心理學的人竟然占到了一大半。換句話說，社會心理學現在是最被世人關注的心理學分支之一。

甚至最近幾年還有兩本社會心理學方面的書籍進入了暢銷書領域：一本是《烏合之眾 ── 大眾心理學研究》（*The Crowd: A Study of the Popular Mind*），它的作者是社會心理學先驅，法國心理學家古斯塔夫· 勒龐（Gustave Le Bon）；另一本就是在二〇一七年引起中國一片血雨腥風、爭議不斷的武志紅作品《巨嬰國》。不過在筆者看來，儘管這兩本書在可讀性上都不錯，但從科

第六章　百花齊放 — 心理學的分支

學角度來說，很難稱得上「真正的」社會心理學著作。

《烏合之眾》一書出版於一八九五年，當時心理學尚處在以研究心理元素為主的結構心理學占據主流的階段，社會心理學這門學科甚至都還未建立起來。更關鍵的是，勒龐在本書中使用的案例都屬於「個例」，而不是經過實驗觀察和數據統計得到的「科學數據」，其中甚至還摻雜了一些傳說故事作為論據。儘管這些個例都很經典，但從科學的角度來看，它很難稱得上一部科學的心理學著作。

顧名思義，社會心理學所研究的對象是人與人、人與群體、人與社會之間的關係，所以其實我們可以把社會心理學看作是一種交叉科學。研究人類社會的「社會學」和心理學交匯在此處，碰撞出絢爛的火花。當然也因此，在社會心理學內部從一開始就存在著兩種理論觀點不同的研究方向，即所謂社會學方向的社會心理學和心理學方向的社會心理學。

早在十九世紀中葉，就有一些像勒龐這樣的研究者開始對社會心理學感興趣，但是一直到一九〇八年，人們對社會心理學還沒有一個明確的概念。就在這一年，英國心理學家威廉‧麥獨孤（William Mc Dougall）的《社會心理學導論》（*Introduction to Social Psychology*）和美國社會學家愛德華‧羅斯（Edward Alsworth Ross）的《社會心理學 —— 大綱與資料集》（*Social Psychology: An Outline and Source Book*）不約而同地問世，於是順理成章的，一九〇八年也就成為社會心理學的創派之年。

作為一本講心理學的書，筆者的屁股當然是要坐在心理學一邊的，所以，我們還是從麥獨孤開始講起吧。

第一眼看到麥獨孤這個名字，我們說不定會覺得他是武俠小說裡的一個人物，身負絕世武功而又孤獨寂寞的冷酷男子 —— 誰讓他的名字翻譯得這麼

酷呢？有趣的是，麥獨孤在學術上也有點不走尋常路的味道。

　　早在一九〇五年，麥獨孤就提出，心理學不能只滿足於內省法，而要研究人的行為，這比離經叛道的約翰·華生提出行為主義觀點還早了六年。那為什麼麥獨孤沒能成為行為主義心理學的宗師呢？因為他所理解的行為，和華生等人理解的不一樣。麥獨孤認為，驅動人類行為的是來自億萬年生物演化過程中的遺傳和本能；而華生認為，人的行為是由環境塑造出來的，而且麥獨孤還認為，「心靈」的活動也是行為的一部分。經過幾輪論戰之後，華生的觀點占據了行為主義心理學的主流，麥獨孤只好自己創立了一門「目的心理學」（Hormic Psychology）聊以自慰。

　　《社會心理學導論》當中只能算麥獨孤的一個開場白，他的社會心理學觀點實際上主要包含在了後來出版的《團體心靈》（*The Group Mind*）一書當中。他在書裡繼續呼籲，要想明白人類社會運行的規律，就要研究人的行為。但同時，他又肯定了「心靈」的存在，認為人的任何行為，哪怕是下意識的行為也有其目的。可以說麥獨孤夾在行為主義心理學和精神分析心理學之間，兩面不討好。

　　而真正把社會心理學帶入實驗研究正途的人，是美國心理學家弗勞德·亨利·奧爾波特（Floyd Henry Allport），因為他的弟弟也是著名的心理學家，所以我們一般稱他 F.H. 奧爾波特，而叫他弟弟 G.W. 奧爾波特。雖然在他之前已經有一些前輩開始用實驗的方式研究社會心理學，但直到他這裡才算功德圓滿，所以他也被稱為「實驗心理學之父」。

　　社會心理學怎麼做實驗呢？ F.H. 奧爾波特是這麼玩的：他找來了一群哈佛大學的大學生，又準備了一個大房間和五個相互隔離的小房間，要求五個被試者既在大房間一起測試，又在小房間單獨測試。測試內容包括乘法、刪

第六章　百花齊放 — 心理學的分支

去字母、辨別圖形、分辨氣味、區分物體重量、自由聯想以及反駁古代哲學家著作的片段文章等。同時心理學家們要注意比較被試在上述兩種不同條件下發生的感覺、注意、思維等心理活動的特點。

最後的結果表明，由於測試性質不一樣，發生的心理活動在兩種條件下也完全不一樣：在小隔間裡面評價古代哲學家著作的品質，要比在大房間集體中進行時為高；自由聯想也是個別測試時較好，但在辨別氣味、區分重量、辨別圖形等其他方面，大家在一起則能減少判斷的極端性。

一九二四年，F.H. 奧爾波特在總結這些實驗結果的基礎上，寫出了不朽的名著《社會心理學》，從這裡開始，社會心理學才真正建立在了科學的實驗和觀察基礎上。在這本書裡，他第一次提出了「社會促進」（social facilitation）的概念：當有人和你一起工作時，你做事的效率可以提升！

其實我們生活當中也有這樣的實例。比如說筆者去健身房的時候，如果去得早，沒多少人在訓練，可能就會拿個手機在跑步機上面慢慢滑；但如果來了其他人一起跑步，特別是有異性在場的時候，就很可能會跑得特別努力。校園裡喜歡打籃球的男孩也是如此，如果沒有觀眾觀看，有些人就打得無精打采的，一旦旁邊圍上一圈（女性）觀眾，年輕人們就把各種必殺技全使出來了，這種現象在心理學上又稱為「觀眾效應」。

F.H. 奧爾波特還有一個「J 曲線假說」理論，認為把一個群體賦予人格是很荒謬的事情，人的人格跟群體的「人格」完全是兩回事，不可同日而語，所以就並不存在「群體精神」這回事了。所以說俄羅斯是「戰鬥民族」、美國人都很自大什麼的，聽聽就好……

《社會心理學》一書為後來者們打開了新世界的大門，從它開始，社會心理學走上了快速發展的康莊大道。數學和物理方法都被引入到了社會心理學

的研究領域，一九三○年代，科學的人際態度測量方法也被發明了出來。德國人庫爾特·勒溫（Kurt Lewin）還發明出了一個把物理學概念「場」，套到心理學上成為「場地論」（Field Theory），用它來研究人在團體當中的行為特點。

　　社會心理學之所以容易被世人關注，很重要的一個原因是它和現實生活關聯比較緊密，所以在這一領域有很多被我們耳熟能詳的「心理學效應」，下面我們就來介紹幾個比較有趣的。

　　二十世紀中葉，美國心理學家哈羅德·凱利（Harold Harding Kelley）在麻省理工學院做了這樣一個實驗：在兩個班級裡面，上課之前，凱利向學生宣布將請一位研究生來代課，接著他告訴學生這位研究生的性格情況。其中向一個班學生介紹這位研究生時說他具有熱情、勤奮、務實和果斷等項特質，向另一班學生介紹時，除了將「熱情」換成了「冷漠」之外，其餘各項都完全一模一樣。

　　高潮來了：在這位研究生下課之後，前面一班的學生與研究生一見如故，親密攀談；另一個班的學生對他卻敬而遠之，冷淡迴避。為什麼僅僅只差了一個詞，學生們對待他的態度完全相反呢？因為主要用來描述人際關係態度的「熱情」和「冷漠」兩個詞掩蓋掉了其他的特質，就像一個閃閃發光的「暈輪」或者「光環」，讓人用很片面的眼光來看待這個人 —— 即使是他表現出的態度和那個印象不一樣。

　　這就叫「暈輪效應」（Halo Effect），即人們總是喜歡用一個人性格中的某一個側面來描述這個人。一說起諸葛亮，我們就想起「智慧」；一說起希特勒，我們就想起「兇殘」。現實中也有類似的案例，比如某位知名羽毛球運動員，一向以好男人的形象出現在我們面前，我們也很願意把他想像成一個特

237

第六章 百花齊放 — 心理學的分支

別完美的英雄形象；突然有一天他被爆出了出軌醜聞，於是一夜之間他的形象徹底崩塌了，就連他之前在奧運、世界錦標賽上獲得的那些榮譽也變得不值一提。

接下來要講到的這個實驗，在心理學史上堪稱臭名昭著，至今很多人提起來還罵聲不斷。它就是美國心理學家菲利普·津巴多（Philip George Zimbardo）在一九七一年做的「史丹佛監獄實驗」（Stanford Prison Experiment）。

這個實驗有點像我們現在很多年輕人玩的 Cosplay（角色扮演遊戲），津巴多找來了二十四名健康正常的志願者，分成兩組，第一組十二個人扮演看守，第二組十二個人扮演囚犯。這可不是小孩子扮家家酒那樣的扮演，他們用到的手銬腳鐐、囚服乃至刑罰用到的電擊棍、皮鞭都是真材實料，甚至還專門在史丹佛大學下面建了個地下室作為牢房。

實驗開始了，一切都跟真正的美國監獄流程一樣，「囚犯」們被戴上腳鐐，經過搜身後扒光衣服、清洗消毒再穿上囚服，然後每三個人住在一個小隔間裡面；而那些扮演獄警的志願者們呢，被告知可以隨意處置罪犯，不管什麼方式都可以。

實驗的前幾天，「囚犯」們覺得自己受到了各種不公平待遇，比如房間太小、吃飯太晚之類的，於是他們就開始抗議；「看守」們為了制止抗議就開始體罰「囚犯」，一開始也是很輕度的懲罰，比如罰跑操場、罰做伏地挺身之類。按照事前的規則，「囚犯」們完全照做了。

接下來「看守」們發現，無論他們怎麼懲罰，「囚犯」都不會真正反抗。他們嘗到了甜頭之後開始變本加厲了，各種缺德的損招都被發明出來，比如讓他們去做刷馬桶之類「卑賤」的工作，比如用頭套套在他們頭上……有時

候甚至不讓「囚犯」上廁所，只能他們使用小屋裡的水桶，而且還不按時清洗，讓牢房裡臭氣沖天。

僅僅過了五天，幾乎所有的「囚犯」都瀕臨崩潰了，他們變得順從、懦弱而不敢反抗，一心只求「保釋」，而「看守」們則變得兇狠殘暴，甚至還會偷偷在半夜折磨「囚犯」。每個人都真正進入了自己的角色，把這個扮演的角色當成了他們自己，甚至在津巴多教授告訴他們實驗已經結束的時候，都還走不出這個怪循環。在此後很長時間裡，他們都要慢慢跟自己腦海裡的那個惡魔搏鬥。

這個實驗的成功是空前的，津巴多教授透過它，證明我們每個人靈魂中都隱藏著殘忍和暴力的醜陋人性，當來到了適當的環境中，這種原始的「惡魔性」就會被釋放出來 —— 就像那些「看守」們的扮演者們一樣；同時它又證明，一個人的個性可以被環境所改變，每個人的性格都有可塑性，比如那些「囚犯」的扮演者一樣，在一個殘忍恐怖的高壓環境裡，他們在內心深處真的變成了囚犯。

但是史丹佛監獄實驗的爭議性也是空前絕後的，這個實驗可能是永久地改變了那些參加者的性格與人生 —— 儘管他們是自願參加的，並且有領取報酬，但是這種讓人真實見證自己內心醜惡一面的實驗方式，實在是太殘忍了！隨著這個實驗被世人獲知，心理學實驗中的倫理學困境也愈加嚴重了，但也因為它的真實和殘酷性，此後的幾十年裡，這個實驗被改編成了許多種影視劇作品流傳於世。

社會心理學就是這樣一門讓人又愛又恨的科學，我們可以用它來揭示出人類在群體中存在的真實一面，也可以用它來了解到整個社會群體是怎樣運行。如果你也對社會心理學感興趣，那筆者強烈推薦你去讀美國教授戴維·

邁爾斯（David Myers）的作品《社會心理學》，它會告訴你什麼才是真正包羅萬象的社會心理學。

第三節　你病了嗎？

題記：精神官能症患者總是忍不住要懷著痛苦的敏感，把現實生活中成千上萬不符合他頭腦中幻想的瑣事放在心上。

—— 卡倫・荷妮

一般來講，「神經病」是個罵人的詞，在智障、腦殘這些詞普及之前，這個詞是罵人時從精神方面攻擊別人的不二選擇。不過這個詞又不是純粹罵人專用，因為它跟精神醫學上常用的兩個詞「精神病」和「精神官能症」很相似，乍一看好像它們倆合體了。那麼從心理學角度來說，到底什麼叫「精神病」，什麼叫「精神官能症」呢？

在生活中我們聽說不少精神病，可能也見過一兩個精神病人，不過未必真的了解。對精神官能症中的神經衰弱、癔症（歇斯底里症）、強迫症、憂鬱症也多有耳聞，但恐怕大多數也只停留在聽說的層次上，對它們有什麼區別、與正常心理又有什麼分野的了解，當然也不夠多。過去一般認為，病就是病，正常就是正常，兩者之間有著恆定的界線，所以心理學的研究者也不該去湊熱鬧應該歸精神醫學管的精神疾病。不過隨著相關研究的深入，越來越多的心理學家都認為，正常人和精神疾病患者之間並沒有一條明顯的鴻溝。正常人的心理當中也會有反常的成分，病人的心理中也會有正常的成分，所不同的就是哪種成分占據上風。

很多心理學家都願意做這樣一個通俗的比喻，人的心理好比一條河。河的兩側築有堤壩，就相當於是正常人和非正常的區分界線。正常人的心理河流是緩慢流動，動態平衡，偶爾遇到暴雨天氣，也會出現河水漲落，甚至偶爾淹沒堤壩。只要不是經常如此，且不會造成危害，我們就認為這條河流是安全的，不算心理疾病；如果有一天，河水暴漲，把堤壩沖毀了，開始淹沒周圍的房屋農田，造成了自然災害，這就是心理疾病出現了。

有人要問了，那要是河水不流了怎麼辦？那叫植物人。

按照這個標準，在心理學上把人類的心理分成兩類，一是正常心理，二是變態心理。請注意，這個「變態」跟「你這個變態！」並不一樣，並不是在罵人，而是說偏離常態的意思，所以我們現在一般也叫它「異常心理」。正常心理也分兩種，一是健康心理，二是不健康心理。所謂不健康心理，就是指那種偶爾出現的「河水漫過堤壩」現象。不健康心理通常是有心理問題，而下面會一一講解心理問題、精神官能症、精神病與人格障礙。

前面說過，心理這條河流偶爾也會有失衡狀態，只要這種狀態持續時間不長且危害不大，就可以歸類為心理不健康狀態，心理諮商師主要服務的人群也就是這些心理不健康的正常人。心理學臨床上通常把心理不健康的狀態分成三類，即心理問題（也叫一般心理問題）、嚴重心理問題和精神官能症性心理問題。它們是什麼意思呢？我們首先從正常心理和精神官能症的區分說起。

其實，在長期以來的臨床實踐當中，精神官能症和心理問題很難區分，因為它們通常只是程度上的不同，並不是性質上的絕對不同。它們的區別主要有兩個：一是持續時間長短，一般持續時間不超過三個月的不被認為是精神官能症；二是心理衝突是否是常形的。如果一個人的心理衝突與現實生活

第六章　百花齊放 — 心理學的分支

緊密相關，且帶有明顯的道德性質，我們就不認為這是精神官能症。那麼到底什麼叫「心理衝突與現實生活緊密相關」？什麼又叫「帶有明顯的道德性質」？這說的到底是什麼？還是舉個例子吧。

有一名青年，跟女友交往了好幾年，彼此該辦的事都辦了，突然女朋友要跟他吹了。青年整天失魂落魄，茶飯不思，想要自殺卻放不下家中父母。你看，這就是典型的心理衝突常形。青年的苦惱是由一件生活中跟他緊密相關的事引發的，無論誰來評判都會覺得他應該苦惱。想要自殺，只是用愛情第一的道德價值標準來評判；捨不得父母，這又是按照孝順第一的道德標準來判斷 —— 不論哪種道德標準，都是按照道德標準來評判了。

再舉一個例子：又有一個青年，也整天苦惱，但他苦惱的對象就不一樣了。他每天下樓後的第一件事就是數樹上掉下來多少葉子。如果掉下來葉子是單數，心情就很好；如果葉子是雙數就苦惱異常，茶飯不思，這就叫心理衝突變形。樹上掉下來的葉子是單數是雙數，跟他的生活毫無關係，也不包含任何道德評判，但就是能引起他的心理衝突。這個男青年就要考慮是不是患有精神官能症了。

知道了這個，我們就容易解釋了：如果一個人不良的心理狀態持續時間不超過一個月（間斷持續不超過兩個月），由明顯的能引起心理衝突的事件引發，自始至終，不良的心理情緒激發僅限於最初事件不會波及其他事，生活、工作和學習受影響較小。比如上面說的失戀男，如果他的這種不良情緒持續一個月還不能自己排解，一想起前女友就難受得不得了，但還能正常過日子，那麼他這就叫一般心理問題。

相應地，如果這個失戀男的不良情緒持續時間超過兩個月不滿半年，不但想到前女友，甚至來到兩人戀愛時去過的地方、看到商店裡他給她買過的

東西都會引起不良情緒，生活受到嚴重的影響，但是還不至於完全失控，那麼他這就叫做嚴重心理問題。

嚴重心理問題再往下發展，不良狀態持續半年以上，激發狀態已經泛化到看見女性就渾身難受，或者因為以前兩人一起騎過腳踏車而不能騎腳踏車，工作也沒有了，飯也吃不下了，整天坐家裡抹眼淚，精神上非常痛苦，但無能為力，這就叫精神官能症性心理問題了。事實上，精神官能症性心理問題的症狀跟精神官能症並無太大區別，只是在持續時間上或者程度上有不同罷了，這時候的人已經處在一個病與非病之間的一個狀態上。河水已經漫過堤壩，就差淹到房屋了。

其實按照現代精神醫學的觀點，精神官能症和精神病一樣，都是包含在「精神障礙」裡面；但是在心理學家看來，精神官能症和精神病完全不同，簡單來說有三點不同：一是精神官能症通常都是由心理問題發展變化而來的，而精神病的成因非常複雜，現代醫學尚不能解釋；二是精神官能症患者知覺、行動和意識是統一的，精神病患者則不統一，喪失自知力，是診斷精神病與否的一個重要標準；三是精神官能症有程度區分，不但可以逆轉而且可以治療，精神病患者則基本上很難治療，只能控制。

可能有人對「知行意統一」、「喪失自知力」這種術語不太明白，我們還是接著舉例子吧。一個患有精神官能症的人，對自己有病這一點肯定是心知肚明的。比如我前面提到的下樓數樹葉單雙的例子，在這個人的心裡何嘗不知道自己做這種事，在別人眼裡是「神經病」的表現，但是如果不做，自己心裡又會非常非常不安，很難控制自己。即便如此，他去數樹葉這個動作，在自己腦子裡也是清清楚楚知道的，數完後的痛苦也是真真切切能感受到的。也就是說，他的意識、行動和知覺三者是一致的，自己知道自己在做

第六章　百花齊放 ── 心理學的分支

什麼。

　　精神病患者就不一樣了，他們的主觀世界跟外界是分離、自成一系的，知覺也跟正常人不一樣，會有各種幻覺，比如眼前閃爍奇怪圖像、肚子無故劇痛等。他想的東西和做的事在外人看來匪夷所思，但他自己看來卻順理成章，甚至還有覺得別人都錯，只有自己正確的。間歇性精神病患者在恢復正常之後，會對自己發病期間做的事一無所知，可見他們的知覺、意識和行動三者不統一。換句話說，精神病患者不知道自己有病，更不會主動尋求治療。你覺得他有精神病，他還說你有精神病呢！

　　精神官能症的分類，大致上有神經衰弱（neurasthenia）、恐懼症（phobia）、焦慮症（anxiety disorder）、強迫症（obsessive-compulsive disorder，OCD）和疑病症（hypochondriasis）幾大類，這些症狀從名字上大致上就能想像出大概是什麼意思。大家可以發現的是，這幾種病症的傾向，其實是普遍存在於我們生活中的，誰沒有精力疲乏、失眠多夢的時候？誰沒有害怕的東西？誰沒有心靈交戰、掙扎困惑的時候？誰沒有反覆檢查大門是否上鎖的時候？誰又沒有懷疑自己生病的時候？精神官能症就是這些傾向在人遇到重大刺激或者重大壓力的時候強化，從而影響人生活的現象。所以說只要配合接受正規治療、主動減壓、深掘病根，精神官能症是能治好的。

　　說到精神官能症的治療，筆者建議，如果確診，就最好到醫院的精神科治療。但誰想背個精神病的名號呢？於是很多精神官能症患者都來找心理諮商師。儘管我們的荷妮、羅傑斯等前輩都治療過精神官能症，但精神官能症其實並不是心理諮商的對象。心理諮商師並不是醫生，不能強迫患者做什麼，只能是提建議，還不能開處方藥，所以治療效果也不會多好。

有人可能會問：憂鬱症屬於精神官能症嗎？這個問題很難回答。儘管看上去那些患者的狀態差不多，都是悶悶不樂、萎靡不振和悲觀厭世的樣子，大多數患者也都伴有神經衰弱和睡眠障礙，但其實憂鬱症也有精神官能症性憂鬱（外因性憂鬱）、精神病性憂鬱或內因性憂鬱之分。精神官能症性的憂鬱一般是由外界刺激所引起，透過心理疏導和行為矯治有可能得到緩解甚至治癒；而精神病性的憂鬱症，因為很多都喪失了自知力，一般症狀都更為嚴重，而且目前我們還沒發現具體的發病機理，所以只能透過藥物辦法來控制發作。

筆者發現最近幾年，似乎憂鬱症和所謂的「拖延症」一樣，成了一件很流行、很值得驕傲的事了。我們在各大社交平臺上會發現一些青少年說：「今天作業又寫不完，頭痛，我的憂鬱症要發作了。」好多「網紅」也都喜歡說自己有憂鬱症，以便引來別人的同情，但實際上呢？他們跟真正的憂鬱症沒有半點關係。

對患者來說，身患心理疾病是一件非常痛苦的事。正常人很難理解，一個真正的憂鬱症患者每天、每小時、每一秒都要忍著身心的劇痛活下去，這得需要多麼大的精神勇氣。當他們在社交網站上看到那些對憂鬱症的調侃之詞時，又該承受怎樣的委屈。更為嚴重的是，當「憂鬱症」成為流行概念，「假憂鬱症」走紅之後，真正的憂鬱患者就有可能被人嘲諷說「不就是憂鬱症嗎，有什麼大不了的」。罹患疾病本身已經很不幸，被人嘲諷就更為不幸了。

還是讓疾病歸疾病，社會歸社會吧。

生活中所說的「神經病」，十之八九是說精神病，也有更難聽的稱呼，就是「瘋子」。在古代，人們不知道精神病患者是生病了，往往歸為鬼怪作祟，治療上也多半是找巫婆神棍作法，或者像中世紀歐洲那樣直接燒死。直到現

第六章　百花齊放 ― 心理學的分支

在，人類對精神病的成因還是眾說紛紜，有的歸為遺傳因素，有的認為是腦組織有探測不到的損傷。精神分析學派往往認為是患者潛意識不受控制的發作，行為主義學派則認為是行為的抑制機制被打亂，人本主義學派認為是需求得不到滿足……總之各大門派的說法也是各不相同。

　　精神病的發作機理也很難說清楚，有人一生下來精神就有問題、有人長期壓抑精神崩潰成了精神病、有人受到重大刺激患上精神病，還有人大腦受創傷才患上精神病，甚至還有人是什麼也沒發生，一覺醒來變精神病的，可以說精神病這東西是羚羊掛角 ―― 無跡可循。

　　前面說過，精神病患者不知道自己患有精神病 ―― 豈止是不知道自己患有精神病，大部分還都認為自己比別人更清醒呢。那個「自從得了精神病，整個人都更有精神」的梗，並不是完全笑談，至少臨床上許多內向的人在患上精神病之後變得容光煥發。魯迅先生的《狂人日記》有許多隱喻，這裡放下不談。這個小說說白了講的就是一個精神病患者的精神世界，患者（即「我」）有嚴重的被迫害妄想，他狂熱地相信所有人包括自己的哥哥，都想把他吃掉，所有人說的話、做的事，再有道理、再為他好，都是在害他。用心理學上的術語說，此人的知行意是不統一的。

　　英國有位偉大的畫家叫路易斯·韋恩（Louis Wain），他最擅長的就是畫貓。他筆下的貓高貴、典雅，而且透著靈氣，深受人們喜愛，他還曾一度當選英國愛貓者協會主席。就是這樣一位藝術家，後來卻罹患了思覺失調症（舊稱精神分裂症），筆下的貓也就變得詭異起來，而他筆下這種「萬花筒貓」後來成為珍稀收藏品，價值不菲。

從正常人到患上精神病，韋恩筆下貓的變化

　　一直以來，全世界都沒有特別統一的精神病診斷標準，但常見的精神病診斷三原則事這樣：主觀世界與客觀世界相一致原則、心理活動內在協調性原則、人格相對穩定性原則。

　　主客觀世界相一致原則我們說過了，從這條原則可以有兩個重要推論，即精神病患者的兩大特徵：一是喪失自知力，二是出現幻覺，特別是後者是臨床上判斷的重要標準。如果一個人跟你繪聲繪色地描述自己昨天看到了上帝，甚至連上帝穿對襟羊皮小棉襖、頭上裹羊肚白毛巾，留長長的山羊鬍都看得清清楚楚，還一口英國腔特別厲害 —— 如果這人不是在說相聲，基本就能肯定他是患上精神病了。

　　心理活動內在協調性是什麼意思呢？說白了就是你遇到高興事就要高興，遇到倒楣事就要傷心，生氣了就要拍桌子，鬱悶了就要抽菸 —— 好吧，抽菸有害健康，也可以選擇發呆。如果一個人他的兒子被汽車壓死了，他還在家裡炒菜吃得津津有味，這人也很可能是精神病患者。

　　人格相對穩定性原則也好理解，一個人的脾氣、性格、道德水準基本上

第六章　百花齊放 — 心理學的分支

是穩定的，如果有一天一個老實內向的人突然變得油嘴滑舌，到處講幹話；或者一個花花公子突然變得坐懷不亂，像性冷淡，這就要考慮他們是不是患上了精神病了。當然，後一種人還可能要從生理方面找原因。

　　精神病的診斷標準，在這三套大原則基礎上主要依據症狀來看，可以參考美國出的《精神疾病診斷與統計手冊》（*Diagnostic and Statistical Manual of Mental Disorder*，*DSM*），現在已經出到了第五版。這裡就不一一列出症狀了，有興趣的朋友可以自行 Google。臨床上診斷精神病，有一套極其嚴格的測試標準和過程，有許多專用的測量儀器和量表非常正規和科學。想要把一個正常人診斷成精神病來逃脫罪責或者挾私報復，基本上是很難的。這方面因為主要歸精神醫學，所以我接觸得也不多，最多是用過幾次明尼蘇達多項人格問卷（Minnesota Multiphasic Personality Inventory，MMPI），有興趣的話可以從網路上下載一個測測看，看自己是否有精神病傾向。

　　精神病同樣分很多種，我們常見的一般都是思覺失調症。思覺失調舊稱精神分裂，並不是說患者的意識分成兩個（這種叫「多重人格」或者「解離性身分障礙」），主要還是指患者知行意不統一。思覺失調症按照症狀分為許多種，可以說是五花八門，無奇不有。光是妄想症（delusional disorder）一種，就有關聯妄想、被害妄想、疑病妄想等。

　　患上精神病的患者，一定要去正規的精神病醫院接受治療。即使現在治療技術先進了許多，但大致上的思路仍然是藥物抑制患者思維為主，行為矯正為輔。從根本上治療精神病目前來說很難，只能有待腦分子物理學技術進步了。

　　最後我們要說的是人格障礙（personality disorder），本書開頭我們就說過，所謂人格，是一個人在性格、脾氣諸方面，表現出來的一個整體、

恆定的印象。所以我們所說的人格障礙是這樣一類精神障礙：患者並沒有明顯症狀，自知力也正常，但是他們在某一類特定問題上卻又與絕大多數人不同，而且固執得無可救藥。所以我們正常人認為他們的人格中有這樣或者那樣的缺陷，而這些缺陷使得他們遇到特定問題時會發生難以想像的後果。精神官能症和精神病患者最多禍害自己或者家人，人格障礙者則可能禍害全社會。比如心理學家認為，希特勒就是一個典型具有反社會型人格障礙的人（antisocial personality disorder，APD），很難想像一個正常人會把殺害成百萬的人當成正確的事情，但在希特勒心裡卻是天經地義的。當然了，脫離具體的社會文化氛圍，也很難解釋這一現象。

人格障礙的判別標準其實也不是恆常不變，很多事情在當時覺得是大逆不道的，說不定後人就會覺得很正常，例如：不管是在西方還是在中國，古代都曾經把「左撇子」當成疾病。現在英語當中「右邊」和「正確」是同一個詞「right」，就是這種偏見的遺留。現代心理學證明，左撇子不但不是病，習慣用左手的人在右腦發育和形象思維上還要大大優於那些習慣用右手的人。

同性戀也曾經在很長一段時期裡被認為是一種異常人格，在很多宗教的經文中都有禁止同性戀的規定。不過進入現代社會，人們開始認識到同性戀和異性戀一樣，也是正常人格的一種，不應該被歧視和踐踏。一九七三年，美國心理學協會和美國精神醫學會，就已經將同性戀行為從疾病分類系統中去除。一九九〇年五月十七日，世界衛生組織也把同性戀從精神病名單中刪除。

實際上，人格障礙的傾向也普遍存在於每個人身上，每個人或多或少也都存在一些暴力、虐待、性慾倒錯（sexual perversion）、反社會之類的心

理傾向，只是絕大多數時候在心理當中並不為主導，偶爾發個小牢騷後，還會繼續埋頭工作；然而，一旦被這些東西主導，就變成人格障礙了。有一些研究表明，重刑罪犯之中人格障礙者的比例相當高。這是另一個話題了，以後有時間再說。

　　總之，無論是精神官能症還是精神病患者，都應該到正規醫院診所接受治療，千萬不要自己亂想、亂吃藥。而對人格障礙者來說，最好的辦法還是修身養性，早日克服不良心態，洗心革面，重新做人……

第四節　心理測量者

　　題記：心理學若不立足於實驗與測量上，絕不能夠有自然科學之準確。

―― J. M. 卡特爾

　　在前一章中我們說到，精神疾病患者和正常人之間並沒有一個確切的界限，即使是專家級的心理諮商師，也沒辦法只看一眼就知道一個人到底有沒有精神疾病。那麼我們該如何分辨患者和正常人呢？主要有兩種方式，一種當然就是觀察法，不但包括觀察他的外表，也包括他的衣著、體態、表情變化和行為特徵等，再加以綜合分析；而第二種方式就是使用心理測量。

　　心理測量（Psychological Measurement）是跟心理學相關的一門輔助科學，不過在它的發展早期卻有著相對獨立的發展軌跡，因此也可以說心理測量學本身也是一門科學。如果從英國統計學家法蘭西斯· 高爾頓（Francis Galton）在一八八四年做的「人類測量實驗室」算起，心理測量學也已經有一百三十多年的歷史了。我們不妨一起來回顧一下，那些曾經為心理測量做

出過卓越貢獻的前輩。

　　英國人高爾頓被認為是心理測量學的開創者，但其實他的生涯跟心理學交集很少，甚至他都很難算是心理學家。他在心理測量方面的成就，很大程度上要歸功於他的好友 J. M. 卡特爾——後者才是真正的心理學家，我們之前在講到桑代克時也提到過他。

　　高爾頓除了是一位探險家、統計學家、博物學家之外，還有一種身分：查爾斯·達爾文的表弟——沒錯，就是那個發現了演化論的達爾文。可能是因為這一層關係的存在，他是達爾文遺傳和變異學說的忠實擁躉，他最重要的研究「優生學」也和表哥的學說息息相關，更確切點說，高爾頓關注的領域主要是「為什麼同樣是人類，每個人的能力卻相差許多」。

　　在高爾頓看來，引起人類的能力差異原因無非就兩個，遺傳和變異。那麼除了那些不可預測的隨機變異之外，只需要控制好父母的「能力」和「特徵」，完全可以生育出擁有自己期望能力的孩子。這樣用類似控制牲畜育種的方式生育幾代之後，所有的人類不就都是透過選育產生的「超人」了嗎？高爾頓為自己的大膽想像興奮不已，並且把這種全新的學說命名為了「優生學」（Eugenics）。

　　先不去考慮高爾頓學說中的道德問題，我們也能發現這裡面有一個大大的問題：人類的能力差異該怎麼表達和測量出來呢？有一些很好操作，比如體重、身高、視力、聽力、嗅覺……但是人生而為人，最重要的部分乃是思維能力，這又該怎麼測量呢？為了「優生學」的下一步發展，高爾頓不得不去發明出一些可以測試人類的「工具」。

　　高爾頓開創的第一種工具叫「自由聯想」，簡單來說就是主持測量的人（稱「主試」）給被測量的人（稱「被試」）一張圖片或者一個詞，要求他在最

第六章　百花齊放 — 心理學的分支

快時間裡說出自己腦海中呈現的事物或者詞語。比如說主試說「太陽」，被試說「月亮」；主試說「星星」，被試說「天空」等。有時候主試還會要求被試透過一個詞聯想出一串的詞，比如太陽—月亮—月餅—燒餅—驢肉—阿膠……透過自由聯想法，主試就可以了解到被試大致上的知識範圍、愛好、表達能力甚至情緒等。這種心理測量工具後來得到了精神分析學派心理學大師榮格的重視，用它解決了許多問題。

高爾頓開創的第二種工具叫「問卷調查」，這種東西我們今天在網路上也很常見，通常在公司應聘面試者時會用到。高爾頓的做法和現代的調查問卷大同小異，大致上他是把一些關於被試者心理方面的問題，做成一個個含有若干答案可以選擇的問卷，透過分析被試填寫的答案來測量出被試的心理狀態。

其實這兩種工具本身並不複雜，高爾頓的可貴之處在於他作為一位統計學家，指出了怎樣去分析測量得來的數據：哪些情況的數據是無效的、哪些數據可以取中位數、應該怎樣分析所有被試的心理規律……總之，高爾頓給後人留下的是一整個心理測量學體系。高爾頓運用自己的「人類測量實驗室」，共收集了九千三百三十七位男女的詳細資料，為人類個體差異研究提供了大量數據。他的優生學理論到現在也早已被大眾所接受。

不過他為人類「計畫育種」以培養超人的計畫，卻因為違背普遍的人性而失敗了……

高爾頓發明的心理測量工具，雖然已經能夠得出一些簡單的結論，但是在二十世紀初的心理學家們，特別是「數字控」看來，他的測量結果很粗糙、很不嚴謹。這時候一種新的測量工具出現了：心理量表。

心理量表和高爾頓的心理問卷有一些相似之處，大多數也是透過發卷給

被試回答問題，並且打分數，最後透過某種方式統計結果的方式測量，不過現代成型的心理量表要經過無數次的修訂，還要更新常模、驗證不同群體的信效度等，在嚴謹性、精確性和專業性上，都遠不是高爾頓的問卷所可以比擬的。

最早的心理測評量表叫「史丹佛－比奈智力量表」（Stanford-Binet Intelligence Scale），這個名字大多數讀者都會覺得很陌生，不過由它衍生出的一個詞確實我們再熟悉不過，這個詞就是「智商」（Intelligence Quotient，簡稱 IQ）。在我們的印象中，智商高就代表一個人聰明，智商低就代表一個人比較笨拙，那麼智商到底是怎麼回事呢？我們還是要從這個「史丹佛－比奈智力測驗」說起。

阿爾弗雷德·比奈（Alfred Binet）是一位法國的實驗心理學家，不過他感興趣的研究方向是人類的智力。我們都知道，人和人之間的智力差異是客觀存在的，但是這種差異該怎麼用客觀的數值表達出來呢？畢竟智力表現的領域實在太多了，如觀察力、記憶力、想像力、創造力、分析判斷能力、思維能力、應變能力和推理能力等，或者說，一個正常人的智力到底應該是什麼樣的呢？

在經過了對被試們大量的測驗之後，一九〇五年，比奈和他的助手狄奧多·賽門（Theodore Simon）一起做出了世界上第一份智力測驗量表，也是有史以來第一份科學的心理測驗量表——史丹佛－比奈智力量表。這個量表考慮到了智力的各種應用：比如看一串數字然後複述，比如根據他人指令做出動作，比如根據一段話選擇合適的詞填空⋯⋯追根究柢，它所考查的三個重點內容分別是短期記憶力、推理能力以及語言能力。

如果你做過一些行政能力測試相關的題目，就會發現很多考題的內核和

第六章　百花齊放 — 心理學的分支

智力測驗非常相似。原因很簡單，這種題目本身就包含著對智力的考察，借鑑一下智力測驗的內容也很正常。當然它們之間也有許多不同的地方，比如說智力測驗一般不會包括「知識儲備量」的考察，而且會包括許多非文字題目。

一九〇八年，比奈和賽門又發布了「史丹佛－比奈智力量表」的第一個修訂版，除了增加了幾個題目之外，最大的改進在於他們把所有的題目按照被試的年齡分組，三～十八歲的未成年人每個年齡層都會有一個標準分（CA），用被試自己的得分（MA）除以該年齡層的標準分，然後再乘以一百，得到的數字就叫「智商（IQ）」。

比如說一個十二歲的孩子，測出的得分是六十五，查一下十二歲年齡組的標準分是六十，那麼他的智商就是 65/60×100=109。

德國心理學家斯特恩（William Stern）首先提出了用「比率」來計算智商的概念，後來被美國心理學家特曼（Lewis Terman）與史丹佛－比奈在智力測驗的史丹佛修正方案（一九一六）中採用，他們根據這套測驗的結果，將一般人的平均智商定為一百，而正常人的智商大多在八十五～一百一十五之間。

也就是說，如果你有一百一十左右的智商，就算得上一個聰明人了；如果能達到一百四十以上，差不多就稱得上天才了。畢竟，微軟集團的創始人比爾蓋茲智商也不過在一百四十左右。不過人的智商並不是一成不變的，如果一個人在十二歲時的得分是六十五，過了兩年之後、十四歲時測驗得分依然是六十五，因為十四歲年齡組的標準分增加了，這個孩子的智商衰退了？不一定，也有可能是因為他小時候智商發展過快，後來趨近於正常了而已。或許這就是三國時代孔融說的「小時了了，大未必佳」的真相吧！

史丹佛－比奈智力量表，在一九一一年又推出了一個新的版本，這次增加了成年組的測驗項目，對十八歲以上的人使用。之後這個完整版本的量表獲得了他們本人都意想不到的成功，很快就被翻譯成了多種語言流傳世界各國，甚至有了許許多多的改編版本。其中有一些直到現在還被廣泛運用到學校、幼兒園、療養院和孤兒院等兒童教育和扶助領域。

在智力量表發展成熟之後，心理學家們試著把這種編制量表的做法運用到了其他心理學領域。比如說心理健康、人格構成、是否有精神病，或是否適合從事某一項特定工作……心理學家們是如此勤奮，以至於現在已經有了我們數都數不清的量表，滲透進了我們生活的方方面面。

很多公司在員工入職時，或大學生入學時，甚至罪犯入監時，往往都要做一套「卡特爾 16 種人格因素問卷（Cattell's 16 Personality Factor，簡稱 16PF）」，以便確定被試者的性格特徵，以便管理者對他們採用不同的措施。

當然，每一份心理量表都不是隨隨便便編制出來的，智力量表背後必然是有相關的智力理論的支撐。各種人格量表也是一樣，有時候理論提出者自己也會根據自己的理論來編制對應的量表。

當你感覺自己有心理問題，去找心理諮商師尋求幫助時，往往會被要求做一份「症狀自評量表 SCL-90」，作為世界上最著名的心理健康量表，將幫助你從十個方面了解和認知自己的心理健康程度。專門用來區分正常人和精神病人的量表也有，它叫做「明尼蘇達多項人格測試」，可以從九個方面來測試一個人的人格健全和精神健康程度。

不過這裡要著重強調一句：所有的心理學量表，包括智力測驗，都必須在專業心理諮商師的指導下使用！這是因為心理測量的過程中，需要心理諮商師來控制過程和氛圍，排除環境變量；有時會用到一些專業性的工具，只

有心理諮商師才能操作。在測試完以後，也需要由專業心理諮商師來解讀結果。

另外，還有一些心理測量是不用量表的，比如「投射測驗」（projective test），要求被試畫一棵大樹，或者用喜歡的顏色把圖畫填滿，從中分析被試的性格。這種測試更是要求必須有多年從業經驗的心理諮商師才可以做。

讀完本書的朋友，請絕對、絕對不要自己去網路上下載一個自己都看不懂的量表，自己隨便做一通，然後發現自己的人格、智力或者心理健康存在重大缺陷，影響自己的現實生活。尤其是青少年，認知、思維模式還沒有定型，對很多量表中體現的問題都會很敏感甚至放大，如果負面東西在做的過程中被強化，而青少年正是喜歡給自己貼標籤的時候，一旦給自己貼上一個諸如「弱智」、「憂鬱」、「強迫症」甚至「精神病」的標籤，就很難走出來了。當然，那些在網路上做了一份假的智力量表得了高分就自信心噴發，開始「中二病」附體的那些人，就隨他們去吧……

第五節　心理諮商

題記：使人開心只是心理諮商的前奏曲，而使人成長才是心理諮商的主旋律。

本書的最後一節，我們來聊聊心理諮商吧。

在很多人看來，心理諮商始終籠罩著一層神祕色彩。一方面，它不像醫生診治疾病那樣能讓外行一眼就看出技術功底，也沒有血肉淋漓的手術場面，甚至連藥都不能開。心理諮商師完全就靠一張嘴，「哄騙」人掏錢，而且收費還不低，他們憑什麼？另一方面，我們在觀看相關的電視節目時，又會

覺得心理諮商師的能力不可思議，甚至近似魔法。他們可以透過三兩句話，就讓一個剛剛還在尋死覓活的年輕人變得開心。

其實心理諮商師既不是大騙子，也不是不可思議的魔法師，他們也和其他任何職業一樣，也是一門靠技術賺錢養家的勞動者，僅此而已。換個身分，心理諮商師們看到工程師能夠敲幾下鍵盤就做出一個巧妙的程式，也會覺得不可思議。覺得心理諮商師神祕，是因為對他們缺乏了解。

首先我們要弄明白，到底什麼是心理諮商（counseling）。在中文當中，所謂「諮商」，意思就是找人詢問問題或者徵求意見。在英語中，counsel（動詞）這個詞有商討、勸告、徵求意見、尋求資訊等意思。counseling 作為 counsel 的動名詞，也有著諮商的含義。所以說，心理諮商就是指受過訓練的心理諮商者（counselor）和來訪者（client）之間的一種職業關係，前者運用自己掌握的心理學知識和技能來解決後者的問題，並且收取一定的費用。

那麼心理諮商的目的是什麼呢？當然是收費！畢竟心理學界的鼻祖級人物佛洛伊德有一句名言：「任何免費的心理諮商，對來訪者都是有害無益的。」——當然，他沒說對心理諮商師更是如此。這並不是開玩笑，佛洛伊德之所以這樣說，是因為他發現當來訪者不付費時，他們往往在內心深處也不會重視心理諮商師的建議，也很難有真正的動力來解決心理上的困擾，真正改變自己目前的心理狀況。

很多人都需要透過「付費」這個過程來給自己帶來動力：不花錢的跑道不願意跑，繳了健身年費卡才會天天去；不花錢的網路課程不願意聽，非得是花了學費才覺得不聽課太虧；自己的一箱書懶得看，非得是花錢從圖書館借來的書才願意讀……正是因為人的這種「劣根性」，讓心理諮商費本身也有

一定的心理矯正作用。

　　好吧，從本質上說，心理諮商的真正目的，在於透過一些有意義的諮商過程，解決來訪者在情緒、人際關係等方面的問題，幫助來訪者理解和澄清其生活觀點，學會達到自己確定的生活目標。

　　美國著名心理學家、人本主義心理學的代表人物之一，當然也是現代心理諮商的大宗師羅傑斯（Rogers），將心理諮商看成是一種幫助他人的過程，強調人際關係在諮商中的重要性，相信人可以透過對自己的重新認識達到自我改變。在這個過程中，心理諮商師和來訪者在人格上是平等的，既不是純粹的金錢與消費關係，更不是上司在「訓導」下級。所以來訪者既不能把自己置於「消費者就是上帝」的高位上，也不能把心理諮商師看作是「救世主」，化身成為唯唯諾諾的「病人」或者「信徒」，他們兩方都應該不卑不亢。

　　歸結起來，心理諮商本質上有三大特徵：（1）心理諮商的參與者為諮商者和來訪者；（2）心理諮商是諮商者協助來訪者解決問題的過程；（3）心理諮商的目的是維護心理健康，發展個人潛能。因此，我們就可以為心理諮商作出這樣的解釋：心理諮商，是指諮商者協助來訪者解決各類心理問題以維護心理健康、發展個人潛能的過程。

　　那麼什麼樣的人適合當心理諮商師呢？首先必須經過專業的心理諮商師訓練和學習，擁有國家頒發的心理諮商師職業資格證書。除此之外，在個人素養方面也有一些要求。美國學者蓋伊（Guy Winch）認為，一名有效的諮商者必須具備以下特徵：（1）對人具有強烈的興趣，充滿好奇心並喜歡探究；（2）善於傾聽；（3）善於溝通，喜歡與別人交流；（4）有同理心，善於理解別人；（5）有強烈的情感洞察力，善於處理各種情感問題；（6）有內省能力，

善於在心理諮商的過程中把握自己；(7) 寬容，有能力控制自己的不滿情緒；(8) 幽默，可以發現生活中積極有趣的一面。

在上一章我們說到了，心理諮商的主要對象，是那些出現心理困擾的正常人。如果已經被診斷為精神官能症或者精神病患者，心理諮商師一定會拒之門外，給多少錢也不行，因為這是原則問題。

除此之外，對於那些心理諮商的來訪者也有一些要求。心理學系博士生導師馬建青老師認為，來訪者最好具備以下幾個條件：(1) 具有一定的智力基礎；(2) 諮商內容以心因性問題，尤其是與心理社會因素有關的各種適應不良、情緒調節問題、心理教育與發展問題等為佳；(3) 人格基本健全；(4) 有較強的諮商動機；(5) 有交流能力；(6) 對諮商有一定的信任度。

不過，心理諮商在剛剛出現時，並不像現在這樣有著完備的理論和規則。這個行業能夠發展到現在這樣在人類社會中有著巨大影響力，既是因為心理學理論本身的不斷發展進步，也是一代代心理諮商師們不斷試錯的成果。

心理諮商業的源頭之一是古老的催眠術，作為傳統巫術的一部分，「催眠術」可謂源遠流長。中國古代的「祝由術」，民間所謂的「通靈」等民間迷信活動均含有催眠術的成分。不過最早被記錄在案的催眠術，起源於十八世紀的歐洲。一七七五年，一位名叫梅斯梅爾（Franz Anton Mesmer）的奧地利醫生，在法國巴黎展示了自己高超的催眠技巧：他用一塊磁鐵作為催眠工具，用所謂「生物磁力」為病人治療心理疾病，實際上是透過催眠暗示讓病人昏迷沉睡。

一八四二年，蘇格蘭醫生布雷德（James Braid）對該現象產生了興趣，經過反覆的試驗論證，正式提出「催眠」（hypnosis）一詞，並對催眠現象作

第六章　百花齊放 — 心理學的分支

了科學的解釋 —— 對象被催眠，跟所謂「地球磁力」無關，而是受到了某種心理上的暗示，他把這種因為催眠而進入的睡眠狀態叫做「神經性睡眠」。

　　一八七八年，法國醫師沙爾科（Jean-Martin Charcot，他也是佛洛伊德的恩師）在一次學術會議上把催眠術納入了心理治療學的範疇，主張運用催眠術和交談方法來治療歇斯底里症（癔症），這也讓跟隨他學習臨床精神醫學的佛洛伊德深受啟發，並且在其職業生涯早期開始運用催眠治療精神疾病。不過很快他就發現，催眠術的最大作用，是讓來訪者（患者）真正打開心扉，傾訴深藏內心的「潛意識」，而精神醫師所需要做的，是在傾聽來訪者的基礎上，分析出他精神疾病的來源所在。催眠術只是造成了一個「管道」作用，並不能真正解決問題，更何況，並不是所有患者都能進入催眠狀態，於是他最終放棄了催眠術。

　　前文中我們曾講到佛洛伊德發展精神分析學說的經過，這裡不多贅述。精神分析心理學強調精神醫師和患者的交流，他們對某一名患者的治療過程經常長達數年之久，他們之間的互動也就慢慢在歐洲大陸上發展出了心理諮商的雛形。

　　美國的心理諮商業有另一個來源，即興起於十九世紀末、二十世紀初的職涯諮商運動。工業革命大大提高了經營者對勞動者素養的選擇性要求，同時失業、對未來的迷惘、對個體不尊重所帶來的危機等，促進了職涯諮商的興起與發展。職涯諮商的目的在於根據個體的智力水準、能力、興趣和氣質等心理因素選擇合適的工作，提高生產效率。毫無疑問，職涯諮商師需要擁有一定的社會學和心理學知識，於是開始有人請求職涯諮商師幫助他們解決自己遇到的心理問題 —— 事實上，職業問題和心理問題本來就是不可分割的。於是心理諮商業的行業模式，在一次次職涯諮商中慢慢固定了下來，直

到有一天很多職涯諮商師宣布自己改行成了心理諮商師。

美國第一位正式的臨床心理學家（還無法稱為心理諮商師）是賴特納‧韋特默（Lightner Witmer），他是「心理學之父」馮特的弟子，跟隨後者學到了全套科學心理學的基礎知識和方法論，回到美國後他主持建立了屬於自己的實驗心理學實驗室。

不過韋特默身上離經叛道的一面很快顯現了出來，當時的心理學界普遍認為，心理學只是初生階段，不適合運用於臨床實踐，以一般成人為主要研究對象的「內容心理學」也不適合用於兒童心理研究上。韋特默沒有理會親友和同行們的勸告，積極參與了賓夕法尼亞州低能兒童培訓學校的工作，並且在一八九六年創建了第一間心理診所（psychologic clinic），也是世界上第一間兒童指導診所，這也是臨床心理學誕生的標誌。

領先時代一步可以讓人成為人人羨慕的成功者，但是領先時代兩步就很可能被當成瘋子。客觀上說，在十九世紀末心理學的初生階段，還僅僅局限於研究某種心理學元素的心理學理論，確實不足以支撐臨床心理學的實踐應用 —— 甚至當時連準確獲知來訪者的心理狀態都無法辦到，因為心理測量學還沒發展起來，所以韋特默的成就在很長時間裡都不為心理學界承認。不過他的工作為諮商心理學的誕生打下了堅實基礎，也為解決兒童心理問題做出了貢獻。

從一九三〇年開始，卡特爾（R. B. Cattell）的個別差異和心理測量的科學研究，帶動了以整個人格為對象的心理諮商，其中包括職業、人格、情感、家庭與健康等方面。一九三〇年代後期，職涯諮商、心理測量和社會教育逐漸融為一體，同時在榮格等長期從事精神疾病臨床治療的精神分析學派心理學家的推動下，心理諮商才成為一個熱門的詞彙。

第六章　百花齊放 — 心理學的分支

當然，心理諮商行業的興起與發展，也離不開當時的時代背景。在歐洲，法西斯當權的義大利和希特勒的德國納粹政權頻頻發動對外戰爭，最終激化為第二次世界大戰；在美國，自一九二九年開始的經濟大蕭條，讓每一名公民前所未有地需要心靈撫慰。於是到一九四〇年代第二次世界大戰激戰正酣時，心理諮商反而呈現出一片繁榮景象。

一九三八年，心理學家 E. G. 威廉森（E. G. Williamson）首次明確提出了心理諮商的概念，並且把心理諮商從心理治療當中分割出來，成為一門獨立學科。心理治療（psychotherapy）是對有心理疾病的人所進行的以改正其行為、情感和想法為目的的過程；而心理諮商（counseling）則是諮商師協助來訪者解決心理問題以維護心理健康、發展個人潛能的一個過程。

正如前文所說，心理諮商與心理治療最大的區別，在於服務的對象和面對的問題不同。心理諮商面對的是普通人群，即來訪者不具有經驗臨床診斷的心理疾病；心理治療則側重為具有經臨床診斷患有心理疾病的人群服務。

與此同時，諮商心理學也終於取得了主流心理學家的承認。一九四六年，美國心理學會設立諮商與指導分支。一九五一年更名為諮商心理學分會（Association of Counseling Psychology，ACP）。當時規定：諮商心理學的目的是研究教育、就業和個人適應中的心理問題。一九五三年，美國心理學會諮商心理學分會規定了正式的心理諮商專家培養標準，後來成為教育訓練委員會研究生院博士課程培養計畫的認定標準。同年，美國心理學會倫理基準委員會公布了 APA 倫理綱領。一九五五年，美國心理學會開始正式頒發心理諮商專家執照，從此心理諮商師作為一個被廣泛承認的職業，走進了民眾的視野。

不僅有關心理諮商的各種理論在不斷成熟，有關心理諮商的法案和倫理

規範也在不斷完善。一九六一年，美國人事與輔導學會公布了心理諮商者的道德規範條例，那些有違職業道德的心理諮商行業從業者將受到社會輿論的譴責，嚴重地會被直接吊銷職業資格。同時，隨著人們普遍開始接受心理諮商的收費標準，心理諮商師的職業化也慢慢成為現實。

　　不知道你有沒有思考過，為什麼要特別規範心理諮商師的倫理道德呢？因為心理諮商師這個職業，很久以前確實是倫理道德淪陷的重災區，但這並不是心理諮商師們普遍道德低下，而是誘惑實在是太多了。

　　不知道讀者還記不記得，最早開始用談話治療歇斯底里症、後來啟發了佛洛伊德的那位精神醫師約瑟夫·布洛伊爾？可以說，他用談話方法成功治癒女病人安娜·歐的案例開創了心理諮商的歷史之後，卻又有了一個尷尬的後續：女病人愛上了他。不是普通的愛戀，是非常執著、誓要追求到天涯海角的那種「騷擾型」追求。還好布洛伊爾是一名高尚、脫離了低級趣味的人，他為了躲避女病人，最後宣布退出了精神治療領域。

　　要知道，心理上的痛苦比肉體上的痛苦要難熬得多，對於飽受心理問題煎熬的來訪者來說，心理諮商師無異於是一根救命稻草。特別是諮商過程中，優秀的心理諮商師還會使用同理的辦法來幫助來訪者解決問題。於是在來訪者的心目中，諮商師的形象往往會變得既偉大又親切，既技藝高超又溫暖人心，成為最完美的人格化身。這個時候，如果心理諮商師持身不正，利用這種信賴感和依靠感，稍微暗示一下來訪者，往往就能輕而易舉得到金錢的饋贈，甚至來訪者的以身相許。也有一些諮商師在心理諮商當時不要求金錢或者美色，而是在來訪者潛意識中植入一些心理暗示，諮商結束後再和來訪者交往。

　　所以，為了心理諮商這個行業的長遠發展，從源頭上杜絕心理諮商師陷

入道德困境才是正當的選擇。雙方聯繫必須在心理諮商的情境下進行，雙方在諮商過程中說的話、做的事都必須記錄在案。而且在心理諮商關係解除之後，不能再發生任何聯繫，哪怕是平常一起吃個飯嚴格來說都不被允許。

　　進入網路時代之後，又出現了網路心理諮商，甚至還有不見面、不視訊，只靠打字的心理諮商。這其中當然也省略了正規心理諮商中必備的許多步驟和工具，甚至心理量表也沒辦法在心理諮商師引導下填寫。這樣的所謂「心理諮商」，我們用腳趾頭想一下就知道完全不可靠。

後記

儘管我從小學二年級開始就迷上了讀書，不過從未想過自己也可以寫一本書。

一方面是因為自己性情疏懶，曾經有過好幾次寫小說的想法，最終都只挖了洞沒能填上；另一方面也是因為自己缺少一技之長，讀的書雖然很多也很雜，但大多數情況下都只滿足於看看故事、懂個皮毛而已。

我有一個習慣，讀完一本書之後，就會在網路上發表一篇一兩百字概括性的小書評或者說讀後感，這樣我去翻翻紀錄就能知道自己這一年讀過哪些書了。二〇一六年是我讀科普作品比較多的年份，到九月的時候就已經讀了十餘本。一時興起，就去寫了一篇總結貼文，發表了文章。

萬萬沒想到，貼文發出去兩天以後，居然收到了出版社的一封私信，詢問我是不是願意也來寫一部科普作品。我有一些受寵若驚，又隱約意識到這可能會是一個讓自己一舉成名、升遷加薪，走向人生高峰的好機會，於是立刻聯絡了出版社。

這時候我方才發現，有一個最重要的問題：科普作品，我能寫點什麼呢？

我所理解的「科普」，並不僅僅是把科學文化知識用通俗的語言講給讀者聽，更是作者在把自己的理解和認知傾訴給全世界的過程。那麼，這就需要科普作品的作者本人對自己所寫的領域做到十分熟稔，對自己寫的領域有一番既獨到又普適於大眾的理解。

對我來說，這個領域是什麼呢？數來數去也只剩下自己目前工作中正在從事的心理學了。儘管我自己並不是心理系出身，不過工作之後的自學和日

後記

常實踐，讓我對心理學還算有一番自己的認識。

領域確定下來了，那麼又該怎麼寫呢？我想到了一個取巧的辦法。

在我讀過的科普作品中，最喜歡的莫過於曹天元老師寫於二〇〇五年的《上帝擲骰子嗎：量子物理史話》。作者用通俗易懂又不乏幽默風趣的語言，把本來很深奧的先進物理知識講得既好懂又好看，而且還順帶把物理學的歷史複習了一遍，中間更穿插著物理學大師們的逸聞趣事，把一個個原來課本裡的老頭子們寫得有血有肉。

那麼我能不能照著曹天元老師這部書的風格樣式，寫一部適合普通人讀的心理學史話呢？這個想法從腦海裡一出現，我就興奮地不能自已。於是趕緊與出版社溝通，把自己的想法說了一遍，然後興奮地發現這個領域目前沒什麼人寫過，這本書寫出來說不定能紅！

在最初的策劃中，我想的是用武俠小說中的俠客們來比喻那些歷史上的著名心理學家，把他們的辯駁論戰也寫得像是江湖血戰；不過很快就發現我的筆力並不足以支撐這樣對真實歷史改動太大的寫法，而比較適合按部就班一樣，把心理學的歷史講述一遍，於是就有了現在這部書的框架。

在最初商定的協議中，我需要在三個月內把書稿寫出來。但是等我開始寫以後才發現，自己所知的心理學知識在寫書的時候完全不夠用。畢竟你要想給別人一桶水，自己的知識儲備至少也要有一缸水。於是我只得一邊寫作，一邊開始了讀書充電之旅。在這本書寫完的時候，我幾乎算是把心理學史重新學了一遍。

作為一個非專業人士，我很害怕本書會有一些科學事實上的疏漏和錯訛。幸好，我有一位可愛的專業助理，她幫我認真地把全書從頭到尾梳理了一遍，指出了許多和事實不符或者已經不符合最新心理學理論的問題，在這

裡向她表示誠摯的感謝。

　　在本書寫完之後，處於感恩和崇敬，我找到了曹天元老師，央求他為本書寫一篇序言。畢竟我能寫出這本書，很大程度上借鑑了他大作的寫法。沒想到他不但爽快答應了，而且還在讀完全書後用專業的科普眼光為我挑了好幾處缺點和問題。我對他的感激難以言表，只好在這裡表示最誠摯的感謝。

　　在寫作過程中，我還把一些自己感覺不錯的橋段發表到網路平臺上，沒想到竟然得到了不少人的轉發和按讚。尤其是我的好友和兄長馬伯庸先生、科普作家韓雪濤老師和劉夙老師的點評，對我的影響和幫助非常大，在這裡也向他們表示感謝！

　　感謝我的老婆大人孫麗女士，為了讓我安心寫書，她承包了家務勞動並且照顧兩個孩子，而且還在我寫到半途想要放棄時鼓勵我堅持下去，沒有妳的包容我很難完成這本書。

　　最後，感謝願意讀完本書的各位讀者！鞠躬！

安曉良

很正經的心理學史

放下偽心理學，拒喝心靈雞湯，無病呻吟怎麼可能比心理學史八卦精彩！

作　　者：安曉良

編　　輯：簡敬容

發 行 人：黃振庭

出 版 者：清文華泉事業有限公司

發 行 者：清文華泉事業有限公司

E-mail：sonbookservice@gmail.com

粉 絲 頁：https://www.facebook.com/
　　　　　sonbookss/

網　　址：https://sonbook.net/

地　　址：台北市中正區重慶南路一段六十一號八
　　　　　樓 815 室

Rm. 815, 8F., No.61, Sec. 1, Chongqing S. Rd.,
Zhongzheng Dist., Taipei City 100, Taiwan (R.O.C)

電　　話：(02)2370-3310

傳　　真：(02) 2388-1990

印　　刷：京峯彩色印刷有限公司（京峰數位）

國家圖書館出版品預行編目資料

很正經的心理學史:放下偽心理學,
拒喝心靈雞湯,無病呻吟怎麼可能
比心理學史八卦精彩！/ 安曉良著.
-- 第一版 . -- 臺北市：清文華泉事
業有限公司 , 2021.05
　面；　公分
ISBN 978-986-5552-79-4(平裝)
1. 心理學
170　　110001881

- 版權聲明 ———————————

　原著書名《我知道你在想什麼：八卦心理學》。
　本作品中文繁體字版由清華大學出版社有限公司
　授權台灣崧博出版事業有限公司出版發行。
　未經書面許可，不得複製、發行。

定　　價：320 元

發行日期：2021 年 5 月第一版

電子書購買

臉書

蝦皮賣場